L'ESPRIT DE LA CITE

Du même auteur

Naissances de la politique moderne : Machiavel, Hobbes, Rousseau, Paris, Payot, 1977.

Les Libéraux (textes choisis et présentés), Paris, Hachette-Pluriel, 1986, 2 vol.

Histoire intellectuelle du libéralisme : dix leçons, Paris, Calmann-Lévy, 1987.

Tocqueville et la nature de la démocratie, Paris, Julliard, 1982, rééd. Fayard, 1993.

PIERRE MANENT

LA CITÉ DE L'HOMME

FAYARD

La question de l'homme

O profondeurs ! faut-il encore l'appeler l'homme ?

Victor Hugo

I

Que voulons-nous vraiment dire lorsque nous employons aujourd'hui le mot *homme* ? De qui parlons-nous quand nous défendons les droits de l'homme, quand nous pratiquons les sciences de l'homme ? Non seulement nous ne disposons d'aucune réponse claire à cette question, mais nous ne savons dans quelle direction ni selon quelle démarche engager la recherche. Certes l'Homme obsède la parole et l'écrit ; au vrai, l'humanité d'aujourd'hui paraît n'être plus qu'une énorme bouche qui emphatiquement et indéfiniment prononce le Nom de l'Homme. Mais tout occupée à faire retentir le nom, s'enquiert-elle de celui qu'elle célèbre ? Nullement. Quelques-uns sans doute souhaitent trouver l'idée vraie sous la clameur universelle et confuse. Mais comment vont-ils mener leur enquête ? Ils ne disposent plus des éléments d'orientation que fournissaient les anciennes autorités. Bien sûr, ils se réjouissent que le régime démocratique laisse à l'homme la liberté de penser ce qu'il veut de lui-même ; ils ne déplorent certes pas que l'autorité de la religion, qui prétendait révéler la destinée de l'homme, soit sous nos climats pour ainsi dire exténuée. Mais ils voient que la philosophie elle-même, dans ses expressions les plus fortes, ou les plus influentes, s'est en somme détournée de la question. Le nom de l'Homme règne sur l'humanité présente avec une autorité et une ubiquité écrasantes, et jamais peut-être depuis Homère n'a été aussi peu explorée la question qu'il contient.

Dans cette ignorance et cette urgence, deux tentations se présentent. Ce sont, comme toujours lorsque l'esprit ne sait comment se faire jour, les impulsions contraires de la témérité et de la pusillanimité. Or, nous nous égarerions dès le premier pas si, séduits par l'apparente simplicité de la question et confiants dans nos forces, nous nous ordonnions à nous-mêmes : osons savoir ! Posons donc de nouveau, et à nouveaux frais, en usant de toutes les connaissances disponibles aujourd'hui, la question du sens de ce mot, la question de l'homme ! Mais nous ne nous égarerions pas moins si, intimidés par l'ampleur du propos et sa troublante proximité, nous nous ralliions à cet honorable programme : reprendre et comprendre ce qui a été dit de plus profond, de plus décisif à ce sujet au cours de l'histoire. Le désir de s'emparer de la question ici et maintenant ignore naïvement l'histoire, ses causalités, ses généalogies, son épaisseur, et condamne la réponse à l'arbitraire du bel aujourd'hui et des connaissances actuelles ; mais s'en remettre à l'histoire, c'est reporter la réponse au terme d'une enquête interminable, et donc refuser, en fait, de poser sincèrement la question. Alors, si le recours à l'histoire comme l'indifférence à celle-ci sont également fatals, il semble que le chemin de la vertu, éloigné de l'arrogance comme de la timidité, soit fort étroit et difficultueux. Il se perd même dès le premier pas puisque celui-ci doit nécessairement nous entraîner soit dans l'enquête historique, soit hors d'elle, par exemple dans la science.

Si ce premier pas se refuse à nous, c'est peut-être qu'il est déjà derrière nous. Nous nous sommes déjà trop avancés. Notre impatience de la clameur qui assourdit l'humanité présente fut mauvaise conseillère ; il y a aujourd'hui quelque chose d'artificiellement abrupt dans cette question si naturelle : qu'est-ce que l'homme ? Accompagnant le mot *homme* en effet, s'impose à nous irrésistiblement l'épithète homérique : *moderne*. Nous le supprimions, croyant aller à l'essentiel mais n'en prenant pas le chemin. L'*homme moderne*, c'est bien lui, sommet et souverain reconnu de l'Histoire, vrai Roi des Rois, mais aussi familier et intime compagnon de chacun, c'est bien lui qui est, entre nous et nous-même, le premier truchement de la connaissance de soi, de la connaissance de l'homme. Il fallait nous demander d'abord : qu'est-ce que l'homme *moderne* ?

Mais le mouvement de l'enquête rend vigilant. Et nous sommes déjà assez alertés pour nous rendre compte que, dès lors que nous demandons : qu'est-ce que l'homme *moderne* ?, nous nous coupons par là même l'accès à la question première : qu'est-ce que *l'homme* ? Comment, en effet, interrogerions-nous ce que nous présupposons, et que pour autant nous laissons derrière nous ? D'ailleurs la première question perd tout intérêt véritable : si c'est en tant que moderne que « l'homme » se détermine et nous détermine, alors la question de l'homme ne se pose plus, ou ne nous intéresse plus, elle n'a plus d'intérêt qu'« historique ». Mais nous saurons du moins ce qu'est l'homme moderne ! Cela même n'est pas certain puisque, ne pouvant poser la question de l'homme, nous douterons toujours si l'homme moderne est effectivement un homme. Ici, bien sûr, le bon sens s'insurge, ou peut-être sourit : je sais bien que je suis un homme, dit-il ! Le bon sens sait toujours très bien ce qu'il sait, et donc sans doute aussi ce qu'est un homme. Malheureusement cela ne l'a pas empêché de croire, ou de faire comme s'il croyait, qu'on construisait un « homme nouveau » quand sur le quart de l'humanité régnait l'inhumanité même. Dans la vie de l'esprit, il ne suffit pas de se pincer pour rester éveillé. En vérité, nous sommes face à deux questions qui se conditionnent et s'interdisent mutuellement. On pourrait dire : il est nécessaire, et il est impossible, qu'être un homme et être un homme moderne soient une seule et même chose.

II

La philosophie moderne vit de cette impossibilité ; elle l'affirme. Elle pose une différence radicale entre l'homme et l'homme moderne, et s'organise autour d'elle. Ce qui la distingue de la philosophie antérieure, ou peut-être de la philosophie tout court dont « l'homme » est l'horizon, ce qui fait sa différence, c'est qu'elle pense et veut cette différence. Selon la philosophie moderne en effet, l'homme moderne, c'est-à-dire l'homme sorti de la « minorité » dont il était responsable[1], se définit par la conscience-de-soi. Entre l'homme — dirons-nous l'homme pré-moderne, ou l'homme traditionnel, ou l'homme tout court ? — et l'homme moderne, entre l'absence et la présence de la conscience-de-soi, la distance ou la différence est telle à ses yeux qu'il devient pour ainsi dire impossible d'employer en rigueur le même substantif. L'homme comme espèce vivante et pensante, comme animal rationnel, l'homme comme nature et substance, doit céder la place à un autre genre d'être. D'ailleurs cette dernière expression convient aussi peu que possible : si « l'homme » se définissait selon le genre et l'espèce, selon la différence spécifique, celui dont il s'agit désormais se détermine tout autrement[2] ; si « l'homme » était dit communément « être ceci », « être cela », ou simplement « être », celui-ci ne peut plus être dit en toute rigueur « être », avec ou sans qualification. La philosophie moderne dut finalement rejeter tous ces mots et expressions que la philosophie classique avait chargés de sens, et selon lesquels en outre le langage ordinaire s'articulait — et, du reste, s'articule encore ; elle alla jusqu'à rejeter explicitement le vocable *homme* lui-même : elle parle de la conscience-de-soi précisément, ou de l'Esprit, ou de la volonté-de-puissance, ou du pour-soi, ou du *Dasein*. Il est malavisé, quoique tentant, de se moquer des philosophes modernes lorsqu'ils inventent un vocabulaire nouveau, ou réélaborent et réinterprètent le vocabulaire ancien : une nécessité est ici à l'œuvre. Le langage traditionnel de l'être et de la substance, du genre et de l'espèce, échoue à dire la différence ; au contraire, il désigne et pour ainsi dire incorpore ce par rapport à quoi, par opposition à quoi se définit la différence dont il s'agit : être moderne.

III

Au cours des derniers siècles, tout a à son tour été qualifié de « moderne » : l'agriculture, l'art, la dévotion, l'industrie, la société. Rien qui ne soit susceptible d'accueillir l'épithète dési-

---

1. Emmanuel Kant, *Réponse à la question : qu'est-ce que les Lumières ?* in princ.
2. « *Dasein ist daher nie ontologisch zu fassen als Fall und Exemplar einer Gattung von Seiendem als Vorhandenem* » (Martin Heidegger, *Sein und Zeit*, § 9).

gnant et, le plus souvent, célébrant la glorieuse différence ! Quoi de commun pourtant entre la forme d'un fauteuil, la vendange mécanique et la liberté des mœurs, toutes choses également dites « modernes » ? L'épithète a-t-il perdu tout sens ? Pour se résigner à cette conclusion, il faudrait congédier ce sentiment obscur mais puissant, mais irrésistible, qui nous fait employer l'adjectif et le comprendre comme désignant une part nécessaire et même centrale de notre expérience ; nous savons de science certaine, ou plutôt, nous sentons instinctivement et pour ainsi dire infailliblement ce que c'est qu'être moderne.

Le sentiment, ou la conscience d'être moderne : il n'est pas un seul d'entre nous, même le plus « réactionnaire », même le plus irréconciliablement ennemi du « monde moderne », qui ne l'éprouve, et qui ne l'éprouve comme une grâce. Le sentiment de cette grâce douce-amère peut être plus ou moins doux, plus ou moins amer, il ne nous quitte pas : en tant que modernes, nous nous sentons supérieurs à ceux qui nous ont précédés.

Ce n'est pas que nous nous jugions des hommes plus intelligents, ou plus vertueux, ou en général plus capables qu'eux ; nous admirons même sincèrement leurs capacités et leurs vertus. Devant le Parthénon, ou devant Chartres, nous reconnaissons volontiers notre infériorité. Mais même dans cette humiliation, nous gardons la conscience, et le plaisir secret, de notre supériorité de Modernes. Que savons-nous, que sommes-nous de plus que l'Athénien ou l'homme de Chartres ? Rien que ceci : nous sommes modernes et nous le savons.

Nous sommes modernes, cela veut dire : nous sommes « historiques ». L'Athénien ou l'homme de Chartres peuvent avoir plus de « grandeur » ou de « force créatrice », plus de « sens de la beauté » ou de « sens du salut », il leur manque ce sentiment, cette conscience qui nous est propre, qui nous constitue comme Modernes, le sentiment et la conscience d'être historiques, de vivre dans l'histoire, d'avoir notre respiration dans l'élément de l'Histoire. Qui a eu une fois ce sentiment — nous l'avons tous —, il en est marqué et, si modeste qu'il soit, glorieux à jamais.

La conscience d'être « historique », le sentiment de vivre dans l'histoire comme dans l'élément propre à l'homme (gardons-lui ici son nom ancien), tel est l'aspect le plus central et peut-être aussi le plus étrange de l'expérience moderne. Car de quoi précisément faisons-nous l'expérience lorsque nous éprouvons ce sentiment ? Et d'abord, éprouvant cela, avons-nous vraiment une « expérience » ? Être moderne, être historique, est-ce à proprement parler une « expérience » ? Certes, comme conscience ou comme sentiment, cela accompagne et colore chaque domaine de l'expérience « ordinaire » ou « naturelle » ; mais cela constitue-t-il un domaine d'expérience propre, cela ouvre-t-il un contenu original d'expérience et de vie comme le font la religion, l'art, l'amour, la sociabilité ou, simplement, le sport ? En vérité, si nous vivons dans l'élément de l'histoire, si l'homme est un « être historique », il nous faut même envisager que l'expérience de l'histoire soit l'expérience la plus profonde et la plus décisive. La conviction de la philosophie moderne est que c'est bien en effet le cas[3].

J'étudierai dans les pages suivantes par quels chemins elle est parvenue à cette conclusion. J'examinerai plus généralement comment la conscience d'être moderne a modifié la conscience d'être homme, et si elle a accru ou obscurci la connaissance de l'homme. Il s'agit ici d'évaluer et d'abord de décrire les principales figures du Phénomène humain sous l'empire de la différence moderne. Une telle description n'a d'autre validité que sa fidélité au Phénomène, dont le lecteur sera juge. C'est à lui qu'incombe la vérification.

---

3. Voir Raymond Aron, *Introduction à la philosophie de l'histoire*, section IV, 3ᵉ partie ; et M. Heidegger, *op. cit.*, § 6 *in princ.*, et § 7 *in fine*, ainsi que sa lettre à Karl Jaspers du 27 juin 1922, *Martin Heidegger/Karl Jaspers. Briefwechsel 1920-1963*, Francfort-sur-le-Main, Klostermann/Piper, 1990, p. 27.

PREMIÈRE PARTIE

LA CONSCIENCE DE SOI

Chapitre premier

L'autorité de l'histoire

I

Nous n'avons pas, dans cette enquête, le choix du point de départ. Nulle liberté ici de poser nos « hypothèses », ni de choisir nos « valeurs ». Seule une recherche historique, au sens le plus ordinaire et positif de l'expression, peut permettre de repérer le moment et le contexte dans lesquels le point de vue historique et la conscience d'être moderne viennent pour la première fois au jour et sont d'abord formulés. On dira peut-être que cette recherche de l'origine exige l'élaboration préalable des critères de la modernité, élaboration conditionnée et même déterminée par nos « hypothèses » et nos « valeurs ». Il n'en est rien. Devenir moderne, c'est devenir-conscient-d'être-moderne : nous cherchons le point où cette réflexion, cette conscience de soi se formule comme telle. La lumière naturelle est nécessaire et suffisante pour l'identifier. Les prothèses méthodologiques ne serviraient qu'à aggraver notre maladresse naturelle. Du reste, il n'y a point trop à craindre ici de contestation. Ce que nous cherchons, c'est précisément un fait historique massif, sous la forme d'un sentiment général d'autant plus intéressant et révélateur qu'il est plus général, plus incontesté, qu'il est pour ainsi dire unanime. Or qui ne sait, qui ne voit, qui ne sent qu'être-moderne-et-en-être-conscient, cela commence au XVIIIe siècle en Angleterre et en France ?

Soit la France. Certes la querelle des Anciens et des Modernes s'y développe dès la fin du XVIIe siècle ; mais, aussi « moderne »,

aussi « novatrice » que soit l'administration de Louis XIV, chacun
sent bien que le long règne du grand Roi n'appartient pas à la
« modernité ». Le profond et judicieux Joubert datait de 1715 la
fin du monde antique. En tout cas, les années qui suivent
rencontrent immédiatement notre complicité de Modernes. Avec
la Régence, nous nous sentons enfin chez nous, non point tant
parce que les mœurs aussi, dit-on, y furent libres, que parce que,
de façon plus générale, nous percevons qu'à ce moment de
l'histoire l'homme français et avec lui l'homme européen sont
sortis de l'ancien monde pour n'y plus rentrer. Non seulement
nous le savons, nous qui avons l'avantage du regard rétrospectif,
mais les plus avisés des contemporains le surent aussi. Ce fait
capital se rend sensible par exemple dans le ton de vainqueur de
Voltaire. Dès 1721, Montesquieu avait publié le document qui
signale avec le plus de finesse la sortie hors de l'ancien monde et
l'entrée dans le nouveau, les *Lettres persanes* dont l'action se
déroule immédiatement avant et après la mort de Louis. Mais c'est
en 1748 que Montesquieu déploie complètement les formes et les
couleurs de la conscience nouvelle. L'*Esprit des lois* est la première
œuvre philosophique majeure à faire son thème de ceci : *devenir
moderne, vivre dans l'histoire*.

II

Le mouvement de l'*Esprit des lois* se déploie entre deux pôles :
l'Ancien et le Nouveau. L'Ancien, c'est le monde antique, celui de
la « vertu » républicaine ; le Nouveau, c'est le « commerce » et la
« liberté », c'est l'Angleterre. Pour ainsi dire entre l'Ancien et le
Nouveau, il y a le présent : la monarchie française. Outre ce qui a
été, ce qui est et ce qui commence à être, il faut considérer ce qui
est toujours possible, la sempiternelle menace : le despotisme.
Ainsi Montesquieu épuise-t-il toutes les modalités de l'être. Son
ambition est de comprendre toutes les formes du monde humain,
elle est philosophique.

Que la polarité entre l'Ancien et le Nouveau soit le ressort de
l'*Esprit des lois*, la composition même de l'ouvrage l'indique.
Lorsqu'il parle *ex officio*, comme auteur politique apportant des

« idées nouvelles », et même des idées nouvelles « sans mère[1] »,
Montesquieu distingue, on le sait, trois types de régime : la
république, la monarchie et le despotisme. Cette classification se
donne comme exhaustive. Pourtant le régime anglais n'y trouve
pas sa place. Dans les premiers livres, l'Angleterre n'apparaît que
très lentement, de loin en loin. Certes, ce qui est dit au livre VI de
l'organisation judiciaire suggère que l'Angleterre contemporaine
relève plus de la république que de la monarchie ; et dans le livre
précédent, au chapitre 19, Montesquieu avait parlé sans la nommer
d'« une nation où la république se cache sous la forme de la
monarchie ». Mais tout cela reste indécis ; l'Angleterre est sous un
voile. Le régime de l'île fortunée, ni vraiment république ni encore
moins monarchie, paraît bien exiger qu'on modifie la classification
première. Montesquieu n'en fait rien. Lui qui sait si bien ce qu'il
pense et où il veut nous conduire, paraît regarder l'Angleterre
comme le ferait un observateur intrigué et désarmé devant un
phénomène radicalement nouveau, incompréhensible, et qui, ne
disposant que d'une classification inadaptée, a recours, en déses-
poir de cause, à la distinction toujours disponible entre l'apparence et la réalité. Pourquoi un philosophe élabore-t-il une
classification extrêmement originale des régimes politiques, et
laisse-t-il hors de cette classification le régime qui a sa préférence
et, selon lui, les faveurs de l'avenir ?

Certains attribueront cette étrangeté à la « maladresse » de
Montesquieu. Beaucoup estimeront que, quelle qu'en soit la
raison, il s'agit là d'un détail qui ne saurait ralentir une enquête
d'une aussi ample ambition que celle dans laquelle nous venons de
nous engager. Les premiers sont vraiment trop effrontés d'impu-
ter à Montesquieu une faute qu'eux-mêmes n'auraient pas com-
mise. Les seconds oublient que notre sensibilité a été émoussée par
une habitude de plus de deux siècles où la « tradition du
nouveau » a régné sans partage, et que peut-être nous n'avons pas
trop de l'aide de Montesquieu pour prendre mesure de ce que cela
signifie, ce que cela exige, d'affronter et comprendre l'apparition
d'un phénomène vraiment nouveau, s'il en est tel, dans le monde
humain.

Remarquons donc avec quelle soudaineté l'Angleterre surgit et

---

1. Voir l'« Avertissement de l'auteur » et l'épigraphe de l'ouvrage.

se déploie au livre XI. Les lignes décisives se trouvent à la fin du chapitre 5 :

> Il y a aussi une nation dans le monde qui a pour objet direct de sa constitution la liberté politique. Nous allons examiner les principes sur lesquels elle la fonde. S'ils sont bons, la liberté y paraîtra comme dans un miroir.
> Pour découvrir la liberté politique dans la constitution, il ne faut pas tant de peine. Si on peut la voir où elle est, si on l'a trouvée, pourquoi la chercher ?

Ces propositions singulières livrent leur sens lorsqu'on les rapproche des dernières lignes du chapitre suivant, le plus fameux de l'*Esprit des lois* et un des textes les plus mémorables de toute la littérature politique :

> Harrington, dans son *Oceana*, a aussi examiné quel était le plus haut point de liberté où la constitution d'un État peut être portée. Mais on peut dire de lui qu'il n'a cherché cette liberté qu'après l'avoir méconnue, et qu'il a bâti Chalcédoine, ayant le rivage de Byzance devant les yeux.

Pourquoi Montesquieu encadre-t-il ce chapitre fondamental par deux références à Harrington, qui se font écho ? Pourquoi reproche-t-il à l'auteur anglais de n'avoir pas « trouvé » la liberté anglaise ? Après tout, en 1656, année de parution de son *Oceana*, elle n'était pas « devant ses yeux ». Il faut nous souvenir ici que Harrington prétendait suivre les lumières de la « prudence ancienne[2] », c'est-à-dire antique, prolongée selon lui par Machiavel. Montesquieu encadre ainsi sa présentation du nouveau régime par une critique redoublée du dernier grand représentant de ce qu'il est convenu d'appeler le « républicanisme classique ». Les principes de la prudence ancienne, même perfectionnés par Machiavel, empêchent de voir ce qu'on a sous les yeux, de comprendre le Nouveau.

Restent à considérer les termes de la critique de Montesquieu. Ils sont fort surprenants. Ils se résument dans l'opposition entre « chercher » et « trouver ». Pour la première fois dans l'histoire de

---

2. James Harrington, *Oceana*, éd. J.G.A. Pocock, Cambridge, Cambridge University Press, 1977, p. 161.

la philosophie, un philosophe nous invite à cesser de « chercher ». Est-ce parce que nous aurions trouvé ce que nous cherchions ? Il le semble bien, sinon la critique de Harrington perdrait sa pointe. Mais, en sens inverse, cette critique n'est guère plausible : comment ne pas voir qu'on a trouvé ce qu'on cherche ? Nous devons conclure que l'erreur de Harrington réside plutôt dans le fait même d'avoir « cherché » quand il s'agissait de « trouver », et que, partant, rien ne garantit que ce qu'il « cherchait », c'est ce qu'il eût dû plutôt « trouver ». Appliquons-nous la leçon : nous, Modernes, avons trouvé, ou devrions avoir trouvé, ce que nous ne cherchions pas, ce que ni les Anciens ni ceux qui, comme Harrington, veulent les imiter ou même les surpasser, ne cherchaient. En opposant « chercher » et « trouver », Montesquieu fait tout autre chose que distinguer un problème et sa solution. Il oppose deux attitudes, deux démarches : l'une, « chercher », est la quête d'un principe ou d'un fondement qui réside dans la nature des choses ou de l'homme ; l'autre, « trouver », consiste à tirer parti de ce qui est apporté par le sort et qui, semble-t-il, aurait pu ne pas l'être. Apporté par le sort : j'emploie délibérément cette expression vague et désuète. On voudrait dire : « apporté par l'histoire », mais précisément, ce serait supposer l'enjeu décidé. Par son jeu si profond sur « chercher » et « trouver », Montesquieu fait naître sous nos yeux, il construit « devant nos yeux » non pas Byzance ni Chalcédoine, mais l'idée moderne de l'histoire.

III

Vers la fin du chapitre 6, nous apprenons que l'épure du régime anglais provient des Germains : « Ce beau système a été *trouvé* dans les bois[3]. » Si nous rapprochons cette phrase d'autres passages de l'*Esprit des lois*[4], nous serons tentés de conclure que la liberté anglaise prolonge ou reproduit la liberté de l'« état de nature », de l'état prépolitique de l'homme, et que le régime anglais est insaisissable dans la classification des régimes politi-

---

3. Je souligne.
4. Montesquieu, *De l'esprit des lois*, XIV, 3 ; XVIII, 23 ; et surtout XXX, 19.

ques, qu'il est inclassable précisément parce que ce n'est pas un régime proprement politique. Mais de telles propositions sont dangereusement abstraites ; elles pourraient même nous paraître profondes. Il faut nous tenir plus près de la surface. Le plus important est plus près de la surface. Dans les bois, même dans les bois de Germanie, quoi que disent certains, on ne pense guère, on ne « cherche » guère le meilleur régime, que ce soit celui qui offre le plus de liberté ou celui qui exige le plus de vertu. Mais parfois, sans aucun effort ni mérite de notre part, le pied trébuche sur un trésor. C'est ce qui s'est passé en Europe. En d'autres termes, moins imagés, la solution du problème politique n'est nullement en continuité avec la quête délibérée et rationnelle du meilleur régime qui hantait encore Harrington. Les événements en Europe ont été plus sages que les plus sages philosophes de l'Antiquité, et que Machiavel lui-même. Trop d'Européens continuent encore, le regard tourné en arrière ou dirigé vers le ciel, à « chercher », alors que, pour trouver le bien dont ils ont besoin et envie, pour se saisir de la liberté, ils n'ont qu'à ouvrir les yeux et regarder devant eux, dans la réalité effective et présente.

Harrington voyait en Machiavel le grand continuateur moderne, le *learned disciple*, de la « prudence ancienne ». Ce n'était pas, on le sait, l'avis de Machiavel lui-même qui définit son projet par ces lignes cinglantes :

> Mais mon intention étant d'écrire quelque chose d'utile à qui comprend, il m'a semblé plus convenable d'aller droit à la vérité effective de la chose que de suivre des conjectures imaginaires. Beaucoup se sont imaginé des républiques et des principautés qui ne furent jamais vues ni connues pour vraies [5].

Machiavel n'aurait pas été moins sévère que Montesquieu à l'égard de Harrington ; il l'aurait mis au nombre de ces *molti* qui cherchent des républiques imaginaires. Mais si Montesquieu reprend et entérine le principe de la critique que le Florentin dirige contre ceux qui construisent en imagination un « meilleur régime », l'accent est déplacé et même, en somme, inversé. D'actif, il devient passif. Machiavel entendait « aller droit à la vérité effective de la chose — *andare drieto alla verità effettuale della*

5. Machiavel, *Le Prince*, chap. 15.

cosa — » pour dévoiler la salutaire nécessité du mal. C'est encore, sur un *tempo* différent, mais bien reconnaissable, une « recherche », et même une « recherche de la vérité ». Pour Montesquieu, nul besoin de *andare drieto* aux choses salutaires ; il convient au contraire de les laisser apparaître, puis de les reconnaître, enfin de les laisser produire leurs heureuses conséquences. Au moment où il écrit, on trouve ces conséquences déjà là, déjà accomplies, au moins en Angleterre : elles définissent la situation et la chance de l'Europe. La *verità effettuale* est une réalité d'un nouveau genre, que les philosophes anciens, et Harrington, et Machiavel lui-même, n'avaient pas su trouver : c'est un « fait historique ».

IV

Le propos premier de l'*Esprit des lois* est donc d'affaiblir décisivement l'autorité des Anciens, de l'idée du « meilleur régime », de l'idée de la vertu, pour lui substituer *l'autorité du moment présent*, de l'expérience moderne, résumée dans les notions de « commerce » et de « liberté ». Or voici la principale difficulté de l'entreprise.

On vise à une substitution d'autorité. Celle-ci, pour être justifiée, exige au préalable une comparaison entre les autorités ; mais, puisqu'il s'agit d'autorités, il ne peut y avoir, à proprement parler, comparaison. Cette dernière présuppose l'unicité ou, du moins, l'homogénéité des critères. Or chaque autorité — c'est précisément cela qui la constitue comme autorité — apporte ses propres critères. Élaborer une comparaison rigoureuse des critères incompatibles, ou au moins disparates, qui fondent les deux autorités affrontées de l'Ancien et du Nouveau, ce serait abolir d'entrée, plus précisément : refuser de reconnaître l'autorité de l'expérience moderne en tant que telle. Ce serait, en effet, faire appel à un critère universel, un principe élevé au-dessus du Nouveau comme de l'Ancien, et fondé sur la Nature, en tout cas sur une instance qui ignore ou enveloppe l'histoire. L'idée du meilleur régime serait par là même rétablie, ou plutôt maintenue. Bref, Montesquieu doit persuader son lecteur de la supériorité des Modernes, de la supériorité de la liberté moderne sur la vertu ancienne, sans pouvoir faire une comparaison entre les deux régimes ou les deux critères. Il doit comparer et conclure à une supériorité tout en congédiant ou invalidant les notions mêmes de comparaison et de supériorité. C'est cette difficulté qui, plus que toute autre chose, explique l'extrême complexité de l'*Esprit des lois*. Elle explique en particulier que le régime anglais ne trouve pas place dans la classification présentée comme exhaustive des régimes politiques ; il apporte avec lui son propre critère, le nouveau critère : la liberté. Partant, s'il est bien le régime « le plus libre », il ne saurait être dit en rigueur « le meilleur ».

La maladresse apparente de Montesquieu manifeste la complexité des démarches que la raison doit accomplir pour s'orienter dans un monde humain qu'on ne peut plus ramener à l'unité d'un principe, comme était la Nature pour Aristote et la tradition européenne qui l'avait suivi. L'unité féconde et le pouvoir englobant de ce principe trouvaient leur expression et se déployaient dans la classification exhaustive des régimes politiques. Cette dernière est un instrument essentiel de la philosophie politique classique puisque c'est par son moyen que la diversité de l'expérience politique des hommes est ramenée à l'unité du principe. Or Montesquieu, en laissant voir que le régime anglais ne peut être intégré même dans la classification radicalement nouvelle qu'il a élaborée, met « devant nos yeux » que le champ politique ne peut plus être exhaustivement et donc adéquatement couvert par une classification des régimes, quelle qu'elle soit. Il ne pouvait nous rendre sensible le bouleversement induit dans le monde humain par le surgissement de la nouveauté anglaise de façon plus subtile ni plus profonde. Ce n'est rien de moins que l'assiette ou le régime de la raison qui sont bouleversés. Celle-ci découvre, au milieu de satisfactions nouvelles, une impuissance inédite, car l'unité du monde humain, qu'elle est sans cesse occupée à tisser et formuler, est maintenant frappée d'incertitude. Si toute classification des régimes politiques est désormais essentiellement défaillante, il faut conclure que la raison ne peut plus « rendre raison » du problème humain en tant que problème politique. La vénérable définition de l'homme comme « animal politique » et « animal rationnel » est implicitement destituée.

Ce nouveau régime de la raison a reçu un nom glorieux : le siècle des Lumières. Celui-ci retentit des mots de Raison et de

Nature ; il voit s'accomplir en réalité la décisive *diminutio capitis* de l'une et de l'autre. Le principe véritablement actif, la notion souveraine, ce n'est ni la Raison ni la Nature, mais « l'époque présente ». L'autorité du Nouveau est certes encore trop récente, trop nouvelle précisément, pour avoir pu trouver une expression conceptuelle adéquate et communément reçue : elle enrôle à son service les vénérables instances de la Raison et de la Nature. Celles-ci sont disponibles, séparément ou plutôt ensemble, car, péninsules démarrées, elles sont désormais flottantes, ayant été déchues de leur rôle de principes précisément par le surgissement de la nouvelle autorité. Elles n'assurent plus la synthèse du monde humain puisqu'elles sont incapables de rendre compte à la fois de l'ancien monde et de la nouvelle autorité, qui est aussi l'autorité du Nouveau, et dont « l'Angleterre », comme ensemble de faits et d'effets, est la présence active. La Raison ne peut rendre raison du Nouveau puisque, dans la polémique des Lumières contre le préjugé, elle s'égale au Nouveau et se confond avec lui. La Nature, la Raison et le Nouveau composent un monde essentiellement léger puisque, situation unique dans la chronique humaine, il échappe à la pression, ou à l'attraction, de l'Un. De là le charme sans pareil que revêt le XVIIIe siècle à nos yeux, et aux siens propres.

Cet état de grâce, on le sait, ne dura pas. La Révolution française voulut rétablir l'efficace de l'Un. Elle le fit avec une arrogance, une énergie et une cruauté aiguisées par la dislocation antérieure, qui avait été si douce. La pensée aussi, dès avant la Révolution française mais surtout, avec un sentiment exalté de la nécessité et de l'urgence, après celle-ci, la pensée, ressentant cette faiblesse radicale des Lumières, entreprit de la surmonter dans l'élément même de la spéculation. Il fallait rendre la Raison de nouveau coextensive au monde humain qui, sous les espèces ou par l'effet du Nouveau, s'en était triomphalement et délicieusement émancipé. La pensée connut alors un de ses plus hauts moments, le labeur et l'ivresse héroïques de l'idéalisme allemand. Les accomplissements de celui-ci intimident et colorent notre perception de l'époque précédente. C'est pourquoi il importe tant de comprendre exactement Montesquieu, qui a donné la description la plus exacte, la phénoménologie la plus fidèle du régime des Lumières. Nous l'avons dit, il fait son thème de ce fait considérable qu'il est le premier à examiner sérieusement : la raison ne peut rendre raison du Nouveau, c'est-à-dire ramener à l'unité avec les autres faits, à l'unité d'un principe synthétique, cet ensemble de faits et d'effets condensés dans l'Angleterre nouvelle et que, du reste, elle ne peut considérer qu'avec une vive approbation. Ne pouvant rendre raison de ce qui la satisfait, la raison des Lumières croit plus de choses qu'elle n'en sait. C'est une question de savoir si, *fides quaerens intellectum*, la raison moderne a jamais surmonté cette condition.

V

Montesquieu lui-même ne se borne pas à constater l'insuffisance de la raison traditionnelle, celle qui, faisant en quelque sorte principe commun avec la nature, prétendait ramener le monde à l'unité. Il élabore de nouvelles démarches destinées à rétablir non pas l'unité, mais du moins quelque égalité entre une raison nouvelle et le monde nouveau. Or l'établissement de l'égalité nouvelle exige la critique préalable de l'unité ancienne et de son fondement ; ainsi l'ineptie de la pensée ancienne sera non seulement avérée mais expliquée, et donc tout retour offensif de la vieille unité sera interdit. Nous allons observer une telle démarche dans l'analyse critique que Montesquieu donne de la *vertu*, c'est-à-dire de la notion qui est au cœur de la compréhension traditionnelle de l'homme, chrétienne comme grecque.

Notre point de départ se trouve naturellement dans ces deux phrases :

> Les politiques grecs, qui vivaient dans le gouvernement populaire, ne reconnaissaient d'autre force qui pût le soutenir que celle de la vertu. Ceux d'aujourd'hui ne nous parlent que de manufactures, de commerce, de finances, de richesses et de luxe même [6].

Cela sonne comme une critique implicite des Modernes. Nous sommes au début de la démarche, et Montesquieu s'identifie à son lecteur le plus probable et honorable, le bon citoyen, nourri des

6. *De l'esprit des lois*, III, 3.

bons auteurs, qui s'étonne et s'inquiète de voir que les maximes en vogue soient si différentes des principes traditionnels. En réalité, ces phrases mêmes contiennent déjà la critique radicale de la convention qu'elles paraissent reprendre et entériner.

Rien n'est manifestement faux dans cette brachylogie, mais elle abolit silencieusement ce qui faisait le sens et la portée propres de la vertu aux yeux des « politiques grecs ». Ceux-ci « vivaient dans le gouvernement populaire » ? Soit, puisque ceux qui intéressent la postérité vivaient pour ainsi dire tous à Athènes, aussi longtemps du moins qu'ils ne préféraient pas s'exiler, ou n'étaient pas contraints de le faire. Ils ne reconnaissaient d'autre force que celle de la vertu pour soutenir le corps politique ? Soit encore, si nous voulons bien faire la part de l'exagération entraînée par la simplification, mais cela ne signifie nullement qu'ils aient vu dans la vertu le principe du gouvernement populaire[7]. Nous savons au contraire qu'ils ont critiqué vivement la démocratie parce qu'elle refusait délibérément et insolemment de faire sa place à la vertu[8]. Quant aux « démocrates » grecs, ils n'invoquaient pas la vertu mais la liberté[9]. Ce qui était, pour les « politiques grecs », le principe de la critique de la démocratie devient, dans la présentation qui est ici donnée, le ressort de son fonctionnement. À n'en pas douter, le procédé de Montesquieu est d'une mauvaise foi criante, quoique cachée. Si Montesquieu se permet une telle mauvaise foi, c'est qu'elle est indispensable à sa démarche dans un moment décisif de celle-ci : il s'agit d'affaiblir, ou même d'annuler, l'attraction que cette notion vénérable est susceptible d'exercer encore sur le lecteur contemporain.

La vertu était une de ces notions de la philosophie politique et morale qui assuraient la communication entre la pensée grecque et romaine d'une part, le christianisme de l'autre. Aussi différents que soient le catalogue et le poids relatif des vertus dans les deux traditions, l'une et l'autre ont ceci du moins en commun qu'elles voient la vie humaine comme appelée à trouver son accomplisse-

---

7. Après avoir noté que le « vrai politique » se soucie au plus haut point de la vertu, Aristote avance comme « paradigme » de cette juste préoccupation les législateurs de la Crète et de Sparte qui certes ne vivaient pas « sous le gouvernement populaire ». Voir *Éthique à Nicomaque*, 1102 a 7 et suiv.

8. Montesquieu lui-même note ailleurs : « Platon était indigné contre la tyrannie du peuple d'Athènes » (*De l'esprit des lois*, XXIX, 19).

9. Platon, *République*, 562 b-c.

ment et son bonheur dans l'exercice des vertus, ou de la vertu. Cette notion condense l'universalisme actif de la philosophie grecque comme de la religion chrétienne : tout homme, d'un bout du monde à l'autre, est également appelé à vivre selon la vertu, c'est-à-dire à perfectionner sa nature, à la rendre parfaite autant qu'il est en lui, étant admis que les capacités de chacun, qualités naturelles ou grâces surnaturelles, pour parvenir à une telle fin, sont fort inégales. « Démocratiser la vertu », comme Montesquieu le fait ici d'un trait de plume, c'est lui donner les limites de la démocratie antique telle qu'elle fut. Et tandis que l'idée de vertu résumait le point de vue de la philosophie grecque sur la vie politique et sur la vie humaine en général, sur l'homme en tant qu'homme, la formule de Montesquieu suggère que la philosophie grecque est liée à la cité grecque comme une plante dépend de son écosystème — un écosystème aujourd'hui détruit. « Les politiques grecs, *qui vivaient dans* le gouvernement populaire[10] », étaient apparemment peu désireux, ou incapables, de regarder au-delà des murs de leur cité. Ainsi, sous l'apparente reprise de la convention, Montesquieu signale au lecteur moins innocent, ou plus vigilant, que la philosophie politique et morale grecque, orientée et pour ainsi dire aimantée par la notion de vertu, n'a rien à dire de pertinent à ceux *qui ne vivent pas* sous le gouvernement populaire d'une cité grecque.

Montesquieu prolonge ici, en la modifiant, la thèse de Thomas Hobbes sur les vertus et la vie morale. Cette modification, notons-le, est parallèle à celle qu'il fait subir à l'enseignement de Machiavel. On sait que Hobbes, récusant les *old moral philosophers*, les *writers of moral philosophy*, qui voyaient dans la vertu la « fin ultime » de la vie humaine, individuelle comme politique, fait des vertus les « *moyens* d'une vie pacifique, sociable et confortable[11] ». Il n'est pas douteux qu'en « politisant » ou « socialisant » les vertus, en les instrumentalisant, Hobbes leur inflige une dégradation : de fins désirables pour elles-mêmes parce qu'elles perfectionnaient l'âme, la faisaient pour ainsi dire monter en grade ontologique, elles deviennent de simples moyens de protection de la vie physique. Mais la thèse de Hobbes, comme celle des

---

10. Je souligne.
11. *Léviathan*, chap. 11 *in princ.* ; chap. 15 *in fine*.

philosophes anciens qu'il combat, a une visée universelle : ce qu'il dit vaut à ses yeux pour l'homme en tant qu'homme, pour la vie humaine en tant que telle, indépendamment de ses conditions de temps et de lieu. Il prétend dire la vérité sur l'homme là où les Anciens se trompaient sur l'homme. Il est vrai que, critiquant les Anciens, Hobbes déjà les renvoyait à leur particularité qu'ils n'auraient pas su surmonter. Voici exactement ce qu'il écrit : « Dans nos pays occidentaux, nous sommes accoutumés à recevoir nos opinions touchant l'institution et les droits des Républiques d'Aristote, de Cicéron et d'autres Grecs ou Romains, qui, *vivant sous des États populaires*, ne déduisirent pas ces droits des *principes de la nature*, mais les transcrivirent dans leurs ouvrages conformément à ce qui se faisait dans leurs propres Républiques, qui étaient populaires[12]. » On voit, en prêtant attention aux mots que j'ai soulignés, que, dans la condensation qu'il fait en somme subir à ces lignes de Hobbes, Montesquieu conserve l'imputation de particularisme mais supprime la référence aux « principes de la nature ». C'est évidemment le point décisif. Il se contente de « particulariser » la vertu, de la rattacher à un régime politique particulier dont elle serait le moyen spécifique de conservation, sans porter de jugement, positif ou négatif, sur la validité générale du point de vue grec. Il en dit beaucoup moins que Hobbes ; mais, sous la réserve et la modestie du procédé, s'accomplit une radicalisation de la démarche critique.

On dira que la particularisation de la vertu est une arme à double tranchant. Faire de la vertu dont parlent les politiques grecs l'expression des nécessités de la démocratie grecque, c'est singulièrement limiter la portée de la philosophie politique et morale grecque, ce n'est pas nécessairement atteindre « la vertu » en tant que telle : ne doit-on pas penser que, plus il particularise la vertu, plus Montesquieu particularise sa critique ? Et puisque nous sommes engagés sur un chemin qui s'éloigne de l'universel et va vers le particulier, rien n'empêche, semble-t-il, de concevoir autant de types de vertu qu'il y a de corps politiques particuliers

---

12. *Léviathan*, chap. 21, Paris, Sirey, 1971, trad. F. Tricaud, p. 228. Il faut noter ici que Hobbes est capable de *mentir* non moins effrontément que Montesquieu à propos du contenu de la philosophie politique grecque : « *From Aristotles Civill Philosophy, they have learned, to call all manner of Commonwealths but the Popular, (such as was at that time the state of Athens) : Tyranny* » (*ibid.*, chap. 46).

ou, au moins, de régimes distincts. Alors, du reste, ce que nous appelons la critique de la vertu serait fort mal nommé ; il s'agirait seulement d'affirmer, ou de reconnaître, l'infinie diversité du monde humain : à chaque régime, sa vertu ; à chacun sa chacune. Quoiqu'il soit aisé de s'y méprendre, ce n'est pas cette voie qu'ouvre ici Montesquieu. Celui-ci parvient en effet à suggérer que le sort de toutes les vertus et de toute la vertu est enveloppé dans celui de la vertu grecque — la vertu de la démocratie grecque, prônée par les politiques grecs. Le rythme de sa démarche est le suivant : après avoir particularisé, démocratisé l'idée de la vertu, il va faire de cette vertu « démocratique » le type de toute vertu — politique, mais aussi morale ou religieuse. La vertu d'abord particularisée est ensuite généralisée. La relation entre le particulier et le général présente alors des caractéristiques inédites qu'il faut dès maintenant indiquer.

Dans la conception traditionnelle, aristotélicienne si l'on veut, le particulier est en quelque sorte une approximation réelle du général. Il a l'avantage sur le général d'exister réellement : seul l'individu, et non l'espèce, est réel ; il a l'inconvénient d'en être une réalisation imparfaite ou approximative. Sauf peut-être pour les très rares individus, s'ils existent, qui sont « par excellence » (comme individus) ce qu'ils sont (comme espèce), le particulier « est moins », a « moins d'être », ou « moins d'essence » que le général. Dans la procédure qu'inaugure Montesquieu, la distance entre le particulier et le général est d'entrée abolie. Le général est rattaché strictement, inséparablement, à quelque chose de particulier : la vertu est rattachée strictement, inséparablement, aux nécessités de ce corps politique singulier que fut la cité grecque, elle-même réduite à une de ses formes particulières, la démocratie. Dans cette sorte de compression violente, la notion générale subit des modifications fondamentales. Il est en premier lieu impossible, précisément, de dire désormais si nous sommes en présence d'une notion générale ou d'une réalité particulière, puisque le particulier et le général échangent, ou confondent, leurs attributs : le général existe immédiatement, est immédiatement réel ; le particulier est immédiatement intelligible. Auparavant, le monde humain était interprété selon la distance immobile entre la particularité dont on constatait l'existence et l'essence dont on contemplait le caractère général. L'esprit humain n'avait qu'à bien se tenir ; il n'avait pas le choix de sa position dans le monde. Désormais, la distance est abolie, l'immobilité fait place à la mobilité, et la notion nouvelle, ni générale ni particulière, ou alors l'un et l'autre, circule librement à l'intérieur du monde. Amalgamant et confondant en elle les deux pôles du général et du particulier, elle contient à la fois le devenir-réel propre au passage du général au particulier, ou au concret, et le devenir-vrai propre à l'approximation par laquelle le particulier tend vers le général, ou l'universel ; les deux pôles sont devenus ses deux « moments » ; elle a quartier libre dans le monde ancien. Dès lors, la nouvelle notion, abritant les deux moments et tirant force de leurs énergies ajoutées, devient un instrument pour ainsi dire magique. En quelque point qu'il l'applique, l'esprit se découvre capable de produire, puisque cette notion les confond, à la fois le particulier et le général, c'est-à-dire le monde humain tout entier tel qu'il se réalise en ce point ; il se découvre dans une position de souveraineté causale ; il peut expliquer le monde à volonté. La condition de l'esprit humain était d'être pris dans la tension entre le particulier et le général ; la nouvelle notion lui permet de se voir, ou de se croire, extérieur et supérieur à cette tension.

À ce stade de la recherche, ces remarques restent nécessairement abstraites. Elles trouveront plus tard leur développement concret, et, dès le paragraphe suivant, leur première et plus prégnante illustration. Il importait de souligner, en termes formels et pour ainsi dire scolaires, que nous commençons d'explorer un défilé au débouché duquel l'esprit humain se découvrira, dans un paysage nouveau, des possibilités nouvelles de rendre raison des choses humaines.

VI

Montesquieu élabore une *fiction*. Il invente une idée de la *vertu* qui enveloppe non seulement la vertu politique antique mais aussi les vertus « morales » ou « chrétiennes » et, en général, toute vertu, quelle qu'elle puisse être. Son invention, reprise telle quelle par Rousseau, aura une fortune historique considérable : la compréhension moderne, notre compréhension, de la vertu et de la vie morale est formée sur la critique de la cité grecque par

Montesquieu. Il faut saisir très exactement les considérants et le sens de cette critique si nous voulons nous mettre en mesure de comprendre en profondeur ce trait fondamental de la vie morale moderne : pour nous, différents en cela des Grecs comme des chrétiens, la vertu peut être admirable, elle n'est en tout cas jamais *aimable*.

Dans l'« Avertissement de l'auteur », Montesquieu écrit :

> Pour l'intelligence des quatre premiers livres de cet ouvrage, il faut observer que ce que j'appelle la *vertu* dans la république est l'amour de la patrie, c'est-à-dire l'amour de l'égalité. Ce n'est point une vertu morale, ni une vertu chrétienne, c'est la vertu *politique* [...] [13].

Ces affirmations ont été d'autant plus aisément entérinées par la plupart des commentateurs qu'elles viennent à la rencontre du préjugé moderne selon lequel les « valeurs », ou les « domaines », sont « autonomes ». Elles sont même à la source de ce préjugé, qui se congratule en les prenant à la lettre. Or on peut démontrer que, lorsqu'il parle de vertu, Montesquieu a en vue *la* vertu en général, y compris et même tout spécialement les vertus que nous appelons morales, ou chrétiennes. Je voudrais relever quelques-unes de ses ironies sur le sujet.

Voici ce qu'il écrit au chapitre 6 du livre III :

> Ainsi, dans les monarchies bien réglées, tout le monde sera à peu près bon citoyen, et on trouvera rarement quelqu'un qui soit homme de bien ; car, pour être homme de bien, il faut avoir l'intention de l'être, et aimer l'État moins pour soi que pour lui-même.

À « homme de bien » est rattachée cette note : « Ce mot, *homme de bien*, ne s'entend ici que dans un sens politique. » On voit que Montesquieu ne craint pas d'abuser de la docilité de son lecteur, car « homme de bien » pris « dans un sens politique », qu'est-ce d'autre que « bon citoyen » ? Admettons que le bon citoyen de la république ait une autre économie morale que le bon citoyen de la monarchie ; le fait qu'elle se définisse par le

---

13. Souligné par Montesquieu.

désintéressement confirme l'extrême proximité de la « vertu politique » dont parle Montesquieu et de la « vertu morale » telle qu'on l'entend généralement.

Le point sera mis hors de doute si nous considérons maintenant le chapitre 5 du livre IV. Après avoir noté que le despotisme et la monarchie étaient fondés sur des passions, respectivement la crainte et l'honneur, Montesquieu fait cette remarque sur la vertu propre aux républiques :

> [...] mais la vertu politique est un renoncement à soi-même, qui est toujours une chose très pénible.
>
> On peut définir cette vertu, l'amour des lois et de la patrie. Cet amour, demandant une préférence continuelle de l'intérêt public au sien propre, donne toutes les vertus particulières ; elles ne sont que cette préférence.

Or, que sont ces vertus « particulières », sinon celles que nous appelons ordinairement « morales » ? Le propos est ici d'autant plus concluant que Montesquieu a soin d'*identifier* complètement *toutes* les vertus « particulières », c'est-à-dire morales, à l'amour de la patrie, c'est-à-dire à la vertu politique par excellence.

Mais comment obtient-on cette préférence continuelle de l'intérêt public au sien propre ? Voici la réponse de Montesquieu :

> L'amour de la patrie conduit à la bonté des mœurs, et la bonté des mœurs mène à l'amour de la patrie. Moins nous pouvons satisfaire nos passions particulières, plus nous nous livrons aux générales. Pourquoi les moines aiment-ils tant leur ordre ? C'est justement par l'endroit qui fait qu'il leur est insupportable. Leur règle les prive de toutes les choses sur lesquelles les passions ordinaires s'appuient : reste donc cette passion pour la règle même qui les afflige [14].

La première fois que l'on rencontre ce merveilleux passage, on est saisi d'un long étonnement : il semble que toute la psychologie moderne, la psychologie dite du soupçon, celle de Nietzsche comme celle de Freud, soit contenue dans cette épigramme. Et avec le motif, le désir se fait jour de soupçonner le soupçon. Celui-ci ne serait-il pas apparu, comme intention et comme doctrine,

---

14. *De l'esprit des lois*, V, 2.

dans un contexte politique très déterminé et pour faire face à une nécessité intellectuelle très contraignante : penser l'Ancien quand le Nouveau se déploie, encore immaîtrisé, comme liberté ? Bornons-nous pour le moment à relever le point décisif pour la compréhension du dessein de l'*Esprit des lois*[15], et donc de la critique morale inséparable de la politique moderne. Montesquieu tend à assimiler la cité antique à un ordre religieux, à identifier la vertu politique du citoyen à la vertu ascétique du moine[16]. Ainsi les deux types de vertu, dont le conflit avait fait la complexité et la vitalité de la tradition morale européenne, sont-ils fondus l'un dans l'autre.

VII

Notre analyse assurément est fastidieuse ; mais l'histoire de la vie morale et politique est scandée par l'introduction de changements, d'abord à peine perceptibles, qu'il faut savoir retrouver dans leur intention et leur couleur premières. Il est nécessaire pour cela de percer à travers les conventions sous lesquelles, pour gagner audience, ils se dissimulent d'abord. Du moins avons-nous établi ceci : en faisant de la vertu le propre des démocraties antiques, et spécialement de la grecque, Montesquieu ne vise pas seulement à réduire la portée de la philosophie de Platon et d'Aristote, c'est toute vertu, et éminemment la vertu chrétienne, qui est ainsi particularisée et politisée. Il semble que la vertu démocratique soit l'original de toute vertu, et que la vertu

---

15. Dès les *Lettres persanes*, dans l'« histoire d'Aphéridon et d'Astarté », on pouvait lire ceci : « Quoi ! ma sœur, lui dis-je tout transporté, vous la croyez donc véritable, cette religion ? — Ah ! dit-elle, qu'il me serait avantageux qu'elle ne le fût pas ! Je fais pour elle un trop grand sacrifice pour que je puisse ne la pas croire » (Lettre LXVII).

16. Le chapitre 6 du livre IV rapprochait déjà Lycurgue de William Penn et des jésuites du Paraguay. Il est vrai que, dans une note attachée au chapitre 5 du livre III, Montesquieu produit cette dénégation : « Je parle ici de la vertu politique, qui est la vertu morale dans le sens qu'elle se dirige au bien général, fort peu des vertus morales particulières, et point du tout de cette vertu qui a du rapport aux vérités révélées. On verra bien ceci au liv. V, ch. II. » Or, nous avons vu, en IV, 5, que les vertus particulières « ne sont que » la préférence du général au particulier, qui est la vie même de la démocratie. Et nous venons aussi de lire en V, 2, passage auquel Montesquieu renvoie effrontément dans cette note, qu'une ressemblance fort étroite rapproche la vertu politique des citoyens des démocraties et la vertu ascétique des moines, laquelle assurément ne peut pas ne pas avoir « du rapport aux vérités révélées ». La dénégation de III, 5 attire l'attention sur l'affirmation de V, 2, et la confirme.

chrétienne ne soit que le fantôme de la démocratie défunte, siégeant couronné, et bientôt découronné, sur le tombeau de cette dernière.

La définition de ce prototype de toute vertu, c'est de préférer le général au particulier ; elle n'est que cette préférence. Or, non seulement cette vertu générale est la caractéristique d'un régime particulier, mais Montesquieu ne se lasse pas de souligner la nature particulièrement particulière, si j'ose dire, la nature exceptionnelle, non généralisable, du régime grec. Les institutions grecques sont désignées comme « singulières » jusque dans le titre d'un chapitre [17], comme s'il s'agissait là d'un attribut d'essence, d'une partie de leur appellation officielle en quelque sorte. Leur évocation laisse une impression d'exploit improbable, monstrueux : Montesquieu montre Lycurgue « choquant tous les usages reçus », « confondant », comme les Chinois, « les principes qui gouvernent les hommes [18] » ; il décrit la cité grecque comme « une société d'athlètes et de combattants », comme une institution dont la « férocité » n'était tempérée que par la musique, ou alors par « un amour qui devrait être proscrit par toutes les nations du monde [19] ». Toute la description de Montesquieu est gouvernée par le dessein d'accentuer l'étrangeté de la cité grecque, de susciter dans l'esprit du lecteur l'éloignement et même l'antipathie.

Je voudrais faire remarquer d'autres traits, non moins importants. Montesquieu sépare rigoureusement l'idée de vertu de l'idée d'excellence qui lui était, chez les Grecs, essentiellement attachée. Il fait de la vertu un sentiment, qui non seulement est accessible au « dernier homme de l'État », mais encore trouve ses porteurs naturels parmi ceux dont les lumières, les talents ou la fortune sont « médiocres » [20]. Et dans une phrase délibérément embarrassée, il renverse l'identité grecque entre la vertu et le bonheur, entre la vertu et la sagesse [21], en impliquant que la vertu ne contribue pas au bonheur, ni à la sagesse : « Une république où les lois auront formé beaucoup de gens médiocres, composée de gens sages, se

17. *De l'esprit des lois*, IV, 7.
18. *Ibid.*, IV, 6 et 7 ; XIX, 16.
19. *Ibid.*, IV, 8.
20. *Ibid.*, V, 2 et 3.
21. Voir, par exemple, l'*Éthique à Nicomaque*, 1101 a 14 ; 1102 a 5 ; 1176 b 7 ; et la *Politique*, 1295 a 37.

gouvernera sagement ; composée de gens heureux, elle sera très heureuse [22]. » Les lois démocratiques, dont la vertu est le support et pour ainsi dire la vie, ne peuvent produire que l'égalité ou la médiocrité ; quant à la sagesse ou au bonheur, ils sont antérieurs aux lois et à la vertu, et donc indépendants d'elles.

Nous sommes maintenant en mesure de résumer la thèse de Montesquieu sur la vertu.

La vertu est le principe d'un régime non seulement particulier, mais encore singulier. Elle n'est pas fondée sur la maîtrise des passions par la raison, mais plutôt sur l'absorption de l'énergie passionnelle par et dans une passion unique : l'amour de la patrie et de l'égalité. Elle est ainsi l'amour d'une règle qui opprime et même « afflige ». Elle n'a pas de rapport avec la grandeur de l'âme ; elle est au contraire un sentiment accessible et même approprié au plus chétif de l'État. Elle ne rend ni sage ni heureux.

VIII

La vertu dont parle Montesquieu est vraiment une étrange chose, une improbable chimère. On est tenté de dire qu'il n'est pas encore né, celui qui la rencontrera jamais, dans ce monde ou dans l'autre. Il s'agit d'un amalgame de la vertu politique antique et de la vertu chrétienne, dans lequel chacun des éléments perd ses traits spécifiques et acquiert des couleurs qui le dénaturent. Benjamin Constant sut fort bien expliciter la pensée de Montesquieu sur ce point lorsqu'il parla de Sparte comme d'un « couvent guerrier [23] ». Quel est donc le sens de cette étonnante fiction ?

La vie morale européenne était organisée et animée par le dialogue conflictuel entre la morale civique grecque et romaine d'un côté, les préceptes mosaïques et les conseils évangéliques de l'autre : entre la magnanimité et l'humilité. Les deux vertus, ou les deux types de vertu, sont antagonistes, mais aussi solidaires. Je l'ai déjà relevé [24], entre deux traditions morales qui proposent à l'homme de réaliser sa nature en recherchant des fins élevées, il y a

22. *De l'esprit des lois*, V, 3.
23. Benjamin Constant, *De l'esprit de conquête et de l'usurpation*, 2ᵉ partie, chap. 7, in *De la liberté chez les Modernes*, éd. M. Gauchet, Paris, Hachette, 1980, p. 189.
24. Voir ci-dessus, § V.

nécessairement proximité et pour ainsi dire complicité : pour l'une comme pour l'autre, l'homme est une flèche lancée vers sa cible, et cette cible est dans l'azur. Mais, en plus, les deux traditions vivent de leur confrontation et de leur conflit ; si j'ose dire, elles s'animent l'une l'autre. La magnanimité méprise l'humilité. L'humilité humilie la magnanimité[25]. La nature est toujours à nouveau candidate au baptême ; les exigences de la grâce font toujours à nouveau resurgir les revendications et même la révolte de la nature. On peut observer aisément cette dialectique dans les grandes articulations de l'histoire européenne avant le XVIIe siècle, dans les conflits du Moyen Âge entre le pape et l'empereur, dans le passage du Moyen Âge à la Renaissance, de celle-ci à la Réforme et à la Contre-Réforme. C'est ainsi que Dante, colère et magnanime, proteste contre l'humiliation infligée à notre nature morale et politique par la démesure des prétentions du pouvoir spirituel. C'est ainsi que Luther se révolte contre la transformation de la papauté en puissance temporelle et païenne[26], de la Parole en institution de pouvoir terrestre. Celui-là affirme la nature ; celui-ci affirme la grâce : voilà le rythme et la respiration qui prévalurent longtemps à l'ouest du monde. Le XVIIe siècle y mit un terme ; qu'on le dise classique ou baroque, il fit en tout cas un suprême effort de conciliation ; il voulut être à la fois, très délibérément, orgueilleux et chrétien. Or l'instrument, la clef de voûte de la conciliation, c'est-à-dire le souverain absolu, à la fois Hercule, ou Apollon, et Roi Très-Chrétien, au lieu de réconcilier et réunir en sa personne les deux visages de l'Ancien, ne fit que compromettre définitivement l'un par l'autre. La corde était trop tendue ; elle se relâcha brusquement en 1715. Mais on ne vit resurgir ni l'orgueil et l'ambition païens, ni l'humilité et la sévérité chrétiennes. Quelque chose d'autre apparut, que nous nous efforçons de cerner

---

25. Par exemple : à Canossa.

26. Nietzsche écrit à ce propos : « Il n'y eut jusqu'à présent que *cette* grande guerre, il n'y eut pas jusqu'à présent de problématique plus décisive que celle de la Renaissance [...] ; je vois un spectacle d'une telle richesse de sens, et si merveilleusement paradoxal, que toutes les divinités de l'Olympe y auraient trouvé l'occasion d'une hilarité immortelle — *Cesare Borgia pape...* On me comprend ? ... Eh bien, cela eût été le triomphe que je suis seul aujourd'hui à appeler : c'était la *suppression* du christianisme ! Qu'arriva-t-il ? Un moine allemand, Luther, s'en vint à Rome. Ce moine [...] se souleva, à Rome, d'indignation *contre* la Renaissance... Au lieu de comprendre avec une très profonde gratitude le prodige qui venait d'arriver, le christianisme vaincu à son *siège*, sa haine ne sut que s'alimenter à ce spectacle » (*L'Antéchrist*, § 61, trad. D. Tassel, Paris, Union générale d'éditions, 1967, souligné par Nietzsche).

dans cette recherche, un troisième terme — tout autre que l'Antiquité et que la Renaissance, tout autre que le christianisme, catholique ou protestant.

Il y avait dans le projet classique tel qu'il se déploya en France — mais il ne se déploya vraiment qu'en France —, en dépit de sa grandeur et de sa beauté, quelque chose de tendu, d'excessif, d'artificiel et de faux. Dès l'instant qu'on renonça à l'artifice, on renonça de fait à ce qu'il voulait joindre ensemble : les deux versions anciennes de la « vie bonne ». Mais restait ce que l'artifice avait produit, ou du moins protégé et encouragé : l'État national, désormais trop ample, trop fort, trop nouveau, pour accepter jamais de déférer à l'autorité de l'une ou l'autre Antiquité ; et aussi, liée à lui, cette société transnationale d'Anglais et de Français, de Hollandais et d'Italiens, trop citoyens pour être vraiment chrétiens, trop chrétiens pour être vraiment citoyens, et qui trouvent dans la propriété, la conversation et le commerce, ces contenus spirituels intermédiaires qui correspondent à leur situation.

Cependant, aussi définitive que paraisse aux bons observateurs la disparition du projet classique après la mort du grand Roi, la référence antique et la référence chrétienne continuent d'occuper beaucoup d'esprits justes et de nobles cœurs. L'électricité sociale et intellectuelle qui parcourt l'Europe annonce sans doute quelque chose d'inédit et d'inouï, mais quoi ? Et cela sera-t-il assez fort pour l'émanciper à jamais de l'attraction de ces deux étoiles mortes, ou mourantes : Athènes et Jérusalem ?

Pour éviter tout retour de l'Ancien, ou à l'Ancien, pour établir l'autorité du Nouveau, il faut mettre définitivement un terme à la dialectique dont nous parlions, au jeu de la nature et de la grâce. Et pour mener à bien un tel dessein, quoi de plus hardi, mais quoi de plus imparable que de les *confondre* ? Montesquieu superpose donc carrément la cité et l'Église, le citoyen et le chrétien. Leur dénominateur commun, c'est l'obéissance à une règle qui mortifie les passions. Or la mise en évidence de ce dénominateur commun contient en elle-même la critique des deux traditions, puisque l'obéissance, commune aux deux traditions, est alors dépouillée des motifs, des fins propres qui la justifient dans chacune. Elle apparaît comme simple oppression de la nature, et non plus comme éducation de celle-ci pour son perfectionnement, moyen d'accéder à des biens plus élevés. Aimer de passion la règle qui afflige, et parce qu'elle afflige, on admettra que c'est bien *contre nature*, de quelque façon qu'on entende la nature. Une vertu ainsi comprise peut être jugée, c'est-à-dire rejetée, sans qu'on se sente tenu de préciser les caractéristiques d'une action qui serait « conforme à la nature », sans même qu'on se sente tenu en général de présumer quoi que ce soit de l'humaine nature. Cette notion tend à nous faire penser que la cité antique et l'Église chrétienne sont également, quoique différemment, répressives ou « affligeantes », et nous incite à nous satisfaire de cette pensée : elle est purement *polémique*.

IX

L'analyse qui précède a souligné, je crois qu'elle a établi, le caractère délibéré et artificiel de l'élaboration de Montesquieu, sa qualité de fiction. Mais les fictions d'un philosophe, et aussi sobre que Montesquieu, ne sont jamais arbitraires ; elles fixent, rendent explicite et réelle une possibilité qui était obscurément inscrite dans la configuration politique et spirituelle.

Je parlais plus haut de la dialectique des deux traditions, signalant comment la magnanimité et l'humilité, la nature et la grâce se réprouvent et se suscitent l'une l'autre. Mais, si nous prenons chaque critique à la lettre et la suivons jusqu'à son terme logique, si nous considérons ce que la nature et la cité disent, ou impliquent, de la grâce et de l'Église, ce que l'Église et la grâce disent, ou impliquent, de la cité et de la nature, nous voyons que chacune tend à dépouiller l'adversaire de sa légitimité, à le vider de sa substance. Que valent, aux yeux du citoyen, les mortifications du chrétien, quand il s'agit, non de se mettre à genoux mais de monter à cheval, quand les péchés qu'il convient d'expier, ou plutôt de corriger, ne sont pas ceux commis contre la chasteté ou la vérité, mais les fautes militaires et politiques[27] ? Que valent, aux yeux du chrétien, les labeurs politiques et militaires du citoyen, quand il croit que, victoire ou défaite, tel régime ou l'autre, ce monde est une vallée de larmes ravagée par le péché, que les États

---

27. Voir *Le Prince*, chap. 11.

ne sont guère plus ou mieux que de vastes brigandages [28] ? Pour chacun des deux protagonistes, les sacrifices qu'exige l'autre sont vains.

Je n'ignore pas que, en pratique, les cités, les royaumes et même les républiques font quelque place, parfois une grande place, aux Églises, que les Églises reconnaissent le plus souvent la consistance et la légitimité des cités terrestres, et que la proposition la plus autorisée concernant les rapports de la nature et de la grâce énonce que celle-ci perfectionne celle-là sans la détruire [29]. Mais nous occupe ici la pointe offensive de l'argument quand il est poussé jusqu'au bout, comme il est dans la nature d'un argument de l'être, quand prévaut, comme souvent dans la vie politique et religieuse, une situation de conflit, d'autant plus qu'une telle situation est productrice de plus d'effets, de plus de changements, de plus d'« histoire », dirait-on, que la conciliation ou le compromis, que la belle et bonne harmonie. Alors, à n'en pas douter, pour chacun, vains sont les sacrifices de l'autre, et vaine son obéissance. De sorte que si nous prenons l'un et l'autre argument à la lettre en même temps, l'homme nous apparaît comme fatalement voué, sous la toge du citoyen ou le cilice du chrétien, à l'obéissance inutile, à la vertu vaine. Or, voilà des siècles que les masses spirituelles tournaient l'une sur l'autre comme deux meules, que la cité et l'Église, la nature et la grâce, de conflits en conciliations, s'usaient l'une l'autre. Et les efforts de chacune pour revenir à sa vérité originelle avaient étrangement consommé sa défaite : la Renaissance mit fin à la vie des cités, la Réforme luthérienne désarma la religion face au pouvoir temporel. Que laisse alors derrière elle cette usure, cette érosion, sinon l'imputation réciproque de service inutile et d'obéissance vaine ? Quand la nature et la grâce ont fatigué leur force l'une contre l'autre, elles laissent derrière elles les traces confondues d'une loi presque commune.

C'est sur un tel fond que Montesquieu élabore sa notion de la vertu, sa fiction d'un prototype contenant à la fois, amalgamant la vertu politique païenne et la vertu chrétienne. Son artifice tire sa possibilité et sa convenance de la situation spirituelle engendrée par l'action réciproque des deux traditions, et il prend appui sur

---

28. Saint Augustin, *De civitate Dei*, IV, 4.
29. Saint Thomas, *Summa Theologiae*, Ia, Q.1, art. 8, ad. 2.

elle. La Vertu étudiée dans l'*Esprit des lois* n'est pas principalement l'invention d'un auteur, aussi merveilleusement ingénieux
soit-il ; c'est, dessinée et peinte par Montesquieu, une grande
Figure de l'Histoire européenne qui puise sa force et son sens dans
l'épuisement des deux traditions antique et chrétienne, après le
dernier et vain effort de l'âge classique pour les affirmer toutes les
deux.

X

Ce qui vient d'être dit signifie-t-il que Montesquieu est
également hostile aux deux grandes traditions, ou à leurs effets
« répressifs » ? Nullement. Lorsque, au lieu d'élaborer la fiction
de leur fusion, il fait son thème de leur conflit, il souligne les
avantages de la tradition païenne, ou civique, qui du moins ne
divise pas l'homme ; le beau passage sur Épaminondas témoigne
de cette préférence [30]. À coup sûr, un exposé de la pensée de
Montesquieu devrait faire une place adéquate à sa satire de la
division introduite par le christianisme [31]. Mais ce qui est important pour notre recherche, ce n'est pas l'adhésion ou le prolongement qu'il donne à la critique machiavélienne de la religion
moderne [32], c'est la manière dont il critique l'autre tradition,
l'intensité et la radicalité de sa critique de la cité antique. Il s'agit
bien pour lui de faire apparaître une troisième possibilité, une tout
autre et toute nouvelle autorité.

On demandera sans doute pourquoi, si notre thèse est exacte,
Montesquieu a multiplié les passages semblables à celui que je
viens de mentionner, qui ont induit tant de bons lecteurs à le
considérer comme un admirateur sincère de l'Antiquité classique.

Montesquieu fut très certainement un admirateur sincère de ce
qui est admirable dans l'Antiquité grecque et romaine. Et comme
il était souverainement capable de comprendre toutes choses, il
admira en elle mille beautés qui échapperont toujours à nos petites

---

30. *De l'esprit des lois*, IV, 4.
31. On lit par exemple dans ses *Pensées* : « LES DEUX MONDES. Celui-ci gâte l'autre, et
l'autre gâte celui-ci. C'est trop de deux. Il n'en fallait qu'un » (1176, ms. Bordeaux, éd.
L. Desgraves).
32. Voir Machiavel, *Discorsi*, II, 2.

âmes. Seulement, à ses yeux, cette vie antique ne représentait plus une possibilité véritable ; elle appartenait irréversiblement au passé. Le lecteur d'aujourd'hui doit faire effort pour saisir l'ampleur de la nouveauté contenue dans ces dernières propositions d'apparence si modeste : quant à lui, laisser, ou renvoyer, le passé dans le passé parce que « tout est historique » et que « l'histoire est irréversible », c'est ce qu'il ne cesse de faire sans travail ni scrupule particulier. Mais jusqu'alors, précisément, reconnaître l'autorité des Anciens, c'était admirer un modèle toujours présent parce que fondé sur les capacités permanentes de l'éternelle nature humaine. Partant, récuser l'autorité des Anciens, c'était récuser le critère de la Nature qui avait été découvert et reconnu valide par eux. Or, si l'on récuse le principe qui suscitait leur plus haute adhésion, on déclare sans vérité le cœur de leur vie spirituelle. On ne peut plus alors les admirer sans réserves graves, aussi longtemps, du moins, qu'on garde souci de la vérité. Je ne sais comment, dans l'esprit spacieux de Montesquieu, s'organisèrent l'admiration et la réprobation.

Il est en tout cas certain que Montesquieu voile délibérément sa critique de la vertu et qu'il faut un minimum d'attention pour se rendre sensible à son ironie et percevoir l'extrême radicalité de son attaque. Il y a dans ces précautions une haute prudence politique, mais aussi morale. En effet, que va éprouver l'honnête lecteur, le lecteur de Plutarque et de l'*Imitation*, si les deux grandes versions de la « vie bonne » sont soumises à une critique dangereusement aiguë et lui font ainsi simultanément défaut ? Il a besoin d'une idée, d'une image de l'homme susceptible d'occuper son esprit et son cœur. C'est pourquoi Montesquieu, content d'avoir décisivement affaibli aux yeux du lecteur attentif l'autorité des deux traditions, affirme, avec une noble effronterie, qu'il n'a jamais voulu parler des vertus chrétiennes, et reprend, avec une emphase délibérée, la convention célébrant la grandeur des vies anciennes. L'autorité qui doit se substituer à celle de la vertu, n'apporte avec elle aucune idée nouvelle de l'homme, de sa nature, de ses possibilités ou de sa vocation. L'écrivain qui va plaider pour cette autorité, si du moins il garde quelque humanité, et Montesquieu était l'humanité même, cet écrivain ne peut détruire, ou subvertir purement et simplement, l'image de la vertu et de la « vie bonne », la noble image d'Épaminondas. Elle doit continuer de vivre, dans des sortes de limbes, pour fournir malgré tout à l'humanité nouvelle une représentation de l'homme, un contenu moral sans autorité pour diriger ses actions mais capable du moins d'occuper son imagination. L'art infini de Montesquieu, tout en détruisant l'autorité intellectuelle et politique de la vertu antique, préserve, ou plutôt invente son autorité « imaginaire », ou « esthétique », ou « historique », celle qui restera au principe de la meilleure part de l'éducation européenne jusqu'aux années 1960.

Il ne faudrait pas sous-estimer l'importance de cela. Cette autorité pour ainsi dire de second rang ne s'attache pas à des images inconsistantes et impuissantes. Cet imaginaire joue un rôle moral réel, et, aux yeux de Montesquieu, nécessaire et salutaire. De fait, pensons seulement à ce qui adviendra à l'est de l'Europe, quand l'homme moderne, enivré et comme possédé par la seule autorité de l'Histoire et de l'Avenir, ayant, iconoclasme ultime, complètement vidé son imagination de toutes les images anciennes, entreprendra de rendre réel, de faire exister l'x d'un Homme Nouveau.

Mais l'Histoire réservait une étrange ironie à son ironique confesseur. La vertu qu'il avait inventée allait venir hanter l'homme européen d'une façon tout autre qu'il n'avait prévu et voulu. Bientôt son invention servit à une inversion de son intention. Jean-Jacques Rousseau retourna la fiction de Montesquieu comme un gant.

XI

Nous l'avons souligné : en dégageant le dénominateur commun à la vertu antique et la vertu chrétienne, Montesquieu fait une satire radicale de l'une et de l'autre, puisqu'il prive la vertu de son motif spécifique ; celle-ci n'est plus qu'obéissance contre nature à une règle répressive. Il présente en somme une autocritique de la vertu. Mais simultanément, cette vertu « démocratisée », réunissant l'égalité et l'austérité du christianisme à l'austérité et l'activité de la cité grecque, ouvre, ou paraît ouvrir, une possibilité inédite. Une telle conception démocratique, satisfaisant, ou paraissant satisfaire, à la fois la nostalgie de la grandeur antique et civique, et le goût chrétien de l'égalité, pourra susciter un attrait positif dès

lors que la toute récente autorité de l'expérience moderne sera
récusée, comme elle le fut par Rousseau. Par un singulier
retournement, le caractère répressif, contre nature, de la vertu, que
Montesquieu avait délicatement suggéré pour détourner d'elle ses
lecteurs, fut emphatiquement proclamé par Rousseau, au grand
enthousiasme des siens. La fiction destinée à tenir à distance le
prestige du passé, l'autorité de l'Antiquité, vint contester violemment l'autorité de l'expérience moderne qu'il s'agissait d'établir.
Ce qui était principe d'interprétation destiné à clore une période
de l'histoire, devint principe d'action capable d'en ouvrir une
autre, non plus « moderne » mais « révolutionnaire ». C'est le
règne de la vertu telle qu'inventée et critiquée par Montesquieu,
telle qu'entérinée et célébrée par Rousseau, que proclamera
Robespierre.

Le plus singulier dans le geste de Rousseau, c'est l'aisance avec
laquelle il retourne l'intention de Montesquieu, la satisfaction
consciencieuse, mêlée d'enthousiasme, avec laquelle il décrit la
cruauté de la vertu civique [33]. Dira-t-on que les deux philosophes
partagent le même concept de la vertu, mais portent sur elle des
« jugements de valeur » différents et même strictement opposés ?
S'il fallait répondre positivement, nous aurions fait, par rencontre,
une découverte rare : un cas, un problème, une situation, où
l'emploi de la notion de « jugement de valeur » est indispensable à
la compréhension du monde humain.

Montesquieu lui-même était conscient de l'autre possibilité
incluse dans son invention ; il était conscient de la possibilité-
Rousseau. Comment n'eût-il pas envisagé l'image de la citoyenne
rendant grâces aux dieux pour la victoire qui lui a pris ses cinq fils,
lui qui nous montre le moine aimant de passion son ordre qui
l'opprime et parce qu'il l'opprime ? D'ailleurs, il note explicitement, mieux, il met en maxime ceci : « Par la nature de l'entendement humain, nous aimons en fait de religion tout ce qui suppose
un effort, comme, en matière de morale, nous aimons spéculative-
ment tout ce qui porte le caractère de la sévérité [34]. » C'est peut-

---

33. « Une femme de Sparte avait cinq fils à l'armée, et attendait des nouvelles de la
bataille. Une ilote arrive ; elle lui en demande en tremblant. Vos cinq fils ont été tués. Vil
esclave, t'ai-je demandé cela ? Nous avons gagné la victoire. La mère court au temple et
rend grâce aux Dieux. Voilà la citoyenne » (J.-J. Rousseau, *Émile*, livre I, in *Œuvres
complètes*, Paris, Gallimard, Bibl. de la Pléiade, t. IV, 1969, p. 249).
34. *De l'esprit des lois*, XXV, 4.

être la proposition la plus *générale* de l'*Esprit des lois*. La conscience de cette possibilité fut sans doute un autre motif, inverse du premier, de voiler la critique, ou l'autocritique de la vertu : s'il ne fallait pas désespérer l'honnête lecteur, il ne fallait pas non plus le tenter.

Mais Rousseau lui-même n'aime pas la vertu qu'il célèbre. Ou alors il ne fait que l'aimer, mais est incapable, en raison de sa bonté naturelle, de pratiquer cette vertu contre nature. Non ! il ne l'aime pas, puisqu'il lui impute ce qui est à ses yeux, ou plutôt à son cœur, le plus impardonnable défaut : elle est cruelle[35].

En vérité, Montesquieu et Rousseau perçoivent également l'ambivalence de la loi et de sa cruauté ; ce qui la rend odieuse est aussi ce qui peut la rendre aimable, ou plutôt, la rendre l'objet d'un étrange désir intellectuel — si nous l'aimions vraiment, nous la pratiquerions, notre amour ne resterait pas « spéculatif ». L'un comme l'autre utilise cette ambivalence pour conduire son lecteur vers les pensées et les sentiments qui lui paraissent vrais ou souhaitables. Mais peut-être ni Rousseau ni même Montesquieu, pourtant si maître de lui, ne gouvernent-ils complètement ce que nous devons et pouvons penser de la loi. L'ambivalence des sentiments et même l'opposition des jugements sont l'effet d'une indétermination de l'essence de la loi, de sa compréhension, à laquelle la différence entre l'extension que Montesquieu et celle que Rousseau donnent à la notion doit nous rendre attentifs.

L'idée, la fiction de la vertu, élaborée par Montesquieu, enveloppe à la fois le monde antique païen et le monde chrétien : ce qu'il dit de la vertu concerne le monde humain tel qu'il a toujours été jusqu'à présent, jusqu'à l'apparition du régime anglais, du régime nouveau de la liberté moderne. Rousseau étend encore, si je puis dire, cette extension. Cette vertu, ou cette loi, est constitutive de l'humanité même de l'homme. Dès lors, il ne s'agit pas de passer du règne de la loi ancienne et de la répression à celui de la loi nouvelle, simplement instrumentale, et de la liberté, mais d'instaurer enfin la loi qui soit pure loi et loi pure et qui, du reste, se confond avec la liberté morale et politique[36]. Le désaccord

35. Voir le second Discours, *Œuvres complètes*, t. III, p. 159 ; le premier et le deuxième des *Dialogues*, t. I, 1959, p. 670 et p. 823 et suiv. ; la sixième « Promenade », *Rêveries...*, t. I, p. 1052-1053 ; la *Lettre à Christophe de Beaumont*, t. IV, p. 970 n.
36. J.-J. Rousseau, *Du contrat social*, livre I, chap. 6 et 8.

entre les deux philosophes est un désaccord philosophique ; il concerne le sens et la place de la loi. Montesquieu semble bien envisager une société où la loi répressive, la loi qui modifie la nature, aura été abolie ; Rousseau ne croit pas que l'homme puisse vivre en société sans obéir à une loi qui modifie, qui mutile profondément son âme, et il aime si peu cela, il aime si peu la loi cruelle qu'il préfère s'enfuir dans la solitude.

XII

La vertu, telle qu'élaborée par Montesquieu et entérinée par Rousseau, est pure répression parce qu'elle est construite, ou « feinte », comme ce qui est commun à la loi grecque et à la loi chrétienne. Elle est définie de façon purement négative ; elle consiste en la négation des affects et des intérêts de l'individu, en la négation de la nature en tant que celle-ci est individuelle. Si nous suivons Montesquieu, une telle immolation des affects et des intérêts de l'individu n'a d'autre ressort que l'immolation elle-même et l'étrange satisfaction que l'âme y trouve. Il va de soi, je l'ai noté, que cette vertu a peu à voir avec la conception qu'en prenaient les Grecs et les chrétiens eux-mêmes. Certes, ceux-ci et ceux-là considèrent la vie de l'âme dans des lumières toutes différentes : quoi de plus différent que la nature et la grâce ? Pourtant, l'idée que les seconds se font de la vertu recouvre assez exactement celle des premiers. Pour les philosophes comme pour les chrétiens, la vertu est soumission des passions à la raison, des parties basses de l'âme aux parties hautes, mise en ordre et ordre accompli de l'âme[37]. Cette conception peut impliquer une mortification des affects et des intérêts tout à fait comparable dans son ampleur et sa teneur à celle qu'implique par la conception de Montesquieu et Rousseau, mais le sens en est tout différent. Dans le cas des philosophes et des chrétiens, l'ascèse est le moyen d'une vie plus haute ; elle est l'effort nécessaire pour mener à bien le passage à celle-ci. Dans l'interprétation de Montesquieu, l'ascèse est à elle-même sa propre fin. Rousseau, quant à lui, conserve

---

37. Voir Platon, *République*, 443 d-e ; saint Paul, Épître aux Romains, VI, 17-18 ; saint Thomas, *Summa Theologiae*, Ia, Q. 77, art. 4.

quelque chose de l'idée traditionnelle de l'ordre de l'âme, mais il n'en souligne que davantage le caractère *dénaturant* de la vertu et de la loi[38]. Je crois que, sans vouloir à tout prix condenser dans quelques formules des phénomènes fort complexes, dont il s'agit au contraire de découvrir et préserver la complexité, il ne serait pas inutile de proposer le résumé suivant.

La vertu et la loi anciennes, dans leurs deux versions, païenne et chrétienne, font passer l'homme d'un certain état de sa nature à un état plus élevé (et même, dans le second cas, à un état « surnaturel ») ; il monte, dans son être, les degrés de l'Être ; ses vertus se déploient, comme ses vices, selon un gradient qui, de l'abîme de la dégradation au sommet de la perfection, offre mille échelons et d'innombrables nuances. La vertu et la loi nouvelles signifient, quant à elles, la négation de la nature individuelle, sans qu'il soit clair si cette négation entraîne un état supérieur, ou alors inférieur, ou est sans effet d'élévation ou d'abaissement, pour l'homme qui pratique la vertu. Cette incertitude est ce qui est décisif dans la nouvelle détermination : ne pouvant trouver ni concevoir leur place dans les degrés de l'Être, la vertu et la loi nouvelles n'auront de cesse d'échapper à la vieille Ontologie.

Avant de nous risquer plus loin, il importe de répondre à l'objection que le lecteur attentif brûle de faire. Qu'est-ce donc qui est vraiment commun aux conceptions grecque et chrétienne ? Nous avons répété que leur dénominateur commun, dégagé par Montesquieu, était une obéissance ayant sa fin en elle-même, indépendamment de tout motif. Or nous venons de dire qu'elles avaient aussi en commun quelque chose de tout autre : l'idée d'un ordre de l'âme. Quel est alors le vrai dénominateur commun ? Certes la question est fondée.

La notion d'ordre de l'âme ne peut être extraite comme dénominateur commun, quoiqu'elle soit effectivement commune. C'est une notion nécessairement substantielle, ou « matérielle » : elle doit recevoir un contenu qui la détermine ; elle appelle ce contenu et renvoie à lui. On doit dire de quel ordre il s'agit ; on ne peut ni concevoir ni, encore moins, mettre en œuvre un ordre de l'âme qui resterait indéterminé, qui ne serait que l'idée de l'ordre. Mais, dira-t-on, n'y aurait-il pas telle partie ou tel aspect,

---

38. J.-J. Rousseau, *Du contrat social*, livre II, chap. 7 ; *Émile, op. cit.*, p. 250.

parfaitement déterminés, de l'ordre de l'âme qui pourraient être communs aux deux traditions ? Qu'est-ce qui empêche que le philosophe et le théologien disent la même chose, par exemple sur la colère, ou le mensonge ? Rien, peut-être, ne l'empêche. Pourtant, qui discerne et adopte cette partie commune doit nécessairement la placer dans un tout, la considérer sous une certaine lumière et, à ce moment, la disjonction se fait jour à nouveau entre la nature et la grâce : ce qu'il pense de la colère, ou du mensonge, il le pense comme chrétien, ou comme philosophe, et, dès lors, même si c'est la même chose, ce n'est pas la même chose. Ou bien, pour, de cet accord partiel, faire quelque chose qui ressemble à une unité d'ensemble, il faut élaborer très soigneusement une doctrine capable d'accueillir simultanément les propositions de la philosophie et celles de la religion. De fait, les siècles chrétiens ont vu l'édification de nombreuses synthèses entre la conception grecque et la conception chrétienne de l'ordre de l'âme, la plus ample et la plus cohérente étant sans nul doute celle de saint Thomas. Dans une telle synthèse pourtant, l'un des touts, si j'ose dire, inclut nécessairement l'autre et se le subordonne ; dans le thomisme, la théologie inclut et se subordonne la philosophie. En tout cas, la construction d'une synthèse est tout autre chose que l'extraction d'un dénominateur commun, et c'est même le contraire : elle procède par ajustement et addition de contenus hétérogènes, et non par réduction à l'homogène. En revanche, l'immolation de l'individualité, l'obéissance à la loi parce qu'elle est la loi, c'est là un dénominateur commun parfaitement caractérisé pour les raisons que nous avons déroulées, et que nous pouvons résumer d'un mot : la loi est « formelle ».

Quand on s'oriente en fonction de l'ordre de l'âme, il faut donc dire précisément quelle mise en ordre connaît, ou doit connaître, l'âme humaine : est-ce une mise en ordre stoïcienne, épicurienne, aristotélicienne, chrétienne ? Quand on se détermine en fonction du dénominateur commun, il suffit de poser que l'âme, ou la nature individuelle, est niée, ou doit se nier, dans ses affects et intérêts empiriques, et l'on peut laisser de côté les motifs particuliers éventuels de l'obéissance à la loi et de la négation de la nature. La notion d'ordre de l'âme, comme telle, est indéterminée et ne peut devenir opératoire pour la pensée comme pour l'action qu'après avoir été déterminée ; la vertu conçue comme négation est immédiatement opératoire, car elle a une détermination, une détermination négative. La pensée va vers la détermination négative plutôt que vers l'indétermination ; mais elle ne cesse de désirer plus encore une détermination positive. Si donc il est impossible de déterminer de façon tant soit peu stable le contenu de l'ordre de l'âme — que cette impossibilité soit essentielle, ou l'effet, si j'ose dire, d'un accident permanent —, la pensée tendra, simultanément ou successivement, à élaborer la formule négative la plus rigoureuse possible, et à chercher la détermination positive qui corresponde à cette dernière et même se confonde avec elle. Une grande partie de la philosophie moderne a été occupée à cette quête double et une.

Je parlais plus haut des deux grandes traditions, des deux grandes masses spirituelles qui constituent l'Europe, et de leur action réciproque [39]. Eh bien ! celle-ci peut opérer dans les deux directions contraires que nous avons distinguées. Elle peut susciter des synthèses positives qui procèdent par addition et ajustement des contenus ; nous avons mentionné la principale. Il y a quelque chose d'essentiellement instable et fragile dans une synthèse dont les éléments sont aussi hétérogènes que la philosophie et la révélation. Elle ne tient ensemble que par le génie architectonique de son auteur, avec éventuellement le renfort de l'approbation que lui accorde telle ou telle institution — dans le cas du thomisme, ce fut celui de l'institution par excellence, l'Église catholique. L'autre direction de l'action réciproque est donc tendanciellement, irrésistiblement, la plus forte, celle qui extrait le dénominateur commun en portant toujours plus loin, en menant toujours plus rigoureusement la critique réciproque des vertus, l'autocritique de la vertu. De cette critique permanente que la nature et la grâce, la cité et l'Église dirigent l'une contre l'autre surgit la Loi, la Forme de la loi, comme l'effet et le lieu de leur discorde, mais aussi comme leur œuvre commune. Celle-ci, à la différence de la synthèse de saint Thomas, ne peut jamais être définie en termes positifs ; plus précisément, étant détermination négative, elle court nécessairement toujours après sa formule positive. Dans ce développement et cette quête, l'œuvre com-

---

39. Voir ci-dessus, § IX.

mune, qui reste le lieu de la discorde, ne cesse d'obéir à sa nécessité interne : ne pas s'écarter de la ligne de faîte, ne tomber ni d'un côté ni de l'autre, ni du côté de la nature païenne ni de celui de la grâce chrétienne. Cette double pression donna à l'esprit moderne la vive impulsion, le mouvement violent et durable qui le caractérisent. Ce qui paralysait Hamlet, c'est cela qui pousse en avant la philosophie et la politique modernes.

XIII

Ces considérations restent d'introduction. Elles ne peuvent prétendre à plus qu'à attirer l'attention sur certains aspects du Phénomène. Elles sont loin d'être concluantes. Elles trouvent cependant une confirmation dans cet élément central du développement moderne que sont la construction et le déploiement de l'État moderne. Celui-ci n'est pas pensable, et donc n'eût pas été faisable, hors de la relation polémique qu'il entretient simultanément avec la cité et le civisme grecs d'un côté, avec l'Église et la religion chrétiennes de l'autre. Nous devrons parler plus longuement, ailleurs dans cet ouvrage, de l'élévation artificielle de l'État moderne au-dessus des communautés naturelles comme de celles suscitées par la grâce, ou l'idée de la grâce — au-dessus et donc, en quelque façon, contre elles[40]. Il suffit ici de noter que cette relation polémique est explicitée, et même agressivement proclamée, par l'auteur du plan d'architecte de l'État moderne, Thomas Hobbes. Celui-ci voit dans les écrits des politiques grecs et romains d'un côté, dans les Écritures chrétiennes de l'autre, les deux grandes causes des désordres qui affligent les « républiques chrétiennes[41] ». Or comment procède-t-il, sur quelle base édifie-t-il l'État qui va instaurer la paix civile en domestiquant les revendications démocratiques comme les prétentions ecclésiastiques ? On le sait, il fonde sa construction sur un élément et un seul : l'individu humain titulaire de droits. Celui-ci découvre son droit fondamental dans un besoin impérieux : survivre ; et il éprouve la pression de cette nécessité avec une évidence particu-

---

40. Voir ci-dessous, chap. 5, VII à XII.
41. *Leviathan*, chap. 21, 32, 44.

lière lorsque l'État est absent ou sans force, lorsque prévaut l'état de nature. Ce dernier représente pour ainsi dire la mise en image réelle de la contradiction interne de chaque tradition ; il est la réalisation limite des désordres factionnels des cités grecques comme des guerres de religion que connaît le monde chrétien. Dans l'état de nature, en se découvrant individu, l'homme découvre qu'il est quelque chose d'antérieur au citoyen, et aussi quelque chose d'antérieur au chrétien, quelque chose donc qui est plus fondamental que l'un et l'autre. Avant son obéissance à la loi politique, comme avant son obéissance à la loi religieuse, il est quelque chose, et quelque chose qui est un tout, puisqu'il a en lui la source suffisante de toutes ses actions, de leur fait comme de leur droit. Tout homme, avant la loi, est un tout qui se suffit à lui-même.

Cette idée, que l'homme est tout ce qu'il est antérieurement à toute loi, politique ou religieuse, sera une composante centrale de la conscience de soi de l'homme démocratique. Ce qui nous intéresse ici immédiatement, c'est l'identité, ou plutôt la genèse, de cet homme radical, de cet individu antérieur au citoyen comme au chrétien. Il surgit, nous venons de le dire, comme le résultat de la contradiction interne de chaque tradition, mais plus encore de la critique réciproque des deux : il est de ce monde comme le citoyen et contrairement au chrétien, mais il n'est d'aucune cité de ce monde comme le chrétien et contrairement au citoyen. Ou, pour reprendre une remarque faite plus haut, puisque la cité et l'Église se reprochent l'une à l'autre la vanité de leur sacrifice, il est celui qui refuse l'un et l'autre sacrifice, et qui se définit par ce refus. De chaque tradition l'individu accepte la critique qu'elle fait de l'autre, et conclut qu'il n'a jamais le devoir de mourir, ni de souffrir, ou encore que le droit de vivre fait le fond et le tout de son être moral.

Cela ne signifie pas, bien entendu, que l'individu, qui par nature est un tout parfait et solitaire, puisse vivre absolument sans loi. Il a besoin de la loi, mais seulement pour protéger sa nature telle qu'elle est antérieurement à la loi. La loi de l'État moderne, la loi libérale, est un simple instrument de la nature ; en principe donc, elle ne la modifie pas, elle ne la perfectionne pas. Or cette loi nouvelle, purement instrumentale, Montesquieu croit observer son avènement et son premier fonctionnement dans l'Angleterre protestante, commerçante et libérale [42].

Nous sommes maintenant en mesure d'esquisser grossièrement l'articulation du monde humain au moment où Montesquieu élabore et porte au jour la conscience de soi des Lumières.

L'homme moderne entend la promesse du Nouveau, qui est promesse simultanément de la nature éternelle et de la loi nouvelle — de la nature enfin elle-même, rien qu'elle-même et tout elle-même, et de la loi qui est son instrument efficace et docile. La promesse du Nouveau est inculpation de l'Ancien, de l'ancienne nature comme de l'ancienne loi, de l'ancienne nature parce qu'elle est modifiée et mutilée par la loi ancienne, de l'ancienne loi parce qu'elle est pure négation, ou répression, de la nature. L'homme moderne ne cesse d'interpréter son passé comme Montesquieu interprétait la cité et la vertu grecques. Son passé ? Il ne passe jamais complètement, il continue dans le présent ; le monde devrait être — il sera ! — état de nature libre ; il était, il ne cesse pas d'être loi contre nature. La terre ne cesse pas d'être l'« astre ascétique [43] ».

La loi ancienne et la loi nouvelle, la loi qui est pure répression et celle qui est simple instrument, se trouvent évidemment à des pôles opposés de l'expérience humaine — opposés comme l'esclavage et la liberté. Pourtant, elles ont ceci de commun qu'elles sont l'une et l'autre strictement extérieures et étrangères à la nature, la première comme son despote, la seconde comme son serviteur. En quelque façon elles sont la même loi ; elles sont l'une et l'autre une loi qui n'entretient pas de rapport substantiel avec la nature. La loi peut devenir simple instrument docile de la nature parce qu'elle a d'abord été pure négation de celle-ci. Si, dans le régime ancien, la nature avait eu essentiellement besoin de la loi pour se réaliser comme nature, pour devenir ce qu'elle était, alors la loi ne pourrait ensuite jamais se détacher complètement de la nature pour être son instrument, et le régime moderne de la loi serait inconcevable et irréalisable. La loi qui est pure répression contient la promesse de la libération complète de la nature puisque rien ne la lie essentiellement à celle-ci, sinon la négation, qui est le contraire de

---

42. *De l'esprit des lois*, XX, 7.
43. Friedrich Nietzsche, *Généalogie de la morale*, III, 11.

l'essence. C'est cette complicité entre les deux pôles opposés de la loi qui fait l'identité et l'unité du monde humain des Lumières. La loi n'y est plus substantielle ; elle n'y est plus moyen d'expression, ou de réalisation, de la nature de l'homme, ou de sa vocation surnaturelle. Elle est l'oscillation continuelle entre la négation despotique et l'instrumentalité servile ; ou plutôt elle est, entre ces deux pôles, mouvement historique et électricité dialectique. L'habitant de l'astre ascétique est né libre, et partout il est dans les fers.

La critique réciproque et le travail commun de la cité et de l'Église, de la nature et de la grâce, fomentent donc à la fois la pure loi et la pure nature. La cité et l'Église sont deux associations ; chacune associe inséparablement la nature humaine et une loi spécifique. Le travail des deux associations l'une sur l'autre dissocie, peut-être dans chacune, en tout cas dans la cité devenue État, la nature et la loi. Il sépare ce qui par nature est uni. La dialectique de la cité et de l'Église obtient son effet à la fois le plus vaste et le plus intime lorsqu'elle sépare ainsi irrésistiblement les deux moitiés de l'humaine condition.

Mais qu'un prompt coup de talon nous ramène à la surface de la mer couleur de raisin, sillonnée de vaisseaux porteurs de nos richesses et de notre espérance ! Si Montesquieu subvertit l'autorité de la vertu et de la cité antiques, c'est pour faire place et gloire à l'expérience moderne qui se condense selon lui dans le commerce. C'est vers son analyse du commerce qu'il nous faut maintenant nous tourner.

XIV

Le premier chapitre du livre XX, simplement intitulé « Du commerce », prend immédiatement pour thème l'opposition de l'Ancien et du Nouveau, de la vertu, ou des « mœurs pures », et du commerce :

> Le commerce guérit des préjugés destructeurs ; et c'est presque une règle générale, que partout où il y a des mœurs douces, il y a du commerce ; et que partout où il y a du commerce, il y a des mœurs douces [...]

> Le commerce a fait que la connaissance des mœurs de toutes les nations a pénétré partout : on les a comparées entre elles, et il en a résulté de grands biens.
>
> On peut dire que les lois du commerce perfectionnent les mœurs, par la même raison que ces mêmes lois perdent les mœurs. Le commerce corrompt les mœurs pures : c'était le sujet des plaintes de Platon ; il polit et adoucit les mœurs barbares, comme nous le voyons tous les jours.

Le commerce adoucit les mœurs : telle est la constatation prosaïque et modeste à partir et autour de laquelle Montesquieu va organiser son interprétation de l'histoire européenne. Il suggère d'ailleurs nettement que c'est au fond la seule chose qui les adoucisse d'une façon régulière et « générale ». Cela signifie sans doute qu'on n'est point tenu de créditer le christianisme de cette heureuse évolution. Cela signifie aussi que nous sommes en présence d'un des moteurs principaux, peut-être le principal, du développement historique — plus fondamentalement, que celui-ci est un mouvement mû par un tel moteur.

Le commerce produit un effet si heureux en mettant les peuples au contact les uns des autres, et en les amenant ainsi à comparer leurs mœurs respectives. De cette comparaison ont résulté de « grands biens ». Lesquels ? Montesquieu nous laisse le soin de répondre. Nous pouvons conjecturer que chaque peuple a été conduit à se détacher en quelque mesure de ses traditions, de son mode de vie particulier, partant, à moins haïr les traditions et le mode de vie des autres peuples : d'où une moindre férocité. Il semble cependant que ces « grands biens » ne soient pas sans contrepartie : le commerce corrompt les mœurs pures. Sans la poser explicitement, Montesquieu suggère une équivalence entre « mœurs pures » et « mœurs barbares » d'une part, entre « corruption » et « perfectionnement » de l'autre. Faisant fond sur les goûts de ses lecteurs qui, instruits et transformés par des siècles déjà de progrès commercial, chérissent la douceur et le perfectionnement, il procède avec virtuosité au remplacement des critères traditionnels, païens comme chrétiens, par de nouveaux critères. Pour les raisons que nous avons indiquées plus haut, la substitution de la nouvelle autorité à l'ancienne ne peut se faire de façon démonstrative, ni même simplement franche[44]. Il faut avoir recours à une sorte de persuasion clandestine. Qu'est-ce qui pour nous doit faire autorité ? Les « plaintes de Platon » ou « ce que nous voyons tous les jours » ? La réponse suggérée, et attendue, n'est pas douteuse. Qui préférera la lointaine autorité du plaintif Platon à celle qui lui est ainsi conférée à lui-même par l'évocation de l'expérience que « nous » faisons « tous les jours » ? Montesquieu sait bien que, quoi que nous disions, nous nous préférons à Platon, et même nous préférons notre jugement au sien ; que seul un reste de respect humain, ou religieux, nous retient de consentir à cette préférence. Il n'hésite pas, lui qui pense dans la compagnie de Platon, à encourager cette préférence, à inciter chacun à se l'avouer à lui-même ; il cherche, pour la nouvelle philosophie et contre l'ancienne, la coopération, la complicité de chacun. Qui est sensible à la douceur présente — nous le sommes tous — a commencé à se préférer à Platon, à mettre en doute l'autorité de l'Antiquité elle-même ; Montesquieu le persuadera d'oser aimer ce qu'il aime, ce qu'apporte l'époque présente, notre époque. La douceur et le perfectionnement des mœurs, et non leur pureté, tel est le nouveau critère qui doit faire, qui va faire autorité. Les effets du commerce doivent être, vont être appréciés selon les critères que le commerce lui-même a introduits[45].

Quels sont plus précisément ces effets ? Montesquieu écrit un peu plus loin :

> L'effet naturel du commerce est de porter à la paix. Deux nations qui négocient ensemble se rendent réciproquement dépendantes : si l'une a intérêt d'acheter, l'autre a intérêt de vendre ; et toutes les unions sont fondées sur les besoins mutuels[46].

44. Voir ci-dessus, § IV.
45. C'est contre ces critères que Rousseau s'insurge dans le *Discours sur les sciences et les arts*. Dans le débat entre « Platon » et « nous », il est du côté de Platon. Voici, tirées de la Préface de *Narcisse*, quelques lignes qui sont l'exact renversement de la position de Montesquieu : « Tout ce qui facilite la communication entre les diverses nations porte aux unes non les vertus des autres, mais leurs crimes, et altère chez toutes les mœurs qui sont propres à leur climat et à la constitution de leur gouvernement » (*Œuvres complètes*, t. II, 1961, p. 964 note). Avec une exquise finesse critique, Rousseau rassemble en une phrase les deux grandes thèses de politique pratique de son adversaire, et nous oblige à nous demander si elles ne sont pas contradictoires, si le commerce ne tend pas précisément à dissoudre cet « esprit général » que le bon législateur, selon Montesquieu (*De l'esprit des lois*, XIX, 5), doit par-dessus tout respecter.
46. *De l'esprit des lois*, XX, 2.

Ainsi, si la vertu politique, la vertu des cités antiques, est volontiers guerrière, le commerce est naturellement pacifique. Les progrès du commerce, que nous voyons « tous les jours », promettent, mieux : entraînent, des progrès correspondants de la paix. À la logique de guerre de la vertu ancienne succède la logique de paix du commerce moderne. L'homme apparaît ainsi sous deux visages successifs, mais aussi exclusifs et contradictoires : le guerrier et le commerçant. On se demande alors naturellement quel est le vrai visage de l'homme. Plus précisément, quelle activité, celle du citoyen belliqueux ou celle du commerçant pacifique, permet le mieux à l'homme d'exercer ses capacités, de déployer sa nature, de s'accomplir ? Or, il importe de le remarquer, Montesquieu ne pose jamais ces questions. Dira-t-on qu'il nous suggère une réponse indirecte ? Il est vrai, nous l'avons vu longuement, qu'il indique avec subtilité, mais aussi avec netteté, le caractère « contre nature » de la vertu antique ; il n'affirme pourtant pas que le commerce est « selon la nature » même s'il décrit avec faveur son « effet naturel ». Lisant Montesquieu, nous acquérons la connaissance, et le dégoût, de ce qui est « contre nature », non, semble-t-il, la connaissance, et le goût, de ce qui est « selon la nature ».

En s'abstenant d'affirmer le caractère naturel du commerce, Montesquieu se distingue de façon frappante de ses disciples du XIXe siècle. Ces derniers allaient considérer que le passage de la guerre au commerce, loi de l'histoire européenne et donc, à terme, loi de l'histoire humaine tout entière, était fondé sur la constitution même de l'homme, qu'il était en accord avec sa nature. Voici ce qu'écrit par exemple Benjamin Constant :

> Nous sommes arrivés à l'époque du commerce, époque qui doit nécessairement remplacer celle de la guerre, comme celle de la guerre a dû nécessairement la précéder.
> La guerre et le commerce ne sont que deux moyens différents d'arriver au même but, celui de posséder ce que l'on désire. Le commerce [...] est une tentative pour obtenir de gré à gré ce qu'on n'espère plus conquérir par la violence [...]
> La guerre est donc antérieure au commerce. L'une est l'impulsion

sauvage, l'autre le calcul civilisé. Il est clair que plus la tendance commerciale domine, plus la tendance guerrière doit s'affaiblir[47].

On voit comment, pour Constant, l'histoire de l'humanité est contenue dans la nature de l'homme, dans sa nature acquisitive. La guerre et le commerce sont deux moyens différents et successifs d'une même fin, naturelle à l'homme : obtenir ce qu'il désire. D'une part, Constant affadit la guerre, la prosaïse : de l'honneur, de la gloire, pas le mot ; symétriquement, il bellicise le commerce. Mais c'est le point de vue acquisitif et commercial qui est déjà à l'œuvre dans l'activité guerrière, sans que les hommes le sachent encore, sans qu'ils aient pris pleine conscience de la signification véritable de leur activité, sans qu'ils aient encore accédé à la conscience de soi. Constant commercialise la guerre bien plus qu'il ne bellicise le commerce. L'homme est ainsi un animal désirant et acquisitif qui découvre progressivement, accédant ainsi à la conscience de soi, que le commerce est le moyen le plus raisonnable, parce que le plus régulier et le plus sûr, d'obtenir ce qu'il désire naturellement. Telle est la doctrine du commercialisme moderne, lorsque celui-ci du moins se soucie d'en élaborer une.

Montesquieu, lui, ne tente jamais de rapprocher psychologiquement la guerre et le commerce, de leur donner une racine naturelle commune susceptible d'expliquer « naturellement » le développement historique allant de l'une à l'autre. Certes, dès le tout début de l'*Esprit des lois*[48], il a affirmé contre Hobbes que l'homme n'est pas naturellement dominateur, ou guerrier ; mais symétriquement, à la différence de Constant, ou encore d'Adam Smith[49], il ne le présente pas non plus comme naturellement commerçant. Il met en évidence les *effets* naturels et pour ainsi dire nécessaires du commerce, se réjouit qu'ils soient si salutaires, sans juger utile de préciser le rapport que le commerce entretient avec la nature de l'homme, de chercher dans l'âme humaine le ressort positif de cette activité. Cependant, accordant une telle importance aux effets du commerce, il ne peut pas se désintéresser de ses causes, il ne peut pas ne pas rendre compte, explicitement et avec rigueur,

47. B. Constant, *De l'esprit de conquête et de l'usurpation, op. cit.*, 1re partie, chap. 2, p. 118.
48. *De l'esprit des lois*, I, 2.
49. Adam Smith, *An Inquiry into the Nature and Causes of the Wealth of Nations*, livre I, chap. 2 *in princ.*, et ci-dessous chap. 3, § III.

de son apparition et de son développement. De fait, c'est dans son explication de la genèse du commerce que Montesquieu livre son interprétation du mouvement de l'histoire, puisque les progrès du commerce fournissent à l'histoire européenne son dynamisme et son unité. Un texte essentiel est le chapitre 5 du livre XX, que je dois citer en entier car il est décisif dans son étrangeté :

> Marseille, retraite nécessaire au milieu d'une mer orageuse ; Marseille, ce lieu où les vents, les bancs de la mer, la disposition des côtes ordonnent de toucher, fut fréquentée par les gens de mer. La stérilité de son territoire détermina ses citoyens au commerce d'économie. Il fallut qu'ils fussent laborieux, pour suppléer à la nature qui se refusait ; qu'ils fussent justes, pour vivre parmi les nations barbares qui devaient faire leur prospérité ; qu'ils fussent modérés, pour que leur gouvernement fût toujours tranquille ; enfin, qu'ils eussent des mœurs frugales, pour qu'ils pussent toujours vivre d'un commerce qu'ils conserveraient plus sûrement lorsqu'il serait moins avantageux.
>
> On a vu partout la violence et la vexation donner naissance au commerce d'économie, lorsque les hommes sont contraints de se réfugier dans les marais, dans les îles, les bas fonds de la mer, et ses écueils même. C'est ainsi que Tyr, Venise, et les villes de Hollande furent fondées ; les fugitifs y trouvèrent leur sûreté. Il fallut subsister ; ils tirèrent leur subsistance de tout l'univers.

L'activité des cités commerçantes, ou commerce d'économie [50], ne trouve pas son origine dans un choix positif de l'individu ou du groupe ; on ne choisit pas de faire ce commerce pour lui-même, il n'est pas pour la volonté une fin naturelle. On ne s'engage dans le commerce d'économie qu'en réagissant à la nécessité de survivre. Non seulement on ne choisit pas cette activité, qui est donc réaction plutôt qu'action, mais on ne choisit même pas le lieu où l'on va l'exercer : on reçoit ses ordres de la disposition des côtes, on obéit à l'injonction de l'écueil, à la réquisition de la stérile nature. Aura-t-on, du moins, le choix de ses vertus ? Pas davantage. Zèle, justice, modération, frugalité : elles naissent toutes de la nécessité de survivre dans des circonstances hostiles. Le commerce d'économie, c'est-à-dire le commerce, est ce moyen

---

50. C'est le commerce proprement dit, que Montesquieu distingue du « commerce de luxe », fondé sur le désir du superflu.

qui fait de la vertu le moyen nécessaire d'une fin nécessaire — d'une fuite nécessaire.

J'ai mentionné plus haut la critique dirigée par Hobbes contre la philosophie morale traditionnelle et son finalisme. À ses yeux, le sens des vertus morales n'est pas d'être des fins à rechercher pour elles-mêmes, elles sont des moyens de la conservation de soi. Les cités commerçantes, telles que décrites par Montesquieu, vérifient en la réalisant la théorie hobbesienne. Il est vrai que la vertu des cités guerrières grecques est aussi transformée par Montesquieu, nous l'avons étudié, de fin humaine universelle qu'elle était pour les philosophes grecs, en moyen de la conservation d'un régime politique particulier, la démocratie. Mais si, dans les cités guerrières, la conservation du corps politique ne coïncide pas avec la conservation des individus qui le composent — elles tendent même à s'exclure —, dans les cités commerçantes, la naissance et la durée du corps politique ont pour cause le désir de se conserver des individus. Les citoyens des cités combattantes ont des vertus pour savoir mourir ; ceux des cités commerçantes ont des vertus pour pouvoir survivre. Mais dans un cas comme dans l'autre, l'économie des vertus et des passions réside uniquement dans des modifications du besoin de conservation tel qu'il affecte et détermine l'individu ou le groupe.

La conservation du groupe guerrier implique fréquemment le sacrifice de l'individu. Nous avons vu, dans notre analyse de la vertu, que cette immolation, comme celle du moine, pouvait être l'objet d'un désir, ou d'un besoin, impérieux, d'une « passion ». C'est dans une économie analogue que Montesquieu voit le ressort de ce désir si propre aux cités guerrières, le désir de gloire : « À des gens à qui il ne faut rien que le nécessaire, il ne reste à désirer que la gloire de la patrie et la sienne propre[51]. » La gloire que le citoyen guerrier cherche dans l'immolation de sa nature, c'est ce qui reste du désir de l'animal humain lorsque celui-ci reste sur sa faim.

Dira-t-on alors que l'activité commerciale, contrairement à l'amour de la gloire et à l'obéissance à la loi, est dans le prolongement direct de ce désir et de cette faim, qu'elle en est

---

51. *De l'esprit des lois,* VII, 2. On se souvient de ce que Montesquieu disait de la vertu des moines : « *reste* donc cette passion pour la règle même qui les afflige » (je souligne).

l'expression spontanée ou, du moins, rationnelle ? Qu'en somme elle est la seule activité vraiment naturelle de l'homme social ? Que Montesquieu rejoint en l'annonçant son admirateur Constant ? Il n'en est rien puisque nous apprenons brusquement que la cause du commerce — ce qui le rend nécessaire et salutaire — ne réside pas essentiellement dans la faim naturelle qui veut arracher sa nourriture à la nature ingrate, mais dans « la violence et la vexation », c'est-à-dire dans certaines actions des hommes. C'est pour fuir « la violence et la vexation » que l'on se réfugie — dit Montesquieu — à Marseille, et que l'on y entame commerce.

Ceux qui sont à l'origine du commerce d'économie, ceux qui fondent les cités commerçantes, sont des exclus, des exilés, des réfugiés ; ils n'ont plus de territoire pour subsister. Ce n'est pas un nouveau territoire qu'ils s'approprient maintenant ; ils mettent le pied, *in extremis*, sur un récif. L'activité commerciale a ceci de singulier que précisément elle n'a pas, et n'a pas besoin, de territoire propre. Par le moyen du commerce, c'est le monde entier qui devient le territoire des rescapés. Ainsi les cités commerçantes, comme Tyr, Venise, ou les villes de Hollande, sont-elles des corps politiques particuliers, et même étranges, dont la loi de fonctionnement est pour ainsi dire inverse de celle des autres corps politiques.

Les corps politiques sont normalement délimités par des frontières qui leur donnent leur première définition, et de l'intérieur desquelles ils tirent l'essentiel de leur subsistance et, plus généralement, des biens que comporte le vivre-ensemble des hommes : l'autarcie est la condition, mais aussi, très déterminément, la fin même de l'existence de la cité[52]. Ici, au contraire, on tire sa subsistance de l'extérieur du corps politique ; ou plutôt, l'activité commerçante prive de son importance, jusque-là décisive, la distinction entre l'intérieur et l'extérieur. C'est donc en toute rigueur que Montesquieu peut dire que les cités commerçantes tirent leur subsistance de « tout l'univers ». Par ailleurs, les corps politiques sont généralement fondés, consolidés et réformés, pour être en mesure de défendre leurs citoyens contre les ennemis ; ici, l'essentiel de la défense consiste dans la fuite. Les corps politiques fondés sur le commerce d'économie, tels que

---

52. Voir Aristote, *Politique*, 1252 b.

décrits par Montesquieu, sont en quelque sorte le négatif de ceux où la majorité des hommes avaient jusque-là cherché leur protection. C'est la violence inséparable des corps politiques traditionnels qui suscite la naissance de ces corps politiques nouveaux. Les cités commerçantes ne sont donc pas des régimes politiques particuliers parmi d'autres régimes politiques : elles naissent et vivent d'une autre logique de l'action humaine que celle qui est à l'œuvre dans la politique ordinaire.

Ainsi commence à trouver son contenu la remarque formelle que nous faisions plus haut[53] et selon laquelle Montesquieu, en laissant voir que le régime anglais ne peut être intégré même dans la classification radicalement nouvelle qu'il a élaborée, met « devant nos yeux » que le champ politique ne peut être adéquatement, c'est-à-dire exhaustivement, couvert par une classification des régimes quelle qu'elle soit. Une telle classification suppose que le problème politique est *un*, puisqu'il est susceptible de plusieurs solutions, qui combinent différemment les mêmes éléments, et dont les critères, disparates et souvent incompatibles, sont cependant l'objet d'un débat et d'une évaluation rationnels[54]. Or l'analyse des cités commerçantes nous révèle un fonctionnement moral, social et politique, essentiellement différent de celui des autres corps politiques, toujours tendanciellement guerriers. On n'a pas affaire ici à deux régimes politiques, mais, serait-on tenté de dire, à deux régimes de la politique.

Cet autre régime de la politique, cette autre logique de l'action humaine pourraient être caractérisés de la façon suivante : on obtient de bons résultats en politique, et même des « cités vertueuses », plus sûrement en fuyant le mal qu'en cherchant le bien. En tentant de réaliser directement et naïvement la bonne cité, celle de la vertu selon la loi, celle du meilleur régime, les hommes s'imposent des contraintes très pénibles — ils « affligent » leur nature — et se condamnent à une vie de guerre, contre d'autres hommes ou contre leur propre nature. Le plus grand bien qui peut advenir aux hommes, c'est celui qu'ils tirent du mal qui leur échoit.

---

53. Voir ci-dessus § IV.
54. Voir ci-dessous chap. 5, § VI à X.

XV

Mais la genèse des cités commerçantes est-elle la genèse du commerce lui-même ? Après tout, les bienfaits du commerce dont elles témoignent ne trouvent place que dans les interstices de la violence générale suscitée par la politique guerrière traditionnelle, la politique *as usual*, et paraissent donc dépendre pour leur existence même de cette violence. Une généralisation du commerce et de ses bienfaits est-elle dès lors concevable ? N'est-il pas plutôt destiné à rester pour ainsi dire la spécialité d'un nombre limité de cités favorisées par la géographie ? La réponse de Montesquieu n'est pas douteuse. Les bienfaits du commerce sont généralisables ; mieux, leur généralisation est le vecteur salutaire de l'histoire européenne. C'est ce qu'il établit dans le chapitre qui est peut-être le plus important de l'*Esprit des lois*, celui qui est intitulé : « Comment le commerce se fit jour en Europe à travers la barbarie[55] ».

Le point de départ en est une « question de cours » de la philosophie, et de la théologie, morale : il s'agit du prêt à intérêt. Celui-ci est condamné par Aristote et la tradition scolastique. Aux yeux de Montesquieu, cette condamnation est absurde et funeste, « car toutes les fois que l'on défend une chose naturellement permise ou nécessaire, on ne fait que rendre malhonnêtes gens ceux qui la font ». Il ne précise pas ici si le prêt à intérêt est « nécessaire » ou « naturellement permis ». Au chapitre qui lui est spécialement consacré, il indiquera que ce procédé est nécessaire et que s'il n'est pas disponible à un taux modéré, alors il le sera à un taux usuraire : « Il faut toujours que les affaires de la société aillent[56]. » Montesquieu ne nie pas que la religion puisse légitimement porter un jugement propre, et négatif, sur le prêt à intérêt, mais elle ne doit l'exprimer que sous la forme d'un conseil de perfection, non comme un commandement effectif susceptible d'être promulgué dans une loi : « C'est bien une action très bonne de prêter à un autre son argent sans intérêt, mais on sent que ce ne peut être qu'un conseil de religion, et non une loi civile. » Le prêt

---

55. *De l'esprit des lois*, XXI, 20.
56. *Ibid.*, XXII, 19.

à intérêt fournit en quelque sorte l'expérience cruciale de la philosophie morale de Montesquieu, puisque son interdiction produit son aggravation, je veux dire l'usure. C'est à son propos qu'il écrit : « Les lois extrêmes dans le bien font naître le mal extrême. »

Revenons à notre chapitre. En raison de l'opprobre suscité par son interdiction, le prêt à intérêt, ou plutôt donc l'usure, devint la spécialité des juifs qui concentrèrent les richesses entre leurs mains. Ils suscitèrent ainsi la convoitise des princes, qui les dépouillaient fréquemment, les soumettant parfois à des violences atroces. Montesquieu continue :

> Cependant on vit le commerce sortir du sein de la vexation et du désespoir. Les Juifs, proscrits tour à tour de chaque pays, trouvèrent le moyen de sauver leurs effets. Par là ils rendirent pour jamais leurs retraites fixes ; car tel prince qui voudrait bien se défaire d'eux, ne serait pas pour cela d'humeur à se défaire de leur argent.
>
> Ils inventèrent les lettres de change ; et, par ce moyen, le commerce put éluder la violence, et se maintenir partout ; le négociant le plus riche n'ayant que des biens invisibles, qui pouvaient être envoyés partout, et ne laissaient de trace nulle part.

Nous l'avons vu, les cités commerçantes échappaient à la violence en s'établissant « dans les marais, dans les îles, dans les bas fonds de la mer, et ses écueils même ». Elles se cachaient, puis se rendaient utiles, enfin indispensables. Les juifs n'ont pas le loisir, au Moyen Âge, de fonder une telle cité, même dans les lieux les plus inhospitaliers. Alors ils trouvent le moyen — la lettre de change [57] — de rendre leurs biens tout à fait invisibles ; ils sont alors comme une cité commerçante qui est, ou peut être, présente partout, et dont les richesses ne sont visibles nulle part. L'invention de la lettre de change délivre le commerce des limites qui le circonscrivaient ; il n'est plus l'activité particulière de certaines cités spécialisées ; chaque individu qui le pratique tend à être aussi inexpugnable que Marseille au fond de sa baie, ou Venise sur ses îlots. Grâce à la révolution produite par la

---

57. Montesquieu écrit dans ses *Pensées* (77, éd. citée) : « Il est étonnant que les hommes n'aient inventé les lettres de change que depuis si peu de temps, quoique il n'y ait rien dans le monde de si utile. »

lettre de change, le commerce est désormais généralisable, il est de plus en plus généralisé.

Par rapport au monde politique ordinaire, avec ses frontières, ses souverains et ses armées, le commerce constitue un « autre monde », invisible, sans chef, sans territoire, ou dont le territoire est l'univers, sans force physique coercitive à sa disposition mais imposant toujours en quelque mesure sa loi aux souverains politiques. Dans son rapport au monde de la politique, il se comporte comme le monde de la religion, il lui ressemble. Mais s'il a les bons effets qu'a, ou que devrait avoir, la religion — il adoucit les mœurs des sujets et des princes —, il n'en a pas les mauvais : il ne « divise » pas la vie humaine en instaurant une seconde souveraineté ; il ne nourrit pas le fanatisme, tout au contraire[58]. Où la religion « cherche », le commerce « trouve ».

Voici alors comment Montesquieu tire la leçon, et formule l'ironie, de l'histoire européenne :

> Ainsi nous devons aux spéculations des scolastiques tous les malheurs qui ont accompagné la destruction du commerce ; et, à l'avarice des princes, l'établissement d'une chose [la lettre de change] qui le met en quelque façon hors de leur pouvoir.

Il s'agit de décider de ce qui préserve, de ce qui sauve. Eh bien ! on le voit, le mal plus que le bien.

Montesquieu, analysant l'histoire européenne, nous découvre le monde humain partagé entre deux régimes de l'action. Ou l'on cherche le bien, mais cette recherche, se heurtant à la nécessité, produit le mal : « Les lois extrêmes dans le bien font naître le mal extrême » ; ou l'on fuit le mal, et cette fuite, tirant profit de la nécessité — comment ne pas fuir qui veut vous tuer ou vous dépouiller ? —, produit le bien. La nécessité corrompt le bien et corrige le mal. Comme elle sera toujours à l'œuvre parmi les hommes, le régime d'action le plus judicieux et le plus salutaire est celui qui, loin de vouloir l'humilier par l'affirmation du bien ou la surenchère du meilleur, sait humblement s'en faire une alliée permanente et tirer avantage de son inépuisable énergie : les hommes fuiront toujours, d'une fuite éternelle, la souffrance et la mort.

Il est vrai que le régime salutaire de l'action trouve son origine

---

58. Voir ci-dessus, § XIV *in princ.*

dans les résultats du régime ruineux : les spéculations sublimes[59] des scolastiques, en ruinant le commerce ancien, ont provoqué la dislocation sociale et les violences qui donneront naissance à la lettre de change et ainsi au commerce moderne. Mais l'humanité n'est pas condamnée à faire indéfiniment l'expérience de la présence, ou de l'imminence, du mal, pour trouver les moyens du bien dont elle est susceptible. Une fois l'ingénieux moyen de paiement inventé, le commerce tend à devenir en quelque sorte invulnérable. Un mécanisme est enclenché, qui substitue le gradient, ou le vecteur, du progrès à l'alternance indéfinie, ou cyclique, du bien et du mal. Voyez comme Montesquieu a une foi contagieuse dans les effets durables de ce mécanisme :

> Il a fallu, depuis ce temps, que les princes se gouvernassent avec plus de sagesse qu'ils n'auraient eux-mêmes pensé : car, par l'événement, les grands coups d'autorité se sont trouvés si maladroits, que c'est une expérience reconnue, qu'il n'y a plus que la bonté du gouvernement qui donne de la prospérité.
>
> On a commencé à se guérir du machiavélisme, et on s'en guérira tous les jours [...].
>
> Et il est heureux pour les hommes d'être dans une situation où, pendant que leurs passions leur inspirent la pensée d'être méchants, ils ont pourtant intérêt de ne pas l'être.

Ainsi, et c'est le trait qui le recommande particulièrement aux yeux des observateurs de la mutabilité des choses humaines, on peut se fier au commerce dont les effets sont cumulatifs. Au fur et à mesure que s'étend et se consolide le réseau des richesses invisibles, que se déploie ce qu'Adam Smith appellera bientôt *the system of natural liberty*, les princes voient peu à peu s'affaiblir leurs motifs de mal agir. Alors que le crime devient faute, maladresse, imprudence, il est commis de moins en moins souvent. Par l'effondrement du change, ou la rétention des

---

59. Dans les *Réponses et explications données à la Faculté de Théologie*, Montesquieu écrit : « La loi de Basile défendait donc de recevoir d'intérêts indéfiniment et dans quelque cas que ce fût. L'empereur Léon fit une autre loi, dans laquelle il exalte la beauté et la sublimité de celle de son père ; mais il dit qu'elle a causé les plus grands maux ; que les prêts ont cessé partout, et que l'Empire en a tellement souffert qu'il est obligé de révoquer cette loi sublime, et de se contenter de réduire l'usure de 12 à 4 % par an » (*Œuvres complètes*, éd. R. Caillois, Paris, Gallimard, Bibl. de la Pléiade, t. II, 1951, p. 1186-1187).

crédits, le prince criminel est efficacement excommunié de la société raisonnable ; il viendra vite à résipiscence.

On voit que l'« événement », c'est-à-dire la « vérité effective » de l'expérience moderne, donne aux princes d'autres conseils que ceux auxquels « ils auraient eux-mêmes pensé », d'autres conseils même que ceux que Machiavel leur aurait proposés. Ce dernier les pressait de prendre l'initiative de ces « grands coups d'autorité », de ces *esecuzioni* qui laissent les citoyens ou les sujets *satisfatti e stupidi*[60]. Or les princes modernes y recourent de moins en moins, non parce qu'ils seraient plus vertueux que leurs prédécesseurs, mais parce qu'ils consultent davantage leur intérêt ; ou plutôt parce qu'ils ont, de fait et « par l'événement », beaucoup plus intérêt que leurs devanciers à se conduire à peu près honnêtement.

L'intérêt des princes, ou la nécessité, parlent ainsi un autre langage au temps de Montesquieu qu'au temps de Machiavel. Selon ce dernier, « il est nécessaire au prince qui veut se conserver d'apprendre à pouvoir n'être pas bon, et d'en user ou n'user pas selon la nécessité[61] ». Non seulement le prince doit apprendre à n'être pas bon, mais il doit « savoir entrer au mal s'il y a nécessité[62] ». Lorsqu'il renonce à être bon, ou décide d'être méchant, le prince machiavélien ne fait jamais qu'obéir à la nécessité de se conserver Or si peut-être la nécessité ordonne parfois au prince d'opprimer, ou même de tuer, elle ordonne toujours à ses sujets, au moins à certains d'entre eux, victimes réelles ou potentielles, de s'efforcer d'échapper à l'oppression. Le désir d'échapper à la mort et à la souffrance est à tous égards plus général et, sans doute, plus impérieux que la nécessité de tuer, ou le besoin de tourmenter. Le commerce est la procédure qui permet de *tirer des effets* de cette nécessaire inégalité et d'institutionnaliser ces effets en les généralisant.

Je disais plus haut que Montesquieu, qui fait tous les efforts pour mettre en évidence les effets positifs du commerce, s'abstenait d'indiquer sa source originelle, son ressort naturel dans l'âme humaine[63]. La proposition peut être précisée. Le commerce n'est

---

60. Machiavel, *Le Prince*, chap. 7 ; et Harvey C. Mansfield, Jr., *The Taming of the Prince*, New York, The Free Press, 1989, p. 121-149.
61. « *Onde e necessario a uno principe, volendosi mantenere, imparare a potere essere non buono, e usarlo e non l'usare secondo la necessità* » (*Le Prince*, chap. 15).
62. « [...] *sapere intrare nel male, necessitato* » (*ibid.*, chap. 18).
63. Voir ci-dessus § XIV.

jamais décrit par lui comme l'expression d'un désir naturel positif, que ce soit le désir de posséder dont parlera Constant, ou le désir d'améliorer sa condition — *the desire of bettering one's condition* — dans lequel Adam Smith verra le principe finalement irrésistible du vecteur d'amélioration, d'*improvement*, qui donne son sens à l'histoire de l'Europe[64]. Originellement le commerce n'est pas désiré ou voulu pour lui-même, mais comme le moyen de fuir la mort ou la misère. C'est dans cette crainte et dans cette fuite qu'il a son origine. Bien sûr, outre cette impulsion première, et pour ainsi dire sous sa protection, le désir naturel des biens de ce monde, le désir des « jouissances » comme dira volontiers Constant, ou celui des « commodités de la vie » que mentionne déjà Montesquieu[65] trouveront largement à s'épanouir. Mais, tous les éléments étant pris en compte, il faut maintenir que le commerce n'est pas l'objet, ni le projet, d'un désir naturel fondamental de l'âme humaine.

Ainsi, ce qui suscite et oriente le développement de l'histoire européenne, c'est un processus qui n'est pas immédiatement, ou directement, enraciné dans la nature de l'homme. Celui-ci n'est pas, selon Montesquieu, un animal commerçant, comme il était, selon Aristote, un animal politique. Ce qui arrive ici à l'homme, et qui est salutaire, ne se laisse qu'indirectement rattacher à sa nature. Cette perception, ou interprétation, conditionne l'autorité que Montesquieu reconnaît au moment présent, à l'époque moderne, à l'histoire.

XVI

Il est temps de prendre une vue synthétique des deux grands régimes de la politique, de l'action, de la vie humaine, entre lesquels Montesquieu discerne, ou introduit, une différence si profonde.

Jusqu'ici, je veux dire : jusqu'au XVIIIᵉ siècle, les Européens ont vécu pour l'essentiel sous le régime de la vertu, civique ou chrétienne, sous le régime de la loi qui enjoint de risquer sa vie ou

---

64. Voir ci-dessous chap. 3, § I.
65. *De l'esprit des lois*, XXV, 12.

de mortifier sa nature. Ils tendent de plus en plus à vivre sous le
régime du commerce et de la liberté, mis et maintenu en action
par le désir — la nécessité — d'échapper à la mort et à la misère ;
ils se rangent de plus en plus sous l'autorité de l'expérience
moderne.

Ces deux régimes, nous l'avons vu, peuvent être décrits, le
premier comme celui où le ressort de l'action humaine est la
recherche du bien et donc du meilleur, le second comme celui où il
s'agit d'abord et principalement de fuir le mal. Ces deux possibilités sont évidemment « inscrites dans la nature humaine » :
chaque homme, chaque jour, a cent occasions de faire l'un et
l'autre. Mais précisément, si nous nous orientons en fonction de
l'idée de nature, nous ne comprenons pas que celle-ci puisse offrir
deux visages si différents et presque contraires, qu'elle devienne à
ce point différente d'elle-même que ces deux possibilités, par
définition permanentes, caractérisent respectivement et disjonc-
tivement deux époques successives, deux régimes successifs de
l'expérience humaine. Puisque ces deux possibilités également
naturelles se succèdent et, pour autant, s'excluent, elles ne peuvent
être ramenées à l'unité de *la* nature, qui apparaît modifiée et
commandée par *plus fort* qu'elle. Elles manifestent donc, par leur
succession même, par l'« histoire » qu'elles forment, l'inadéqua-
tion de la pensée de la Nature, c'est-à-dire de la philosophie
classique dont cette idée est l'horizon. Dès lors, à la question : du
régime de la loi et de celui de la liberté, lequel est le plus conforme
à la nature ? Montesquieu ne peut en rigueur répondre. Il n'a pas à
y répondre. La question de l'ordre humain ne se pose plus en ces
termes.

On dira peut-être que ces considérations théoriques sont trop
scrupuleuses, que tout en réalité nous suggère une réponse bonne
et franche : le régime ancien opprimant la nature, celle-ci obtient
sa libération et, donc, trouve sa satisfaction dans le nouveau. Cette
impression est trompeuse. Si Montesquieu fonde effectivement sa
doctrine sur une idée très articulée du progrès, celle-là même que
nous avons cherché à élucider dans ce chapitre, il ignore toute
naïveté « progressiste » ; en particulier, il considère d'un œil froid
les satisfactions que la nature humaine peut trouver en Angleterre.
Le ressort du régime anglais, c'est l'« impatience » à l'égard du
mal. Aussi les Anglais, à qui « tout » est « insupportable », sont-

ils malheureux « avec tant de sujets de ne l'être pas [66] ». La liberté moderne est mue, non par l'attraction du bien et du meilleur, mais par une *vis a tergo* : la crainte du mal, réel ou imaginaire, le « sentiment des maux ». Montesquieu évoque en ces termes la situation du peuple le plus libre de la terre : « La servitude commence toujours par le sommeil. Mais un peuple qui n'a de repos dans aucune situation, qui se tâte sans cesse, et trouve tous les endroits douloureux, ne pourrait guère s'endormir. » La liberté anglaise est la vigilance d'un peuple que son hyperesthésie empêche de dormir. Le bonheur, on l'admettra sans peine, se contenterait d'une liberté plus « modérée », mais celle-ci, qui distingue la monarchie française, est toujours menacée par le despotisme, cette « insulte » à la nature humaine. Si l'on veut bannir définitivement le despotisme qui est la fatalité de la monarchie, il faut accepter d'être « extrêmement libre ». Il faut donc accepter les effets moraux du commerce et de la liberté, qui ne sont pas tous favorables à la grandeur ou au bonheur de l'homme en sa nature [67].

Il fallait considérer cette objection, l'objection du bon sens progressiste contre la doctrine rigoureuse du progrès. Nous pouvons maintenant formuler l'essai de synthèse qui est l'objet de ce paragraphe.

Ainsi donc, si le régime de la vertu, ou de la loi, peut être légitimement dit « contraire à la nature », le régime de la liberté ne peut être dit en rigueur « conforme à la nature ». Celle-ci ne peut constituer l'élément dans lequel les différentes possibilités de la vie humaine trouvent leur unité. La classification des régimes politiques, en fonction de leur plus ou moins grande conformité à la nature, fait place à la succession des deux grands régimes de la loi et de la liberté, régimes qu'il est désormais anachronique d'appeler politiques, mais qu'il serait naturel de qualifier d'historiques : l'Histoire, et non plus la Nature, est l'élément dans lequel les deux régimes trouvent l'unité de leur succession et de leur incompatibilité. L'expérience moderne, qui révèle ce nouvel élément, n'est pas seulement celle des effets du commerce et de la liberté, mais celle de leur incompatibilité, et donc de la sienne propre, avec le régime

---

66. *Ibid.*, XIV, 13 ; XIX, 27.
67. *Ibid.*, XIV, 13 ; XIX, 27 ; VIII, 8 ; XXIII, 11 ; V, 11 ; XIII, 17 ; XX, 2.

antérieur. À chaque instant, elle se sépare du passé et divise le monde présent et futur selon une ligne qui répète cette séparation ; elle découvre que dans le tissu serré de la vie humaine, des biens et des maux, une couture court, qui joint et disjoint deux possibilités de la vie, celle qui est en quête d'un bien incertain et exposé à la corruption et celle qui, au plus près de la nécessité, s'efforce d'échapper aux maux auxquels elle s'est rendue préalablement et méthodiquement sensible. Au désir de chercher le bien pour le rejoindre et ainsi se perfectionner, s'oppose et succède l'urgence de fuir le mal, pour être sauf et libre.

Le mal peut être la mort, ou la douleur ; il peut être aussi, il est surtout le simple inconfort, en quoi se résume l'effet du mal : tous les maux ne peuvent-ils être placés sous le registre d'un inconfort dont il faut se délivrer ? Il s'agit ici d'un geste moral et spirituel qui a l'énergie et la simplicité d'un mouvement physique, et qui consiste à détourner les yeux de la loi et du bien qui se proposent, pour s'exposer tout entier à la pression douloureuse de l'inconfort, cette *vis a tergo* qui nous pousse en avant dans un espace toujours plus libre. Résolu à accomplir méthodiquement toutes les démarches destinées à le libérer de l'inconfort — celui d'avoir froid, ou celui de se sentir coupable —, l'homme moderne ne voit plus devant lui que des instruments de son projet d'émancipation, ou des obstacles à celui-ci. Plus rien de substantiel, que ce soit loi, bien, cause ou fin, ne retient son attention, ni ne ralentit son avance. Il est celui qui court, et qui courra jusqu'à la fin du monde.

Le moine ne savait pas que sa cellule était « inconfortable ». Il lui arrivait de mourir de froid sans interrompre sa prière pour autant. Cela ne risque pas d'arriver à celui dont nous parlons. Sa première *pensée* est d'allumer un feu. Tel est l'humble échange des urgences et le geste émancipateur de l'expérience moderne. Au fur et à mesure que celle-ci s'étend et s'aiguise, tous les éléments de la vie reçue apparaissent davantage comme soumis à une loi contraire à la nature, la famille et la cité comme aussi closes qu'une cellule de moine. Qui voulait expier sa faute veut maintenant échapper à l'inconfort de la culpabilité. C'est que l'inconfort suprême est celui que suscite la loi elle-même, la loi affligeante et ennemie de la nature. Qui a accompli l'échange des urgences, et qui donc n'aime plus l'urgence de la loi[68], celle-ci est pour lui avec les choses mortes et tristes, qui le gênent, l'irritent, le consternent, et dont il se détourne ; il fuit devant la loi. Fuir devant la loi est tout autre chose que lui désobéir. Désobéir à la loi est de l'homme ; fuir devant la loi est de l'homme moderne : cette fuite est son expérience même.

Parce que celui-ci fait continuellement en lui-même l'expérience de la succession et de l'incompatibilité de deux attitudes morales, de deux directions de l'attention et de l'intention, il conclut implicitement, mais irrésistiblement, à la succession et à l'incompatibilité de deux humanités distinctes, l'ancienne et la moderne, et la conscience de soi, la conscience d'être moderne, est alors la conscience de cette division. Lorsque cette conscience se formule explicitement et objectivement, elle conclut que les deux humanités distinctes, incompatibles et successives, sont contenues et portées par un élément qui ne peut être ni la nature ni la loi, et qui est donc la mère et la somme de toutes les successions : l'Histoire.

Mais cette objectivation, cette affirmation de l'Histoire comme l'Élément et l'Englobant ultimes, n'est-elle pas déjà une dénaturation de l'expérience moderne ? Celle-ci, comme expérience de la division, ne s'exprime-t-elle pas dans une double négation dont toute affirmation de l'Histoire obscurcit brutalement l'articulation et le jeu ? Par rapport à la loi ancienne qui opprime la nature, le nouveau régime est affirmation de la nature ; mais le régime ancien présuppose, nécessairement mêlée à la loi, une certaine interprétation et affirmation de la nature, et, par rapport à celle-là, le nouveau régime se veut pure liberté qu'aucune finalité naturelle ne compromet. La conscience moderne nie le régime ancien, la vie selon la loi, au nom de la nature ; et simultanément elle nie la nature au nom de la liberté. Précisément parce qu'elle lui échappe,

---

68. Celui qui aime la Loi s'adresse en ces termes au dispensateur de la Loi :
> « En ta *Loi* je trouve mes délices,
> je n'oublie pas ta *parole*.
> Fais du bien à ton serviteur,
> pour que je vive et observe ta *parole*.
> Ouvre mes yeux, et je regarderai
> les merveilles de ta *Loi*.
> Je suis un résident sur la terre ;
> ne me cache pas tes *commandements*.
> Mon âme est broyée de désir
> pour tes règles en tout temps. »
> Psaume 119, 16-20, trad. Osty.

cette équivoque donne à la conscience commune son assurance et sa capacité de diffusion singulières : par la vertu de la double négation, l'homme moderne se sent très sincèrement et très modestement supérieur à toutes choses — elles sont loi ou nature —, et d'abord à toutes les humanités qui l'ont précédé. Mais la philosophie moderne elle-même, sans cesse occupée à dévoiler, derrière le progrès qui émeut le vulgaire, une historicité toujours plus radicale, ne reste-t-elle pas dupe de cette duplicité en somme fort apparente ?

Chapitre 2

Le point de vue sociologique

I

Le sentiment de « vivre dans l'histoire », et non plus dans la nature ou la création, et non plus sous la loi, est par lui-même un fait qui, à partir d'une certaine date, s'impose à la conscience européenne comme le fait le plus déterminant : toutes les autorités héritées pâlissent devant l'éclat du Fait majeur. Qu'est-ce qui pourrait résister aux « exigences de l'époque présente » ? Si, dès la première moitié du XVIIIe siècle, Montesquieu établit subtilement et rigoureusement les titres de la nouvelle autorité, c'est au lendemain de la période révolutionnaire et dans le siècle suivant que celle-ci s'impose à tous les partis. Que l'on compare le jeu raffiné de Montesquieu sur « chercher » et « trouver » où nous avons reconnu la première élaboration philosophique de la notion d'autorité de l'histoire, et cette proclamation de Lamartine où l'apparition d'une nouvelle humanité a l'évidence du fait accompli et le prestige terrible d'une révélation :

> C'en est fait ; la parole a soufflé sur les mers ;
> Le chaos bout, et couve un second univers,
> Et pour le genre humain, que le sceptre abandonne,
> Le salut est dans tous et n'est plus dans personne !
> À l'immense roulis d'un océan nouveau,
> Aux oscillations du ciel et du vaisseau,
> Aux gigantesques flots qui croulent sur nos têtes,
> On sent que l'homme aussi double un cap des Tempêtes,

Et passe, sous la foudre et dans l'obscurité,
Le tropique orageux d'une autre humanité[1].

Entre Montesquieu et Lamartine, « l'histoire » a trouvé son support et son véhicule : « tous », ou « la société ». Tandis que l'homme grec entrait en contact et connaissance avec sa nature par le moyen du régime politique de la cité, l'homme moderne entre en contact et connaissance avec son nouvel élément, l'histoire, par le moyen de la société. La société contemporaine, la société présente, voilà l'histoire devenue voie que l'on suit, vérité que l'on accepte, vie que l'on partage.

Il est vrai que le commerce, dans l'interprétation de Montesquieu, a déjà la plupart des attributs qui vont bientôt être conférés à la société[2]. Cependant, son autorité demande encore à être manifestée et explicitée par le philosophe ; et ses bienfaits sont quelque chose dont les politiques doivent savoir « se prévaloir[3] ». Il ne possède pas cet attribut d'irrésistibilité triomphante qui subjuguera tous les partis au lendemain de la Révolution française. Le commerce, si j'ose dire, a encore des manières civiles et courtoises que l'Histoire et la Société — les deux *Big Sisters* — ne prendront jamais.

Qui saurait précisément ce qu'il dit quand il dit : la société aurait accès au cœur de la vie moderne. Le sentiment de vivre « dans la société » est pour nous central, comme celui de vivre « dans l'histoire », dont il est l'expression efficace. Ce sentiment s'est découvert à lui-même et mis en scène dans le roman ; il a suscité l'élaboration d'une science nouvelle : la sociologie. On ne dira rien ici du roman, mais on essaiera de pénétrer le sens de la sociologie, de cette démarche ou perspective qui, sur tout sujet, permet et impose de dire : « d'un point de vue sociologique... ».

---

1. Alphonse de Lamartine, *Voyage en Orient*, Paris, Furne et Cie, 1859, p. 271.
2. Adam Smith fournit en quelque sorte le chaînon intermédiaire lorsqu'il célèbre les mérites de la *commercial society*. Voir notre chapitre 3.
3. *De l'esprit des lois*, XX, 7.

II

Cette science, on le sait, fut fondée officiellement au début du XIXe siècle, dans l'urgence de mettre un terme à la crise révolutionnaire. Alors que la Révolution française avait été l'entreprise la plus vaste jamais conçue par les hommes pour fonder délibérément un ordre politique rationnel dans lequel les libertés fondamentales auxquelles ils ont droit seraient garanties, la sociologie se donna pour tâche de dégager la loi des nécessités sociales. La Révolution française constitue ainsi la charnière entre deux périodes de la pensée politique qui paraissent aller dans deux directions rigoureusement contraires, comme le sont l'idée du libre contrat social et celle du déterminisme social. Ce contraste trouve pour une part son origine, assurément, dans une « réaction » à la Révolution française et à la dissolution sociale induite, pensait-on, par l'individualisme dont elle était porteuse. Mais il ne faut pas accorder trop d'importance à cet aspect réactif, ou même parfois franchement « réactionnaire [4] », de la découverte postrévolutionnaire de la société. Laissant de côté les grincheux de la Réaction, nous observons que la société et le déterminisme social sont découverts avec le même enthousiasme qui avait accompagné la proclamation de l'égalité et de la liberté humaines. L'épanouissement de l'humanité, car c'est toujours de cela qu'il s'agit, on ne le cherche plus dans la construction délibérée d'un ordre politique libre et rationnel, mais dans la compréhension obéissante du déterminisme social, plus précisément du développement salutaire, selon une succession d'étapes nécessaires, de la société humaine. Sur ce point, Karl Marx et Auguste Comte sont d'accord. L'ordre humain satisfaisant et juste est moins l'œuvre de la liberté que l'effet de la nécessité agissant dans l'histoire et la société.

Au XIXe siècle, partisans de la liberté et contemplateurs de la nécessité, « libéraux » et « sociologues », sont moins ennemis qu'il

---

4. L'attitude politique « réactionnaire » naît, on le sait, de la « réaction » à la Révolution française. L'école dite « réactionnaire » ou « rétrograde » (Maistre, Bonald) considère que celle-ci, par une arrogance sans exemple et proprement satanique, a placé follement, et d'ailleurs vainement, la volonté de l'homme au-dessus des nécessités de sa nature sociale.

ne paraît. Certes, pendant que les premiers s'efforcent, avec les peines et les déboires que l'on sait, d'établir et de consolider en France des institutions libérales capables de soutenir la comparaison avec celles de l'Angleterre et des États-Unis, les seconds tendent à voir dans le libéralisme le prolongement du désordre révolutionnaire. C'est ainsi que Comte donnera son approbation au coup d'État de Louis-Napoléon avant de proposer une alliance au général des jésuites contre « l'irruption anarchique du délire occidental ». Aussi réel et substantiel que soit le désaccord, il faut remarquer cependant que les libéraux admettent, et même proclament, que la société nouvelle, issue de la Révolution, est instaurée de manière définitive — il faut seulement la perfectionner politiquement —, qu'il n'y a pas de retour possible à l'Ancien Régime, ou, plus généralement, à une société inégalitaire ; il y a à leurs yeux un mouvement irrésistible, un progrès nécessaire des sociétés humaines. Aussi divers soient-ils, Constant, Tocqueville ou Chateaubriand sont également convaincus que l'histoire humaine est heureusement régie par la loi de l'égalisation progressive des conditions. En soutenant l'idée d'un processus irrésistible à l'œuvre dans l'histoire et la société, le libéralisme a un point d'accord fondamental avec la sociologie.

Tandis que le siècle avance, un troisième groupe se manifeste et grandit en influence : les socialistes. Ceux-ci, comme les sociologues et comme les libéraux, considèrent que l'élément essentiel du monde humain, c'est la société, contradistinguée de l'État et, plus généralement, de l'ordre politique, dont certains même prévoient le dépérissement. La proximité entre ce qu'il y a d'essentiel dans le socialisme et ce qu'il y a d'essentiel dans la sociologie se manifeste dans l'« union personnelle » que les deux doctrines réalisent en la personne d'Émile Durkheim.

Ainsi, après la Révolution française, ces trois grandes écoles de pensée politique — les libéraux, les sociologues et les socialistes — communiquent-elles par la notion de société, et par l'idée que celle-ci — encore une fois : contre-distinguée de l'État et des institutions politiques — est le lieu de l'irrésistibilité et de l'irréversibilité de l'histoire. En ce sens, le point de vue sociologique pénètre et domine toute la pensée politique moderne.

III

Émile Durkheim a exposé les présupposés fondamentaux de ce point de vue de manière particulièrement claire. Je considérerai ici sa thèse latine de 1892[5], où le maître de la sociologie française présente avec une impressionnante netteté ce qui distingue le point de vue sociologique du point de vue de la philosophie politique classique :

> Aussi, pour qu'une science sociale pût être constituée, était-il nécessaire, avant toute chose, de lui assigner un objet déterminé. Au premier abord, rien de plus facile que de résoudre cette difficulté. La Science sociale n'a-t-elle pas pour objet les choses sociales, c'est-à-dire les lois, les mœurs, les religions, etc. ? Mais, si l'on regarde l'histoire, il est clair que, parmi les philosophes, aucun, jusqu'à une époque toute récente, ne les a conçues ainsi. Ils pensaient en effet que tout cela dépend de la volonté humaine, si bien qu'ils ne se rendaient pas compte que c'étaient de véritables choses, tout comme les autres choses de la nature, qui ont leurs caractères propres et, par suite, exigent des sciences capables de les décrire et de les expliquer ; il leur paraissait suffisant de rechercher ce que, dans les sociétés constituées, la volonté humaine doit se proposer comme but ou ce qu'elle doit fuir. Aussi recherchaient-ils, non ce que sont les institutions et les faits sociaux, leur nature et leur origine, mais ce qu'ils devraient être ; ils se souciaient, non de nous fournir une image de la nature aussi vraie que possible, mais de proposer à notre admiration et à notre imitation l'idée d'une société parfaite. Aristote lui-même, bien qu'il ait prêté attention à l'expérience beaucoup plus que Platon, s'est proposé de découvrir, non les lois de la vie en commun, mais la meilleure forme de société. Au point de départ, il pose que les sociétés ne doivent avoir d'autre but que de rendre leurs membres heureux par la pratique de la vertu et que celle-ci consiste dans la contemplation ; il n'établit pas ce principe comme une loi que les sociétés observent en réalité, mais comme une loi qu'elles devraient suivre pour que les hommes puissent accomplir leur nature propre [...]. Les autres écrivains politiques qui lui ont succédé, ont plus ou moins suivi son exemple. Qu'ils négligent

5. *Quid Secundatus politicae scientiae instituendae contulerit.* Ce texte a été traduit et publié dans le volume intitulé *Montesquieu et Rousseau précurseurs de la sociologie* (Paris, Marcel Rivière, 1966).

complètement la réalité ou qu'ils l'examinent plus ou moins attentivement, tous n'ont qu'un but : non pas de connaître cette réalité, mais de la corriger ou même de la transformer de fond en comble ; le présent et le passé ne les retiennent pour ainsi dire pas : ils regardent vers l'avenir. Or toute discipline qui regarde vers l'avenir manque d'un objet bien déterminé et doit par suite recevoir le nom, non pas de science, mais d'art[6].

L'objection qui domine cette admirable page, c'est que le point de vue de la philosophie politique classique, et même de la philosophie politique en général « jusqu'à une époque toute récente », est un point de vue actif, ou pratique. C'est bien ce qu'affirme Aristote lui-même, par exemple au début de l'*Éthique à Nicomaque*[7]. Or la science sociale, pour être vraiment scientifique, pour être une vraie et pure science, doit, selon Durkheim, être pure *théorie*. La tâche de la sociologie n'est pas de peindre l'ordre politique désirable, ou le meilleur régime, que Durkheim, de manière révélatrice, appelle « la meilleure forme de société », mais de déterminer, de définir et de classer les espèces, ou les types, de société. Il ne peut nier qu'Aristote recourt grandement à la classification la plus précise et la plus complète possible des différentes formes de l'association humaine. Précisément, dit-il un peu plus loin, Aristote a confondu les diverses espèces de société avec les différentes formes d'État, et n'a entrepris de classer que ces dernières, laissant dans la confusion ce qui a trait à la moralité, à la religion, au commerce, à la famille. Or ces éléments ont des liens profonds avec la nature des sociétés ; ils constituent même la véritable matière de la vie et, par conséquent, de la science sociale[8].

Le point de vue pratique et l'intérêt presque exclusif pour l'État contradistingué de la société sont en relation étroite. Les philosophes s'intéressaient surtout à l'État, ou au politique en général, parce que le domaine politique leur paraissait le lieu propre de l'activité et de l'initiative humaines[9]. Or c'est là une « superstition », d'ailleurs commune au philosophe, à l'homme politique et au citoyen ordinaire. Seul le sociologue, semble-t-il, en est

6. *Ibid.*, p. 29-31.
7. *Éthique à Nicomaque*, 1094-1095.
8. É. Durkheim, *op. cit.*, p. 36-37.
9. *Ibid.*, p. 39-41.

exempt. De quelle superstition au juste s'agit-il ? Eh bien, de la croyance en la capacité causante, ou causatrice, si je puis dire, de l'action humaine, en la capacité de l'homme de faire advenir du nouveau et de l'imprévisible. En réalité, dit Durkheim, la vie sociale se développe selon des règles indépendantes de la volonté des hommes. S'il en était autrement, il n'y aurait pas de science possible de la société : « Tout ce qui est matière de science consiste en des choses qui possèdent une nature propre et stable, et sont capables de résister à la volonté humaine [10]. » Ce que fait l'homme est contingent ; ce que le sociologue comprend est nécessaire.

Le sociologue, en tant que savant, découvre des lois nécessaires, comparables à celles de la nature. Mais les lois de quoi ? Les lois régissant quoi ? Puisque la volonté et l'action des hommes n'introduisent que de la contingence, ces lois ne peuvent être celles de la nature de l'homme, qui s'exprime, peut-on penser, dans ce qu'il veut et ce qu'il fait. Elles sont celles d'une autre nature, de la nature sociale ; ce sont les lois de la société [11].

Émile Durkheim nous a conduits à une observation décisive. La sociologie se construit comme science comparable et parallèle aux sciences de la nature en prenant pour objet autre chose que la nature de l'homme, en refusant délibérément de prendre pour objet la nature de l'homme. Elle veut, et elle doit, faire abstraction de cette nature. La sociologie comme science, on dira bientôt : « science de l'homme », n'existe qu'en refusant d'être science de la nature de l'homme.

IV

Si nous condensons ce que nous avons appris, nous dirons que la philosophie politique classique, et peut-être la philosophie politique en tant que telle, part *du point de vue de l'acteur*, citoyen ou homme d'État, du point de vue pratique, cependant que la sociologie adopte *le point de vue du spectateur*. Le point de vue du

---

10. *Ibid.*, p. 41.
11. *Ibid.*, p. 50-54. Voir aussi, dans *Les Règles de la méthode sociologique* [1895], la deuxième partie du chapitre 5 consacré à « l'explication des faits sociaux » (Paris, P.U.F., 13ᵉ éd., 1956, p. 97-111).

spectateur est d'autant plus pur, d'autant plus scientifique, qu'il ne reconnaît à l'acteur, ou aux acteurs, aucune initiative réelle, mais considère leurs actions, ou leurs œuvres, comme les effets nécessaires de causes nécessaires. Telle est l'impulsion originelle de la sociologie, qui détermine toute son histoire.

Ce que fait l'individu, ce qui est produit par sa volonté, est « fortuit », « capricieux », ou « contingent », selon les termes de Durkheim. Non seulement c'est sans efficacité réelle, sans capacité causatrice ou causante, mais encore c'est dépourvu de raison, inapte à prendre place dans une trame vraiment intelligible, c'est-à-dire scientifique. Toute la raison se concentre dans le regard du spectateur, dans l'œil exercé du sociologue, et toute l'efficacité dans la société en tant que force essentiellement distincte et indépendante des acteurs individuels réels qui la composent. La raison, ou la science, est dans le sociologue ; la force, ou la cause, est dans la société. Le sociologue observe la société : c'est la raison qui rejoint la force, ou la cause. Rien d'important ne peut échapper à cette alliance de la raison et de la cause, qui dévoile et promulgue l'ordre véritable par-delà le chaos, ou le tohu-bohu, insignifiant des individus animés par la capricieuse nature humaine.

Bien sûr, dans la confusion où nous vivons, l'agent social ou moral, le citoyen, le père de famille, le célibataire, la veuve joyeuse, le maître-nageur, le philosophe, le cambrioleur, chacun accomplit des actions pour certaines raisons. Chacun est une force, ou une cause, qui agit pour certains motifs. En chacun, César ou mon voisin, la cause et la raison sont présentes et se mêlent. L'œil exercé du sociologue démêle cette confusion. Toute la raison est appropriée par le sociologue, ou du moins par le point de vue sociologique ; toute la force, toute la causalité est conférée à la société. La conséquence est naturellement qu'il y a peu de rapport entre ce que le sociologue décrit ou démontre et ce que vivent les hommes réels, César ou mon voisin ; ils ne retrouvent point leurs motifs dans ses raisons ou dans ses causes.

Les sociologues n'ont pas pu ne pas s'apercevoir de cette difficulté, et une partie considérable de leur discipline est occupée à tenter de la résoudre, ou du moins de la contourner. C'est le cas en particulier de celle qui se réclame de « l'individualisme méthodologique ». L'effort sans doute le plus impressionnant dans ce sens fut accompli par Max Weber[12]. Celui-ci voulut préserver et même affirmer le point de vue de l'observateur, ou du spectateur, scientifique, qui ne considère que l'enchaînement objectif des causes, tout en faisant droit à ce que vit, pense et veut l'homme réel, l'individu qui choisit entre diverses actions possibles et qui produit des effets réels. À l'individu réel, Max Weber rendit solennellement ses « valeurs ».

Mais avant de nous interroger sur les tentatives faites par la sociologie pour surmonter son handicap originel, il convient de rechercher pourquoi son projet premier jette d'emblée cette science si loin de toute vraisemblance, vraisemblance qu'elle a alors, avec l'ardent désir, toutes les peines du monde à reconquérir. L'intempérance « méthodologique » qui la caractérise, et qui s'est répandue sur les autres « sciences humaines », tient d'abord à ce double mouvement contradictoire : on s'éloigne délibérément et violemment de toute familiarité avec le réel pour prendre la distance et la hauteur de la Science, puis on s'efforce non moins délibérément, non moins violemment de la recouvrer. Durkheim nous a donné une précieuse indication : « Ou bien les choses sociales sont incompatibles avec la science, ou bien elles sont gouvernées par la même loi que les autres parties de l'univers[13]. » De fait, que l'on conçoive la loi sociologique comme identique, ou analogue, aux lois de la nature, ou comme toute différente, c'est bien dans cette prise de distance pour dégager la loi de causalité que se constitue le point de vue sociologique. Le sociologue connaît la société comme cause en dégageant les lois de la nature sociale. Nous ne pouvons aller plus avant dans notre recherche sans étudier avec soin la notion de loi sociologique. Sur ce point décisif, Durkheim lui-même nous l'indique, notre guide doit être Montesquieu qui, le premier, a placé la notion de loi au centre de la science sociale[14].

12. Philippe Raynaud, *Max Weber et les dilemmes de la raison moderne*, 2ᵉ section, chap. 2 (Paris, P.U.F., 1987).
13. *Op. cit.*, p. 38. Voir le paragraphe III ci-dessus.
14. C'était déjà le jugement d'Auguste Comte : « Ce qui caractérise la principale force de ce mémorable ouvrage [*L'Esprit des lois*], de manière à témoigner irrécusablement de l'éminente supériorité de son illustre auteur sur tous les philosophes contemporains, c'est la tendance prépondérante qui s'y fait partout sentir à concevoir désormais les phénomènes

v

Tournons-nous donc une nouvelle fois vers Montesquieu. Dès
la Préface de l'*Esprit des lois*, nous lisons :

> J'ai d'abord examiné les hommes, et j'ai cru que, dans cette infinie
> diversité de lois et de mœurs, ils n'étaient pas uniquement conduits
> par leurs fantaisies.
> J'ai posé les principes, et j'ai vu les cas particuliers s'y plier comme
> d'eux-mêmes ; les histoires de toutes les nations n'en être que les
> suites ; et chaque loi particulière liée avec une autre loi, ou dépendre
> d'une autre plus générale.

Le point de départ de Montesquieu est l'« infinie diversité » des
choses humaines. C'est bien le point de départ de la sociologie et
des sciences humaines en général ; rien d'humain ne leur est
étranger ; elles n'hésiteront pas à étudier, par exemple, « la
symbolique des étuis péniens dans le Haut-Orénoque », ou « le
sentiment de l'infini sur les bords du lac Tchad ». Durkheim
reproche à Aristote, le sociologue reproche au philosophe, de
parler de l'homme en général, ou de la nature humaine en général,
en « négligeant complètement la réalité » des choses humaines qui
est diversité infinie. Une version raffinée de cette critique présen-
tera la philosophie, avec sa recherche du général et de l'universel,
comme l'expression d'une société particulière — par exemple
l'« Occident technicien », non moins particulier en effet que les
Nambikwara d'Amazonie ou les Semarang de Java. Mais ce qu'on
néglige souvent, et qui pourtant saute aux yeux dans les lignes de
Montesquieu que je viens de citer, c'est que cette diversité n'est
soulignée par le sociologue que pour être bientôt effacée : au
terme de la démarche scientifique, les faits particuliers, si divers
qu'ils paraissent d'abord, ne seront plus que des cas particuliers de
lois générales. Dirons-nous que la diversité ne frappe tellement

---

politiques comme aussi nécessairement assujettis à d'invariables lois naturelles que tous les
autres phénomènes quelconques : disposition si nettement prononcée, dès le début, par cet
admirable chapitre préliminaire où, pour la première fois depuis l'essor primitif de la raison
humaine, l'idée générale de *loi* se trouve enfin correctement définie, envers tous les sujets
possibles, même politiques » (47ᵉ leçon du *Cours de philosophie positive*).

l'œil du sociologue que parce qu'elle le scandalise ? Ou que l'affirmation de la diversité n'est qu'un instrument polémique dans le débat engagé avec le philosophe ? Il faut en tout cas distinguer deux temps dans la démarche du sociologue. Dans le premier, il signale et souligne la diversité humaine pour ôter toute plausibilité à l'ambition universaliste du philosophe qui prétend pouvoir dégager les caractéristiques essentielles de la nature de l'homme, ou les articulations primordiales de sa condition ; dans le second, il abolit, ou prive de substance cette diversité en dégageant les lois générales auxquelles se plient tous les cas particuliers et qui ainsi régissent le fonctionnement des sociétés humaines.

Passant de la philosophie à la sociologie, on ne passe pas de la généralité abstraite et monotone à la réalité concrète et diverse, on va de l'universel — comme nature, ou condition, ou « existence » de l'homme — au général — comme loi à laquelle se plient les cas particuliers. La réalité particulière est le pivot de ce passage : réfutant l'universel, elle devient cas particulier qui appelle la généralité de la loi. Elle ne peut jouer ce rôle de pivot que parce qu'elle entretient avec l'universel selon la philosophie une relation toute différente de celle qu'elle entretient avec le général selon la sociologie. Sans aborder ici une des questions les plus épineuses de l'ontologie, on peut faire la remarque suivante. Selon la philosophie classique par exemple, l'universel qu'est la nature de l'homme est présent dans le monde humain en chaque particulier — individu, mais aussi action, œuvre, événement —, et il est éminemment, suprêmement présent lorsqu'il a été placé en condition d'agir, de produire ses effets spécifiques de justice et de bonheur, c'est-à-dire lorsqu'a été institué un régime politique « conforme à la nature ». On dira, empruntant à Aristote son langage technique, que l'universel est à la fois cause formelle et cause finale du particulier. Selon le point de vue du sociologue qui découvre la loi générale à laquelle se plient les cas particuliers, le général est cause du particulier en un sens tout autre et, semble-t-il, très affaibli. Soit, par exemple, la loi qui paraît fondamentale à Durkheim, et que, selon lui, Montesquieu a découverte sans cependant être encore capable de la formuler dans toute sa rigueur et d'en tirer toutes les conséquences, la loi selon laquelle les formes de la société — institutions, mœurs, lois — dépendent de son volume [15]. Admettons que cette loi soit aussi vérifiée que Durkheim l'affirme. Il est clair en même temps que le volume social n'est pas présent ni « causant » dans chaque société comme l'est la nature politique de l'homme dans la cité aristotélicienne. Durkheim l'indique fort bien : il est cause des *différences* entre les sociétés. Or cela signifie : il est cause des différences *seulement*. On pourrait dire : toutes choses égales par ailleurs, le volume social est la cause principale des différences entre les sociétés. Mais, « toutes choses égales par ailleurs », cela signifie : la société et l'homme social étant donnés ; ou encore : l'homme étant ce qu'il est. L'élaboration de la loi générale présuppose un universel qu'elle exclut de sa considération. Dès lors, dans l'exemple que nous avons sous les yeux, le « volume » ne peut être dit « cause », ou « source », qu'en un sens restreint ; causant la différence, il n'est qu'une cause seconde qui présuppose la cause première et lui est subordonnée — la cause première, celle qui cause ce qui n'est pas différent mais semblable, celle qui cause la ressemblance, celle qui conditionne et fait tenir ensemble toutes les différences : l'humanité même de l'homme. Ne doit-on pas dire que la causalité seconde mise en lumière par la loi sociologique présuppose la causalité première de l'universel humain qu'interroge la philosophie ?

Peut-être objectera-t-on que, dans toute recherche en sciences humaines, l'humanité de l'homme est évidemment présupposée ; et que, laissant à la philosophie le soin de remâcher la stérile tautologie, celles-ci, et particulièrement la sociologie, courent à de plus capiteuses découvertes. Il se peut. Il se peut aussi qu'on manifeste là un mépris injustifié pour la tautologie. Après tout, qu'est-ce que l'homme, occupé à être ce qu'il est, à dire ce qu'il pense et à savoir ce qu'il dit, désireux de toujours plus exactement *se dire*, sinon une vivante, une ardente tautologie ?

Du reste, la quête intellectuelle ressemble à la bataille d'hommes en ceci qu'il est extrêmement périlleux de laisser derrière soi un

---

15. « C'est en effet cette cause qui a l'importance la plus grande pour la définition des choses sociales ; bien plus, nous croyons qu'elle est en quelque sorte la source d'où émanent les principales différences entre les sociétés » (*op. cit.*, p. 78). Selon la pensée développée de Durkheim, le volume n'est déterminant qu'en relation avec la densité dynamique de la société : voir *Les Règles de la méthode sociologique, op. cit.*, p. 112-115.

objectif essentiel inentamé, de le laisser ininterrogé. Cette abstention, ou cette esquive, ne cessera de hanter la recherche ultérieure comme un principe à la fois d'énergie et d'incertitude : qui décline de poser la question principale et continue cependant de chercher, la posera malgré lui sans la reconnaître, avec une anxiété et une maladresse dont il ignore l'origine. La question première de l'universel humain n'est pas absente de la sociologie ; méconnaissable et reconnaissable, elle y devient la question de la généralité de la loi, elle y nourrit la recherche de la loi la plus générale possible.

Montesquieu et Durkheim sont fort soucieux de soumettre la diversité des cas à l'unité de la loi, d'une loi de plus en plus unitaire, de plus en plus générale. Partant, l'un et l'autre s'efforcent de réduire au minimum le rôle du hasard. Sur ce point, les deux sociologues sont explicites, et même emphatiques [16]. L'affirmation de la causalité sociologique ne fait qu'un avec la négation du hasard. Il est vrai que, si l'on refuse de donner un rôle explicatif et causal à l'humanité de l'homme, si l'on dédaigne la tautologie de l'humaine nature, si donc l'on abandonne le principe générateur et intégrateur le plus capace, on doit resserrer d'autant plus la chaîne intelligible. Alors en effet, ou le monde social est régi par une causalité strictement nécessaire, ou il est pure confusion rebelle à toute science. Ou le sociologue met en évidence un lien causal nécessaire, ou il n'a rien, du moins rien de proprement scientifique, à dire. En revanche, qui confie la causalité principale à la nature humaine, à l'humanité même de l'homme, ainsi que l'ont fait philosophes et historiens jusqu'au XVIIIᵉ siècle, ainsi que le fait, aujourd'hui encore, à dire vrai, tout le monde, du plus grand au

16. Dans un ouvrage antérieur à l'*Esprit des lois*, Montesquieu écrit : « Ce n'est pas la fortune qui domine le monde : on peut le demander aux Romains, qui eurent une suite continuelle de prospérités quand ils se gouvernèrent sur un certain plan, et une suite non interrompue de revers lorsqu'ils se conduisirent sur un autre. Il y a des causes générales, soit morales, soit physiques, qui agissent dans chaque monarchie, l'élèvent, la maintiennent, ou la précipitent ; tous les accidents sont soumis à ces causes ; et, si le hasard d'une bataille, c'est-à-dire une cause particulière, a ruiné un État, il y avait une cause générale qui faisait que cet État devait périr par une seule bataille : en un mot, l'allure principale entraîne avec elle tous les accidents particuliers » (*Considérations sur les causes de la grandeur des Romains et de leur décadence*, chap. 18) ; Durkheim pousse l'idée jusqu'à son terme : « Par suite des conditions dans lesquelles se trouve la société, la vie commune est déterminée à revêtir nécessairement une certaine forme définie ; or ce sont les lois qui expriment cette forme ; elles résultent donc avec la même nécessité de ces causes efficientes. Si l'on conteste cela, il faut admettre alors que la plupart des choses sociales, et principalement les plus importantes, sont absolument sans causes » (*Montesquieu et Rousseau, op. cit.*, p. 85).

plus petit, du plus sot au plus avisé, quand personne ne regarde par-dessus son épaule, celui-là peut concéder un ample rôle au hasard. Deux exemples rendront sensible la solidarité entre la causalité de l'humaine nature et le hasard (ou la causalité du hasard) d'un côté, et entre la causalité de la société et le strict déterminisme (ou la négation du hasard) de l'autre.

Si, par exemple, on attribue la résistance anglaise en 1940 à la grande âme de Churchill, on l'attribue en même temps au hasard : ce fut une grande « chance » qu'un homme comme Churchill se trouvât, à ce moment-là, en situation d'agir. Il n'est pas nécessaire, pour comprendre l'année 1940, de « chercher la cause de Churchill » : c'est Churchill qui est la cause. La nature humaine est ici à la fois cause première, et cause limitée, ou finie. Partant, les effets qu'elle produit sont à la fois pleinement intelligibles, et tout à fait non nécessaires, en ce sens tout à fait fortuits. Inversement, si, par exemple, on attribue la défaite de Robespierre, le 9 Thermidor, au hasard de la pluie qui dispersa ses partisans, on place par là même la nature humaine en position de cause collatérale, dans un registre cette fois, il est vrai, fort peu relevé : même patriotes et vertueux, les hommes détestent rester sous la pluie. La causalité du hasard n'agit pas sans le relais de la causalité de notre nature. Ainsi, comme la plus haute causalité humaine ne laisse pas d'être fortuite, le hasard le plus trivial convoque l'humaine nature.

Si maintenant nous cherchons à donner une « explication sociologique » de la conduite de l'Angleterre en 1940 (laissant de côté pour cette fois les sans-culottes, mais ils ont reçu plus d'attention sociologique qu'aucun groupe social passé, présent ou à venir), nous invoquerons par exemple la « structure sociale alvéolaire » de ce pays, particulièrement apte à préserver des vertus que l'« anomie » avait érodées en France. Mais le lien entre la structure sociale et le comportement politique et militaire doit alors être strictement nécessaire. Si la première n'entraîne pas nécessairement le second, il n'y a plus d'explication sociologique *du tout*. On est simplement en présence de considérations plus ou moins judicieuses, qu'on peut dire « sociologiques » si l'on y tient, mais qui n'ont de sens, ou de validité, que dans le cadre d'une explication d'un autre type ; elles ne constituent pas une explication de sociologie scientifique. Si le lien causal est avéré, le sociologue conclura que, compte tenu de leurs structures sociales, les Anglais ne pouvaient que refuser de succomber à l'agression, comme aux tentatives de séduction, de Hitler.

Ce n'est point le lieu de trancher entre l'une et l'autre explication, ou entre l'un et l'autre genre d'explication. La bataille d'Angleterre n'est point notre sujet. Mais l'on voit en quel sens l'explication sociologique ne se suffit pas à elle-même comme se suffit l'explication par notre nature. La « structure sociale alvéolaire » de l'Angleterre en 1940 ne peut être cause première comme put l'être la noble nature de Churchill. Elle a à son tour une cause, par exemple le volume social au temps du roi Georges III, ou de l'heptarchie saxonne, qui, à son tour, a une cause... Sans doute est-il nécessaire de s'arrêter, ainsi qu'Aristote l'avait observé dans un autre contexte, mais pourquoi s'arrêter à cette cause plutôt qu'à cette autre ? Est-il même possible de s'arrêter, dès lors que le monde humain n'est compréhensible que comme une concaténation causale sans cause première ? Ou bien élaborerons-nous le Système de la Société, la Théorie générale qui déploie exhaustivement le réseau des effets et des causes, et explique tout ce qu'il importe d'expliquer du monde social ? C'est ici que rien n'arrête la volubilité de notre esprit.

On dira que j'exagère la nécessité de la nécessité dans l'argumentaire sociologique, et, quand j'avance les citations les plus claires de Durkheim, que la discipline s'est beaucoup relâchée de ses rigueurs premières. Il est vrai qu'en pratique, ce que la littérature dite « sociologique » offre le plus souvent, ce sont des « causes » qui ne causent pas vraiment, ou alors pas nécessairement, en tout cas pas toutes seules, mais seulement à grand renfort de conditions, causes annexes, supplémentaires et complémentaires. Pourtant, on ne voit pas comment la sociologie pourrait échapper au rigorisme durkheimien tout en sauvegardant son ambition scientifique. Relisons le maître : « Par suite des conditions dans lesquelles se trouve la société, la vie commune est déterminée à revêtir nécessairement une certaine forme définie ; or ce sont les lois qui expriment cette forme ; elles résultent donc avec la même nécessité de ces causes efficientes. Si l'on conteste cela, il faut admettre alors que la plupart des choses sociales, et principalement les plus importantes, sont absolument sans causes [17]. »

L'anxiété est perceptible dans les derniers mots. Ici se joue la validité, la possibilité du point de vue sociologique. L'erreur d'Aristote, nous l'avons vu plus haut, sa « superstition », qui est aussi celle de l'homme d'État comme du citoyen ordinaire, qui est celle de tout le monde à l'exception, précisément, du sociologue, c'est d'attribuer à l'homme le rôle orgueilleux de cause, et ainsi de rendre impossible toute science de l'homme. Mais pourquoi ? Le principe de causalité ne vaut-il pas dans les deux sens, la science ne peut-elle aller aussi bien de la cause à l'effet que de l'effet à la cause ? Il n'en est pas ainsi, la sociologie l'a fort bien compris. Si l'homme est posé comme cause, il sera cause d'une multitude d'effets possibles, il sera une cause indéterminée. Cette indétermination, qui affole Durkheim, ne sera levée, la causalité humaine ne s'actualisera, que par la médiation de l'intelligence et de la liberté humaines. Dès lors que l'humanité de l'homme est placée en position de cause, un autre point de vue que le point de vue causal est pris sur le monde humain : l'homme est considéré comme un agent affrontant l'incertitude de l'avenir. Un tel agent est par nature le destinataire d'une « science pratique », ou d'un « art » [18] ; il ne peut être l'objet d'une science causale, d'une pure théorie. À un homme qui va agir, ou à un homme que, le considérant comme cause, l'on considère essentiellement comme un homme qui peut agir, on ne saurait donner en vérité que des « conseils » plus ou moins informés, judicieux et pressants, bien loin de pouvoir le loger dans une chaîne causale nécessaire. En revanche, si l'homme est considéré comme effet, tout est différent, il n'y a plus d'incertitude réelle, seulement une difficulté scientifique : à l'observateur, au spectateur, au savant, de désigner clairement la cause, et il est libre de mettre autant, et plus, de clarté et d'univocité dans la cause qu'il y en a dans l'effet ; en vérité, il est libre de désigner comme cause ce qu'il veut, pourvu seulement que son propos déploie la nécessité causale, c'est-à-dire en offre les apparences. Tel est bien le renversement accompli par le point de vue sociologique. Pour que le phénomène humain puisse être

---

17. *Ibid.*
18. Voir la fin de la citation de Durkheim au paragraphe III.

objet de science, il faut et il suffit que les lois sociologiques soient générales et nécessaires. Et la condition nécessaire et suffisante de telles lois, c'est que l'homme, au lieu d'être la source libre, naturellement libre, de ses actions et de ses œuvres, soit rigoureusement nécessité à faire ce qu'il fait et comme il le fait. Sous le regard sociologique, l'homme apparaît non plus comme cause, mais comme effet, non plus comme causant mais comme causé.

VI

C'est dans l'*Esprit des lois* que l'homme apparaît pour la première fois sous ce jour. Voici comment s'exprime Montesquieu :

> Plusieurs choses gouvernent les hommes : le climat, la religion, les lois, les maximes du gouvernement, les exemples des choses passées, les mœurs, les manières ; d'où il se forme un esprit général qui en résulte.
>
> À mesure que, dans chaque nation, une de ces causes agit avec plus de force, les autres lui cèdent d'autant. La nature et le climat dominent presque seuls sur les sauvages ; les manières gouvernent les Chinois ; les lois tyrannisent le Japon ; les mœurs donnaient autrefois le ton dans Lacédémone ; les maximes du gouvernement et les mœurs anciennes le donnaient dans Rome.

Ces lignes, qui constituent à elles seules un chapitre de l'*Esprit des lois*, le chapitre 4 du livre XIX, intitulé « Ce que c'est que l'esprit général », sont bien remarquables. Elles sont même extraordinaires. Considérons les premiers mots, qui paraissent si anodins, presque explétifs : « Plusieurs choses gouvernent les hommes. » Les hommes sont présentés d'emblée comme passifs plutôt qu'actifs, soumis plutôt que libres dans leur conduite. Cette formule si délibérément et strictement neutre suggère l'égale dignité, ou absence de dignité, de chacune des *choses* qui les gouvernent[19]. Dans l'énumération subséquente, toutes les *choses* sont mises sur le même plan, le climat sur le même plan que les maximes du gouvernement. Les unes comme l'autre gouvernent

---

19. On sait que, pour Durkheim, la première règle et la plus fondamentale de la sociologie est de *considérer les faits sociaux comme des choses*. Voir le chapitre 2 des *Règles de la méthode sociologique, op. cit.*

les hommes. Ainsi, je vis dans un climat très froid, je dois travailler dur pour survivre : je suis « gouverné » par le climat. Mais si, dans telle île ensoleillée, le gouvernement m'ordonne d'aller participer à la récolte de canne à sucre alors que je suis, par exemple, luthier, je suis alors « gouverné » par les « maximes du gouvernement ». La perspective formulée ici de façon fondatrice par Montesquieu tend à effacer le rôle spécifique et éminent de l'ordre politique tel que les Anciens le concevaient, le rôle des « lois » et des « maximes du gouvernement », puisque ces dernières ne sont que deux des nombreuses instances qui « gouvernent les hommes ». Ici se manifeste déjà de façon frappante, et même provocante, ce trait essentiel du point de vue sociologique que, commentant Durkheim, nous avons souligné plus haut[20] : on ignore délibérément l'acteur humain réel. Dans la formulation inaugurale de Montesquieu, le trait est poussé jusqu'à la bizarrerie, tant il est évident que, pour un acteur humain réel, pour un homme vivant, ce n'est nullement la même « chose » de recevoir un « ordre » du climat, qu'il ne perçoit du reste nullement comme un ordre, et de recevoir un ordre du gouvernement, ou, généralement, d'un homme ou d'un groupe d'hommes. Ainsi le premier geste de Montesquieu est-il d'effacer la distinction qui importe le plus aux hommes, celle qu'ils reconnaissent, ou établissent, entre les êtres doués d'intelligence et de volonté et ceux qui en sont dépourvus.

Les diverses « choses » qui « gouvernent les hommes », nous dirions aujourd'hui, plus abstraitement : les divers paramètres sociologiques, sont donc mis sur le même plan. Leurs effets réunis, le résultat du mélange de leurs influences, voilà ce qui caractérise chaque corps politique en formant ce que Montesquieu appelle son « esprit général ». Comme il n'y a pas apparemment de hiérarchie naturelle discernable entre les différentes « choses », l'« esprit général » est déterminé, comme une somme de forces ou un mélange chimique, serait-on tenté de dire, par le poids relatif ou la proportion qui prévaut entre les divers ingrédients. Cette proportion est établie au terme de l'analyse sociologique, quand le sociologue est en mesure de conclure, par exemple, que telle société est gouvernée par la religion, telle autre par les mœurs ancestrales.

20. Voir § III.

On comprend qu'une telle analyse, précisément parce qu'elle est sociologique et non philosophique, scientifique et non métaphysique ou dogmatique, ne présuppose aucun jugement concernant la place, par exemple, de la religion dans l'existence humaine en général, moins encore, s'il est possible, concernant sa vérité, ou la vérité de telle religion particulière, et même qu'elle exclut en principe un tel jugement. L'exigence de neutralité scientifique place ici le savant devant une difficulté qu'il importe de cerner précisément. Le sociologue, qui se veut et se croit incapable de rien dire sur la vérité, par exemple, du christianisme, ou de l'islam, sous aucune de leurs formes, ou en général sur la place de la religion dans la vie humaine, se veut et se croit capable, en revanche, d'aboutir à des conclusions scientifiques, c'est-à-dire rigoureusement démontrées, sur le rôle, par exemple, du calvinisme dans le développement économique occidental[21], ou du chiisme dans l'histoire sociale et politique de l'Iran. Ne voulant rien dire de l'universel ou du général, il veut, et croit pouvoir, être démonstratif pour le particulier. Ici, semble-t-il, qui ne peut pas le moins peut le plus. Ou bien faut-il penser que le particulier est susceptible d'être connu sans connaissance préalable, ou au moins concomitante, de l'universel ou du général ? Le sociologue, répondra-t-on, loin de s'arrêter au particulier, aspire lui aussi à un savoir général, mais c'est d'une généralité d'un nouveau genre qu'il s'agit, et qui s'exprime, comme nous le notions nous-même au paragraphe v, non par l'inhérence de l'universel dans le particulier, mais par la loi générale à laquelle se plient les cas particuliers. Soit, mais comment procède-t-on pour élaborer une telle loi générale, pour parvenir à cette nouvelle généralité ?

On pourrait, je crois, de façon très schématique, présenter la naissance de la démarche nouvelle de la façon suivante.

Dans une société, ou un corps politique donné, nous observons la présence active de telle religion, par exemple l'islam, de telle organisation familiale, par exemple la polygamie, de tel type de pouvoir politique, par exemple le despotisme. Dans une autre société, nous constatons la présence active de telle autre religion, soit le christianisme, de telle autre organisation familiale, soit la monogamie, de tel autre type de pouvoir politique, soit la

21. Voir Ph. Raynaud, *Max Weber*, *op. cit.*, p. 31.

monarchie modérée. Cet ensemble d'observations suscite naturellement en nous une série de questions. « Naturellement », cela
veut dire : notre esprit, qui désire naturellement connaître[22], les
pose spontanément et, pour ainsi dire, irrésistiblement. Ces
questions qui nous pressent, ce sont celles mêmes qu'élabore, plus
consciente de leur complexité, la philosophie classique, ou, si l'on
veut, la pensée préscientifique. Par exemple : de l'islam et du
christianisme, quelle est la vraie religion ? Ou serait-ce une
troisième, ou aucune ? De la polygamie et de la monogamie, du
despotisme et de la monarchie modérée, quelle est l'organisation
familiale, politique, la plus conforme à la nature, ou à la vocation,
ou aux droits de l'homme ? Ou serait-ce une troisième ? Le
sociologue ne pose aucune de ces questions. Il en pose une tout
autre qui peut être formulée ainsi : n'existe-t-il pas entre l'islam, la
polygamie et le despotisme politique une relation de coprésence et
de convenance aussi régulière, une loi de causalité réciproque aussi
nécessaire qu'entre le christianisme, la monogamie et la monarchie
modérée, et aussi entre la religion R3, la forme familiale F3, et le
type politique P3, et ainsi indéfiniment ? Si de telles relations, ou
lois, sont effectivement constatables, on sera en mesure d'ordonner la diversité du monde humain en déterminant grâce à elles des
« types » de société. Montesquieu procède ainsi dans l'*Esprit des
lois*. Il est le premier philosophe à adopter cette démarche. Par là
même il est le premier sociologue.

Or, à concentrer ainsi toute son attention scientifique, c'est-à-
dire toute son attention légitime, sur la relation, propre à un type
de société, que l'on observe entre l'islam, la polygamie et le
despotisme, entre le christianisme, la monogamie et la monarchie
modérée, entre telle religion, telle organisation familiale et telle
forme politique, on laisse dans l'ombre, ou plutôt on obscurcit
nécessairement, en l'excluant de l'enquête scientifique légitime, le
rapport plus naturel, si j'ose dire, et plus essentiel qui prévaut
entre l'islam et le christianisme comme deux religions, c'est-à-dire
comme deux formes de vie et de pensée qui prétendent également
donner accès au vrai Dieu ; entre la polygamie et la monogamie
comme deux organisations familiales qui veulent également
répondre au besoin de perpétuation de l'espèce ainsi qu'au désir de

---

22. Aristote, *Métaphysique, in princ.*

bonheur de l'un et l'autre sexe; entre le despotisme et la monarchie modérée comme deux formes politiques dont la comparaison nous oblige à poser la question de l'ordre politique juste. Son attention concentrée sur la relation, l'esprit perd jusqu'au souvenir de la question plus essentielle portant sur le sens humain de chacun des éléments qu'elle est censée relier. Et à l'intérieur d'un type, l'ensemble des différents paramètres lui apparaît comme un système, à tel point que chaque type finit par ressembler à une espèce animale, distincte des autres espèces et sans communication véritable avec elles[23]. La tendance nécessaire de la sociologie et de l'anthropologie, des sciences humaines en général, est bien de considérer que les « sociétés », ou les « cultures », ou les « civilisations », sont des totalités closes et essentiellement incomparables.

Nous trouvons ici la confirmation et même l'aggravation du trait que nous relevions au paragraphe v en commentant le rôle attribué par Durkheim au volume social : la science sociologique est science de ce qui est différent en tant que différent. Partant, elle œuvre au rebours de la philosophie qui est science de l'universel en tant qu'universel, au rebours même de la définition de la science comme telle. Et l'exemple que nous venons d'étudier nous incite même à nous demander si la proposition conservatoire que nous formulions alors : la sociologie présuppose l'humanité de l'homme sans l'interroger, n'est pas trop timide ou trop complaisante. En réalité, cette discipline est si occupée à classer les types sociaux, et pour cela à inventorier la série indéfinie de leurs différences, qu'on peut et doit se demander s'il est légitime encore pour elle de parler de « l'homme social », si les sociétés qu'elle étudie ont encore ceci de commun qu'elles sont humaines. Il serait sans doute plus rigoureux, et seul rigoureux, de dire : le Persan, l'Occidental, le primitif, l'ouvrier spécialisé, le membre de la *lower upper middle class*, le chercheur au C.N.R.S., la population asilaire, et ainsi indéfiniment, en désignant toujours l'objet étudié par sa différence. Comment alors le sociologue peut-il, avec une cons-

---

23. « Il [Montesquieu] a admirablement compris en effet que la nature des sociétés n'est pas moins consistante et inébranlable que celle de l'homme, et qu'il n'est pas plus facile de faire passer les peuples que les êtres vivants d'une espèce à une autre » (É. Durkheim, *Montesquieu et Rousseau, op. cit.*, p. 52).

cience tranquille, parler de sa discipline comme d'une science *de l'homme* ?

VII

On dira peut-être que nous dramatisons la difficulté, que les instruments conceptuels de la sociologie ont précisément pour raison d'être de maîtriser cette diversité, d'empêcher qu'elle devienne vraiment indéfinie. N'est-ce pas précisément ce qu'accomplit la loi générale ? Si le sociologue affrontait une diversité pure, sans moyens « généraux » à sa disposition, il serait réduit à l'aphasie et à l'agraphie ; nous sommes témoins que ce n'est pas le cas. Il sait faire usage de paramètres englobants, rassembler des multitudes de faits sous la rubrique, par exemple, de l'influence de la démographie sur l'économie, ou la politique, de la religion sur la démographie, ou l'économie, de l'économie sur la démographie, ou la politique, ou la religion. Que fait d'autre Montesquieu, philosophe et sociologue, dans l'*Esprit des lois* ? On ne voit pas qu'il y ait rien là d'inacceptable, ou seulement de troublant pour la raison. Et faut-il vraiment suggérer pathétiquement que les laborieux et scrupuleux sociologues menacent l'unité de l'espèce humaine ?

Je ne reprendrai pas ici la distinction que j'ai marquée entre l'universel du philosophe et la généralité du sociologue. Je rappelle seulement que cette dernière se caractérise par un faible pouvoir causal et donc par une faible capacité d'intégration de l'expérience humaine. Nous allons essayer de cerner de plus près la difficulté du travail sociologique.

Supposons que nous ayons observé, dans une société donnée, des relations causales réciproques entre plusieurs paramètres sociologiques, par exemple une influence de la démographie sur la religion et de la religion sur la démographie, ou encore, des institutions politiques sur le commerce et du commerce sur les institutions politiques. De toutes ces relations, de toutes ces influences, de toutes ces causalités, quelle est, ou quelles sont les plus importantes, les plus décisives, les plus générales ? Le mouvement naturel de l'enquête sociologique, ainsi que l'indiquent les citations de Durkheim et de Montesquieu que j'ai produites, est de chercher les lois les plus générales, les causes sociales les plus causantes, si j'ose dire. La tendance naturelle de la sociologie sera donc de poser un déterminant sociologique « en dernière instance ». C'est éminemment le cas du marxisme qui, on le sait, fait des « forces productives » et des « rapports de production » le déterminant en dernière instance de la structure et de la vie de toute société. Nombreux sont les sociologues qui ont reproché à Marx de sortir ainsi des limites épistémologiques de la science sociale, et de substituer à cette dernière, qui ne connaît et ne peut connaître que des influences, ou des causalités, réciproques sans dernière instance, une « philosophie dogmatique », ou une « métaphysique sociale », qui prétend détenir le secret de la vie et de l'histoire humaines. L'objection est sympathique et paraît frappée au coin de la rigueur, mais elle se heurte à ceci que, procédant et concluant de cette façon, Marx ne fait que mener à son terme non seulement le mouvement naturel de l'esprit humain, qui est de chercher les causes « les plus hautes » ou « les plus profondes [24] », mais aussi, nous venons de le rappeler, le mouvement même de la sociologie, qui est de rechercher les lois les plus générales des phénomènes sociaux. Il est vrai que la philosophie moderne nous a appris à nous méfier de ce « mouvement naturel » de l'esprit humain qui l'entraîne, en toute innocence peut-être mais de manière ruineuse pour la science, au-delà des « limites de la raison ». Et on n'omet généralement pas dans ce contexte de rappeler que Kant nous a définitivement mis en garde contre tout « usage transcendantal » des concepts de l'entendement [25]. Il n'est pas certain que la critique kantienne puisse être appliquée à la difficulté présente. Le problème de la cause sociale de dernière instance ne fait qu'un avec la question du poids relatif des divers paramètres sociologiques. À cette question, qui n'a rien de transcendantal, il faut bien répondre *quelque chose* s'il doit y avoir une science sociale.

Quoi qu'il en soit, les sociologues les plus respectueux de la rigueur méthodologique parlent volontiers de l'« influence » de la religion sur l'économie, ou de l'économie sur la religion par

---

24. Aristote, *Métaphysique*, 1003 a 26-32.
25. Voir, dans la Dialectique transcendantale, l'Introduction et le début du livre II (*Critique de la raison pure*, trad. fr. A. Tremesaygues et B. Pacaud, Paris, P.U.F., 1963, p. 251-254, 277).

exemple. Sans nous demander ici comment on pourrait définir exactement l'influence — cette instance intermédiaire entre la relation et la cause sur le gradient d'une teneur ontologique croissante —, nous noterons qu'avant d'évaluer l'influence d'un paramètre sociologique sur un autre, il importe d'abord de les distinguer rigoureusement. Cela signifie qu'on ne peut éviter de poser la question socratique : qu'est-ce que ? qu'est-ce que la religion ? qu'est-ce que l'économie ? Si l'on se refusait à cette exigence, ou si l'on négligeait cette précaution, on risquerait fort, dans l'analyse des cas, de confondre ce qui relève de la religion, ou de l'économie, avec, par exemple, ce qui relève du politique ; peut-être même risquerait-on, en dépit de leur éloignement apparent, de confondre religion et économie sous tel ou tel de leurs aspects. Après cela, toute la rigueur méthodologique du monde serait comme opérer avec les instruments, la compétence et l'habileté du chirurgien, mais dans le noir. Un tel travail de distinction et de définition, mené par le sociologue, paraît ne faire qu'un avec celui du philosophe. Il est en fait beaucoup plus difficile. Le philosophe socratique recherchait et repérait les articulations de notre expérience, distinguait les différents biens que l'homme désire naturellement. Mais ces différents aspects de la compréhension de soi, ces différents objets du désir humain, coexistent et même s'entr'appartiennent dans l'unité parce qu'ils renvoient tous à la même nature ordonnée et hiérarchisée, et d'abord à la nature, ou l'âme, humaine. La Nature, comme Âme, est le terme de la pensée parce qu'elle articule la coprésence de l'homme et du monde : elle rend vivante l'équation parménidienne de la pensée et de l'être[26]. Elle assure l'unité du monde humain. On pourrait dire, en précisant la tautologie que nous avions risquée : pour les Anciens, pour la philosophie classique, l'homme, en tant que nature et en tant qu'âme, est la cause du phénomène humain. Mais que se passe-t-il dès lors qu'est abandonné ce principe ordonnateur et intégrateur ? Eh bien, le phénomène humain devient pluriel ; il devient pure pluralité ; il devient les phénomènes sociaux ; et chacun de ceux-ci apparaît comme le résultat — pluralité de seconde puissance — de la rencontre de plusieurs causes sociales. Et chacune de ces causes

---

26. Parménide, fragment 3, dans G. S. Kirk et J. E. Raven, *The Presocratic Philosophers*, Cambridge, Cambridge University Press, 1957, § 344.

à son tour... Ces causes étant diverses et disparates, c'est-à-dire : ne tenant pas ensemble, comment évaluer leur force relative, selon quel critère les ordonner dans une constellation significative, de quel droit attribuer à l'une plutôt qu'à l'autre une importance particulière ? Les paramètres sociologiques, dans leur diversité sans principe, s'équivalent alors nécessairement, ou ils ne valent que ce que vaut l'ingéniosité du sociologue qui les met en œuvre. Cette indétermination n'est pas seulement incertitude causale ; elle affecte le contenu, la définition même de chaque paramètre. Sans principe d'ordre, sans *conversio ad unum* des différents éléments du monde humain, chacun s'indétermine et devient labile. Devant *ceci*, comment dire s'il s'agit d'un phénomène économique, ou politique, ou religieux ? Mais le sociologue ignore ces questions ; il fait tourner infatigablement le moulin des causes, lois, ou influences sociologiques, sans se soucier de définir précisément en quoi consiste *le* politique, ou *l'*économique, ou *le* religieux, sans même soupçonner qu'il eût à s'en soucier. Souvent bien sûr, il commence par proposer une « définition » nominale, un « critère » de repérage des aspects relevant du paramètre considéré ; mais cette définition est explicitement privée de portée substantielle, réelle ; elle n'est qu'un « instrument conceptuel » permettant de classer les phénomènes. Faut-il dire que le sociologue vit de ne pas poser « la question qu'il devrait naturellement poser » ? Il ne peut cependant rester dans une complète indétermination. Il est obligé de recourir à un principe d'unité de l'expérience humaine, ou du moins à quelque chose qui ressemble à cela. Il va devoir faire ce qu'il s'interdit ; il va parler comme un philosophe, ou du moins à la manière d'un philosophe, il va dire : *le* conditionnement social, *la* stratification sociale, *la* reproduction sociale ; il va dire surtout : *la* société. L'incertitude qui pèse sur la définition de chaque instance est facile à porter dès lors que celle-ci est un élément de *la* société. Pourquoi se soucier de distinguer finement par exemple entre le politique et le religieux quand l'un et l'autre ne valent que comme deux aspects, deux composantes de celle-ci ? Quand ils puisent en elle leur nourriture ou leur énergie causale ? Le sociologue, qui rejette de Marx le dogmatisme précis consistant à poser un déterminant sociologique de dernière instance — à savoir : les forces et les rapports de production —, ne cesse de succomber au dogmatisme vague, mais d'autant plus égarant, consistant à poser en dernière instance de fait *la société* elle-même.

Assurément, les sociologues qui savent leur métier, et les risques de celui-ci, nous mettent en garde : parler de « la société » est une commodité, ou peut-être une nécessité, dangereuse ; il ne faut surtout pas « réifier » ce concept. De fait, pour le sociologue rigoureux, « la société » n'est que la somme de ses différences internes, sans substance commune.

Pourtant, la sociologie ne préserve sa plausibilité que grâce à cette tendance de notre nature intellectuelle contre laquelle elle ne cesse de mettre en garde. Il est fort heureux pour elle que l'esprit humain « réifie » irrésistiblement ses concepts : si « la société » ne prenait pas nécessairement un peu, ou beaucoup, de la densité causale propre à une « substance », à une « nature », si la société du sociologue moderne ne ressemblait pas en cela à la nature du philosophe classique, le sociologue n'aurait devant les yeux que la somme indéfinie et indéterminée des différences, une somme, ou une série, évidemment rebelle à toute prise scientifique. Au vrai, le sociologue lui-même ne peut être confiant dans sa science, il ne peut *se* croire que pour autant qu'il garde une foi implicite et obscure en la nature sociale de l'homme, en la vieille Nature. Il croit savoir ce qu'il fait parce qu'il ne sait pas ce qu'il croit. Les raffinements du savant sont suspendus à la foi du charbonnier.

VIII

Il est temps d'étudier les difficultés de la démonstration sociologique sur un exemple. Choisissant ce que Charles Péguy appelait « la méthode des cas éminents », « la méthode des cas culminants », nous considérerons le texte le plus fameux de la sociologie : *L'Éthique protestante et l'esprit du capitalisme*, publié en deux parties en 1904 et 1905.

Max Weber, on le sait, forme l'hypothèse qu'il y a une affinité spirituelle entre un certain protestantisme et un certain type d'activité économique. Le « calviniste » éprouve l'inquiétude du salut avec d'autant plus d'acuité qu'il ne peut mettre aucune confiance dans ses « œuvres ». Sa situation intérieure peut ainsi devenir intolérable. Suivant un enchaînement non pas théologique mais psychologique, il cherchera dans « le monde » les signes de son élection. C'est ainsi, affirme Max Weber, que des « calvinistes » ont fini par trouver dans le succès temporel, particulièrement le succès économique, la preuve du choix de Dieu [27]. De son aveu même, le « calvinisme », ou le « puritanisme », dont il parle n'est plus la religion authentique de Calvin [28]. Il s'agit d'un « calvinisme » qui, comme le remarquera R. H. Tawney, aurait horrifié le réformateur et ses premiers disciples [29], d'un « calvinisme » qui avait déjà fait sa paix avec « le monde ». Ce que Weber décrit comme la transformation, selon une logique mentale et affective d'ailleurs fort suggestive, d'une croyance et d'une énergie religieuses en type de comportement économique — transformation exemplifiant l'influence de la religion sur l'économie —, peut être analysé en sens inverse comme le résultat de la pression d'attitudes « mondaines » sur une religion déjà abâtardie. Ainsi, la relation intelligible, ou « signifiante », entre les deux faces du processus, entre l'attitude religieuse et le comportement économique, à supposer qu'elle soit correctement décrite par Weber, est susceptible de deux lectures « sociologiques », « scientifiques », ou « causales », incompatibles et même rigoureusement opposées. Weber assurait que sa thèse ne prétendait nullement établir le caractère de causalité en dernière instance de la religion pour l'explication des phénomènes sociaux et économiques, ici du développement du capitalisme : c'eût été tomber dans le dogmatisme métaphysique et l'unilatéralisme qu'il reprochait précisément à Marx [30]. De fait, loin que Weber ici réfute Marx, il suffirait de changer peu de chose dans les considérants scientifiques pour faire de son ouvrage une thèse unilatéralement marxiste sur la

27. Voir *L'Éthique protestante et l'esprit du capitalisme*, trad. fr. J. Chavy, Paris, Plon, 1964, p. 132-135.

28. « C'est pourquoi, à la question de savoir comment l'individu peut être assuré de son élection, Calvin n'admet au fond qu'une seule réponse : nous devons nous contenter de savoir que Dieu a décidé, et persévérer dans l'inébranlable confiance en Christ qui résulte de la vraie foi. Par principe, il rejette l'hypothèse que l'on puisse reconnaître à son comportement si autrui est élu ou s'il est réprouvé, car ce serait être assez téméraire pour prétendre pénétrer les secrets de Dieu. Dans cette vie, les élus ne se distinguent en rien, pour l'extérieur, des réprouvés [...] Naturellement, il en allait tout autrement pour les épigones — déjà pour Théodore de Bèze — et à plus forte raison pour la grande masse des hommes ordinaires » (*ibid.*, p. 132-133).

29. *Religion and the Rise of Capitalism*, Londres, John Murray, 1925, rééd. 1964, p. 319-321.

30. M. Weber, *L'Éthique protestante, op. cit.*, p. 252-253.

détermination de l'éthique calviniste tardive par l'esprit de l'accumulation capitaliste. On l'intitulerait seulement : « L'esprit du capitalisme et l'éthique protestante. » Les protestations scientifiques de Weber ne rendent pas son argumentation plus rigoureuse, seulement plus incertaine, et même tout à fait incertaine. Qui prend à la lettre les réserves méthodologiques fermant son essai ne peut que tirer cette conclusion : *L'Éthique protestante et l'esprit du capitalisme* ne contient à proprement parler aucune thèse, scientifique ou non. Ou alors il faudrait la formuler ainsi : il est possible qu'il y ait quelque relation entre l'éthique protestante et l'esprit du capitalisme, ou entre l'esprit du capitalisme et l'éthique protestante.

On répugne à tirer un enseignement aussi pauvre et évanescent d'une entreprise intellectuelle aussi impressionnante, qui, lorsque nous nous abandonnons à son charme entraînant, nous paraît crépiter comme un buisson de fusées éclairantes. C'est que, si véhéments que soient les exorcismes méthodologiques de Weber, il ne faut pas les prendre au sérieux parce qu'ils ne sont pas sérieux. Bien sûr ils sont sincères, et Weber était, s'il en fut, un « homme sérieux ». Ils ne sont pas sérieux, cela signifie : Max Weber présente comme des précautions scientifiques rendues provisoirement nécessaires par l'état inachevé de la recherche une impuissance intrinsèque de l'approche sociologique en tant que telle. Refusant, et incapable, de dessiner l'esquisse même la plus approximative de la place respective des divers paramètres dans l'ordre humain, ici de la religion et de l'économie, comment parviendrait-il jamais à une démonstration rigoureuse, portant de surcroît sur un cas particulier[31] ?

Congédions donc l'apparat scientifique, et posons la question

---

31. Dans un commentaire, du reste fort avisé, de la pensée de Max Weber, et que j'ai déjà mentionné, Philippe Raynaud écrit : « Il ne s'agissait nullement pour lui de faire jouer à la religion le rôle que Marx attribuait à l'économie, mais au contraire d'expliquer certains traits du développement capitaliste occidental dans ce que celui-ci a de singulier et de non déductible *a priori* » (*Max Weber, op. cit.*, p. 31). Je ne comprends pas ce « au contraire ». « De surcroît » conviendrait mieux, semble-t-il. L'explication d'un cas singulier suppose une proposition générale, et de surcroît l'application de celle-ci au cas considéré, qui n'est que bien rarement une déduction. On ne voit pas comment le protestantisme aurait pu agir sur le développement capitaliste occidental sans que « la religion » agisse sur « l'économie ». Philippe Raynaud veut peut-être dire seulement ceci : le fait que la religion soit dans ce cas en position de cause, ou d'influence particulièrement marquée, ne prouve pas qu'elle soit toujours dans ce rôle causal. Certes, mais précisément Weber rejette une telle affirmation de causalité éminente *dans ce cas* (*op. cit.*, p. 252-253).

vivante et naïve, non pas : qu'est-ce que le sociologue Weber démontre rigoureusement ? Ou : à quelles conditions une argumentation sociologique est-elle concluante ? Mais simplement : qu'est-ce qui fait de *L'Éthique protestante* un texte si fascinant ? La réponse est, je crois, contenue dans l'une des dernières phrases : « Fût-il pétri de bonne volonté, l'homme moderne est incapable d'accorder aux idées religieuses l'importance qu'elles méritent pour les conduites, la culture et le caractère national [32]. » Quelques pages plus haut, sous la relative discrétion d'une note, il avait avancé cette proposition tranchante, et presque agressive : « Mais les idées religieuses *ne se laissent pas déduire* tout simplement des conditions " économiques " ; elles sont précisément — et nous n'y pouvons rien — les éléments les plus profondément formateurs de la mentalité nationale, elles portent en elles la loi de leur développement et possèdent une force contraignante qui leur est propre [33]. » On ne peut guère imaginer de propositions plus « générales », « métaphysiques », « unilatérales » ; dépourvues du moindre commencement de preuve, elles sont à prendre ou à laisser. Si la description historique de Max Weber donne continûment l'impression qu'il place le paramètre religieux en position de cause et le paramètre économique en position d'effet, c'est qu'il juge la religion plus intéressante, plus fondamentale pour l'homme que l'économie. Mais ce jugement, qui porte sur l'ordre humain en tant que tel, ne peut paraître dans sa franche nudité, dans la vérité de son rôle d'inspiration première de toute la recherche ; même dans les phrases où il se livre et que nous venons de citer, il est formulé en termes historiques et sociologiques : la religion est importante, peut-être décisive, non pas en elle-même et pour elle-même, non pas pour l'homme en tant qu'homme, mais « pour la culture et le caractère national », ou pour la « mentalité nationale ». L'honneur scientifique est sauf ! Cette conviction qu'il n'a pas le droit de former, cette pensée qu'il n'a pas le droit de penser, il les traduit dans un registre scientifique, ou causal, qui donne l'impression de la preuve, ou de la prouvabilité, mais qui au contraire l'interdit, puisque la conclusion est alors reportée au terme indéfini de recherches

32. *Ibid.*, p. 252.
33. *Ibid.*, p. 237, souligné par Max Weber.

indéfinies. Pour pouvoir parler de ce qui l'intéresse passionnément, Weber est contraint de faire semblant de pratiquer une discipline scientifique, et de croire cette fiction. Tout au long de son enquête, il doit taire ce qui fait le motif et le ressort de celle-ci. Elle est alors essentiellement faussée. Et toute l'érudition du monde ne parviendra jamais à rectifier, compléter ou vérifier une démarche ainsi engagée. Max Weber prétend s'imposer une neutralité qui est le contraire de la science véritable, puisqu'elle entrave le mouvement de l'esprit vers son objet. Faut-il s'étonner qu'alors ce soit l'objet qui se trouve chargé des aveux involontaires du sujet ? Il est peu d'œuvres de pensée où la confession personnelle soit aussi involontaire et irrépressible que dans celle de Weber.

Lisant *L'Éthique protestante et l'esprit du capitalisme*, nous redécouvrons, par la médiation de l'âme vibrante de Weber, l'homme, ou l'un des hommes, que nous fûmes, ce puritain pour qui le souci des biens extérieurs n'était qu'« un léger manteau qu'à chaque instant l'on peut rejeter », et qui nous apparaît merveilleusement libre et humain, à nous pour qui ce manteau s'est transformé en « cage d'acier [34] ». Max Weber rend extraordinairement présente et vivante une partie de notre histoire religieuse et morale. C'est justice de lui en être reconnaissant ; mais on peut négliger ce qu'il nous dit de la science et de sa théorie, en général et dans ce cas particulier.

IX

Une objection se présente ici. Ce que vous venez tout au plus d'établir, dira-t-on, ce n'est point que Max Weber ne fut pas un savant, c'est que la science sociale par lui élaborée et mise en œuvre est d'un autre type que la science « causale » ou « chosiste » de Durkheim : Weber reconnaît la « part subjective » de l'expérience humaine ; sa science est plus humaine, mais non pas moins scientifique. Il est bien vrai que Max Weber fut le grand promoteur de la notion de *valeur*, que celle-ci est au centre de la sociologie et des sciences humaines contemporaines, où elle a pour

34. *Ibid.*, p. 250.

ainsi dire remplacé la notion de loi comme concept organisateur. Cependant, la sociologie « wébérienne », organisée autour de la notion de valeur, n'est point si différente de la sociologie « durkheimienne », organisée autour de celle de chose sociale, ou de loi sociologique. La subjectivité des valeurs et l'objectivité des lois ne s'opposent qu'en apparence. En vérité, dans l'un ou l'autre registre, c'est la même pensée qui est à l'œuvre. Je voudrais démontrer cela.

Dans chaque société, le constat est banal, on trouve établie une certaine hiérarchie des activités ; comme nous aimons à dire, les unes sont plus « valorisées » que les autres. Dans celle-ci par exemple, le commerce est très prisé, considéré comme une activité utile et méritoire, tandis que dans celle-là, il est méprisé et virtuellement interdit, ne subsistant guère que dans la clandestinité des activités délictueuses. La seule chose que le sociologue puisse dire, comme savant, de la hiérarchie des valeurs, c'est qu'elle se présente ainsi dans telle société, et autrement dans telle autre. À ses yeux, c'est pur « arbitraire métaphysique » d'affirmer qu'une société, au moins une société capable de fonctionner durablement[35], est inférieure ou supérieure à une autre également capable de durer : les valeurs, qui respectivement les inspirent, sont incomparables, incommensurables, je veux dire sont sans mesure commune. Le sociologue, qui observe les diverses sociétés, ne peut, comme savant, attribuer de valeur aux valeurs, il ne peut donc hiérarchiser les sociétés, même s'il doit savoir observer et décrire de quelle manière chacune d'elles distribue ses propres valeurs et se rapporte à elles. Il doit « comprendre » les valeurs de la société qu'il étudie, tout en s'abstenant scrupuleusement du moindre « jugement de valeur ». Telle est, simplement résumée, la conception de Weber, aujourd'hui très largement dominante dans les sciences sociales et humaines.

Certes, entre les paramètres sociologiques, ou les « choses », dont parlent Montesquieu et Durkheim, et les valeurs dont parle Weber, une différence considérable, et même une franche opposi-

---

35. Cette clause exclut du bénéfice de la neutralité axiologique les sociétés soumises à un régime massivement criminel, et qui tendent donc à s'autodétruire. Cette exclusion elle-même est axiologiquement neutre : il s'agit seulement qu'une société soit vraiment une société. Il reste bien sûr la difficulté que certains régimes criminels sont terriblement durables.

tion, saute aux yeux. Les premiers soulignent la passivité des
hommes, leur soumission aux paramètres sociologiques, aux
« choses » qui les « gouvernent » ; la sociologie des valeurs insiste
au contraire sur leur rôle actif et même créateur : une valeur, c'est
ce qui est valorisé par une société, elle est donc le produit d'une
valorisation, activité de valorisation elle-même, précisément parce
qu'elle n'existe pas par nature, en dehors de l'acte humain de
valorisation. Une valeur n'a pas de valeur « naturelle ». Partant,
quoi de plus opposé, de plus incompatible, que de considérer
l'homme comme soumis aux causes et lois sociologiques, et de le
tenir pour « créateur des valeurs » ? De quel droit affirmer,
comme je l'ai fait tantôt, que ces deux thèses reviennent au même,
qu'elles sont deux expressions de la même position de base ?

Partons de ce point décisif : les deux thèses partagent le même
ennemi, elles récusent également l'idée classique d'une hiérarchie
objective, inscrite dans la nature humaine, voire dans l'ordre du
monde, des fins ou des biens humains. Tandis que Montesquieu
met les paramètres sociologiques, les « choses » qui « gouvernent
les hommes », sur le même plan, la sociologie des valeurs
considère de son côté qu'objectivement toutes les valeurs se
valent : une valeur ne devient valeur, et donc ne vaut, que
subjectivement, du point de vue et par la volonté de celui qui la
pose, l'affirme, du point de vue et par la volonté de celui qui
valorise. Les deux thèses partagent une même neutralité, un même
égalitarisme du jugement. Voici alors comment on passe de l'une à
l'autre, de Montesquieu, ou Durkheim, à Weber, de la sociologie
objective à la sociologie subjective.

Je l'ai déjà noté, Montesquieu et Durkheim, la sociologie en
général selon son impulsion première, adoptent le point de vue du
spectateur : ce n'est que du point de vue du spectateur qu'il est
possible de dire avec un minimum de plausibilité que le climat
« gouverne » les hommes comme le font aussi, de leur côté, les
« maximes du gouvernement [36] ». Du point de vue de l'agent, de
l'homme vivant, il faut le répéter, ces « gouvernements » sont si
différents qu'il est absurde, ou peu s'en faut, d'employer le même
mot. Montesquieu proposa délibérément une telle confusion parce
qu'elle était indispensable à la constitution du point de vue

---

36. Voir plus haut le paragraphe VI.

sociologique. Celui-ci une fois instauré, le sociologue pourra envisager les difficultés de la situation dans laquelle il s'est placé ; il s'efforcera de prendre en compte le fait que les paramètres sociologiques n'interviennent dans le monde humain, n'y sont actifs et efficaces que préalablement réfléchis dans la conscience des acteurs ; ils ne peuvent y être causes que s'ils y sont d'abord motifs. Mais la reconquête de l'expérience commune, celle entreprise en particulier par l'« individualisme méthodologique », n'est point si aisée : il faut revenir de très loin. Le sociologue ne peut simplement faire des paramètres sociologiques les motifs de l'action humaine, rejetant ce qui ne correspond à aucun motif, ou leur est contraire, dans l'enfer des « effets pervers ». Plus généralement, l'analyse cohérente du monde social en termes de motifs lui est interdite. Pourquoi ? Nous allons toucher ici la raison pour laquelle la saisie sociologique du monde social est nécessairement mutilée et confuse.

Décrire et interpréter une conduite humaine en termes de motifs, c'est la concevoir comme issue d'une délibération, au moins implicite. Le résultat de cette délibération — l'action motivée — est à son tour le motif naturel d'une autre délibération qui s'interroge sur la validité — la pertinence, l'honnêteté, la justice, la noblesse — de la première. La raison qui discerne et pèse les motifs est le moyen général de l'une et l'autre délibération. Dans son travail d'évaluation, elle recourt nécessairement à un ou des critères universels qui définissent ce qui est honnête, juste, noble, conforme à la hiérarchie naturelle des fins humaines, ou à la loi morale propre à l'homme. Une telle démarche est spécialement déployée dans les grandes œuvres de la philosophie morale, aussi diverses et même aussi contradictoires entre elles soient-elles d'ailleurs que, par exemple, l'*Éthique à Nicomaque* d'Aristote et les *Fondements de la métaphysique des mœurs* de Kant. Mais elle est déjà confusément, grossièrement, inchoativement présente dans toutes les circonstances de la vie ordinaire où nous considérons les actions humaines, les nôtres comme celles d'autrui.

Or cette démarche, commune en quelque façon au philosophe et à l'homme ordinaire, est interdite au sociologue. Plus précisément, il se l'est interdite. Le sociologue qui a saisi le motif d'une conduite doit, en tant que sociologue, se refuser le mouvement naturel qui l'amènerait à s'interroger sur la validité, la noblesse, ou la justice dudit motif. Quelles que soient l'acuité et la force d'esprit qu'il a mobilisées pour le discerner, puis le décrire, il doit tourner court, arracher ce motif à son élément naturel, qui est l'ensemble, ou la totalité, des motifs susceptibles de nourrir la délibération humaine, pour le rapporter exclusivement à l'agent qui fonde sur lui sa conduite : c'est la valeur que l'agent valorise. Le référent du motif n'est plus la constellation des possibles humains mais le choix solitaire de l'agent. Solitaire ce choix même s'il est supposé le fait d'une société d'hommes innombrables, car il ne renvoie pas à l'universalité implicite de la délibération humaine. Sous ce point de vue, le choix de valeurs d'un milliard de Chinois n'a pas plus de portée que l'idiosyncrasie de ma cousine. Le sociologue qui veut retrouver le point de vue de l'acteur ne peut transformer le paramètre, ou la cause, sociologique en motif que s'il transforme le motif en valeur.

Pour prendre la mesure de la distance qui sépare le point de vue sociologique de la démarche philosophique comme de l'attitude spontanée de l'homme ordinaire, il est bon de noter ceci : la position de spectateur objectif qui est revendiquée par le sociologue, que celui-ci décrive les « rapports aux valeurs » ou établisse les « lois », est étrangère à l'homme ordinaire, et elle est très délibérément rejetée par le philosophe comme contraire à la situation humaine fondamentale. Ce n'est pas tant que le spectateur ne puisse jamais être parfaitement « pur » ou « objectif » — de cela les sociologues conviennent volontiers —, c'est, plus radicalement, que l'homme ne peut pas être spectateur de l'homme.

Je l'ai indiqué plus haut, toute observation d'une conduite humaine renvoie nécessairement à la délibération qui est à l'origine de cette conduite, aussi sommaire que soit éventuellement cette délibération, qui a pu consister seulement à céder à la passion. Cette délibération étant d'un homme, cet autre homme qu'est l'observateur la considère spontanément et naturellement comme une délibération humaine, c'est-à-dire qu'il aurait pu mener lui-même. La considérant comme une délibération qu'il aurait pu mener lui-même, il se demande spontanément et naturellement s'il aurait bien fait de la mener et conclure ainsi ; il se demande donc s'il aurait pu la justifier devant un autre homme, par hypothèse devant un homme avisé et juste, capable de juger des actions humaines. Alors, ou bien, homme ordinaire, il défère à l'autorité de celui qu'il suppose avisé et juste — à l'autorité, selon les cas et les époques, du curé, de l'instituteur, du député, du présentateur de télévision ; ou bien, philosophe, il s'efforce de devenir lui-même cet homme avisé et juste, il s'efforce de devenir sage, c'est-à-dire de juger des actions humaines et d'agir soi-même conformément à une norme universelle inscrite dans la nature ou promulguée par la raison. Le sociologue n'emprunte ni l'une ni l'autre voie ; ni il ne défère à une autorité constituée, ni il ne cherche à s'élever au-dessus de toute autorité pour parvenir au point de vue juste, parce qu'universel, sur les choses humaines. Le sociologue ne suit pas le mouvement naturel de l'enquête humaine, il l'interrompt brutalement et arbitrairement : il refuse de juger, il « s'abstient de tout jugement de valeur » — confondant ainsi le jugement emprunté et inexaminé de l'homme ordinaire et le jugement fondé du philosophe.

Cet homme qu'il observe, il estime faire suffisamment droit à son point de vue d'agent en constatant et affirmant que ce qui le meut, c'est une certaine « valeur » que cet homme a choisie ou posée, voire créée. De fait, le sociologue a quelque raison ici de se considérer soi-même avec complaisance : n'est-ce pas d'une libéralité presque divine, ou peut-être plus que divine, que d'accorder à l'homme le droit et lui reconnaître la capacité de « créer ses valeurs » ? On ne saurait être, semble-t-il, plus généreux. Mais — c'est le revers et la condition de cette générosité extrême —, de l'agent et de la valeur que cet agent choisit, pose ou crée, le sociologue fait un ensemble, un Tout qui se suffit à lui-même, qui ne renvoie pas à un plus grand Tout dans lequel l'observateur aussi aurait sa place. Le Tout constitué de l'agent et de la valeur par lui posée ou créée, ne renvoie pas au grand Tout de l'universel humain : il est pure particularité, une particularité parmi un nombre indéfini de particularités, les autres agents créateurs d'autres valeurs. En pratique, et le point est d'importance, cette particularité est le « sujet de recherches » du sociologue, parmi le nombre indéfini des « sujets de recherches » des autres sociologues. Une fois mise hors jeu la question de l'universel, le Tout particulier peut en effet constituer un objet parfaitement extérieur au spectateur : l'œil exercé du sociologue peut sur lui s'exercer.

La sociologie qui interprète les conduites humaines en termes de valeurs reste sous la domination du point de vue du spectateur. Ce n'est que dans les étroites limites autorisées par cette domination qu'elle fait droit au point de vue de l'agent. Plus exactement, c'est pour préserver la souveraineté du point de vue du spectateur qu'elle accentue arbitrairement le caractère arbitraire du choix, ou de la « création », des valeurs par l'agent. Si ce que dit ou fait l'agent était reconnu comme l'objet possible d'un débat rationnel, c'est-à-dire comme renvoyant à un motif dans une constellation réglée de motifs et non à une valeur dans une nébuleuse indéfinie de valeurs, le sociologue devrait quitter sa position de spectateur et déposer sa souveraineté. La sociologie des valeurs suit en fin de compte les règles de la méthode sociologique sans transgresser sérieusement les interdits de Durkheim : la raison humaine reste concentrée dans la science du sociologue, qui n'a rien de commun avec les valeurs des hommes, et surtout pas la raison. On pourrait même soutenir que la sociologie des valeurs représente une extension à de nouveaux territoires des règles de la méthode sociologique : bien des aspects de la société qui ne se prêtaient pas à l'explication en termes de lois sont disponibles pour une compréhension, au moins plausible, en termes de valeurs. Mais c'est la même science qui est à l'œuvre, et depuis la prose franche et forte de Durkheim, l'accent seul a changé, ou l'emphase.

L'homme wébérien, qui choisit en toute liberté et souveraineté les valeurs auxquelles il veut vouer sa vie, est le double de l'homme durkheimien soumis à la nécessité des causes, des lois sociologiques sur lesquelles sa volonté ne peut rien. Ce sont les deux figures, inverses et pourtant superposables, de l'homme privé de raison par le regard sociologique. Pour que la science sociale, pour que les sciences humaines soient possibles, il faut que la raison soit chassée des actions humaines réelles et concentrée dans le regard du spectateur savant. Ainsi a été déchiré le tissu de l'implicite délibération commune qui rattache tout homme aux hommes qu'il veut comprendre.

Aucun travail de raffinement méthodologique ne parviendra à ouvrir les yeux à une discipline intellectuelle qui, pour interpréter le monde humain, met en œuvre indifféremment l'une ou l'autre, ou l'une et l'autre de ces deux définitions de l'homme :

causé comme une chose, créateur comme un dieu — un dieu qui ne serait que volonté, sans rien d'intelligent.

X

Ainsi la sociologie des valeurs, qui prétend faire droit au point de vue de l'agent, n'entame-t-elle pas la souveraineté du point de vue du spectateur. Celui-ci est bien constitutif de la science sociale. Il convient donc maintenant d'examiner cette souveraineté de plus près. Cette fois encore, Montesquieu, qui est décidément le philosophe moderne le plus capable de nous perdre comme de nous sauver, va être notre guide.

Ceux qui ne savent rien de l'*Esprit des lois*, savent qu'il y est question du climat et que l'auteur en fait une grande affaire. Le suffrage public est ici un indice qu'il faut suivre. Cette théorie du climat nous donne en effet un accès particulièrement direct au point de vue sociologique. On dirait volontiers qu'elle en est l'expression la plus naïve si la science pouvait jamais être naïve. Nous l'avons déjà noté, Montesquieu range le climat parmi les « choses » qui « gouvernent les hommes ». Et même, le nommant en premier, il le place au premier rang. Il le confirme ailleurs : « L'empire du climat est le premier de tous les empires[37]. » Or, dans la série des paramètres sociologiques, c'est le seul qui ne soit point humain. Que signifie le rôle exorbitant attribué au climat ?

En écartant un malentendu possible, et fréquent, nous nous mettrons en mesure de comprendre la signification de cet « empire ». Le pouvoir du climat ne supprime nullement la liberté de l'homme ; au contraire, l'un des traits du bon législateur est qu'il sait contrebattre les mauvais effets du climat[38]. La proclamation de cet empire signale que la nature de l'homme, non sa liberté, vient de subir une définitive *diminutio capitis*.

Si un facteur aussi complètement non humain que le climat exerce un tel pouvoir sur l'homme, c'est que la nature de l'homme, on pourrait dire : l'humanité de l'homme, ne suffit pas à déterminer, à causer ses actions. L'homme agissant, ce n'est pas

---

37. *De l'esprit des lois*, XIX, 14.
38. *Ibid.*, XIV, 5.

seulement la nature, ou l'humanité de l'homme agissant, c'est l'homme agissant *plus* la causalité du climat. La nature humaine par elle-même reste indéterminée, ou sous-déterminée. Le climat, avec ses différences, représente ce qui manque de détermination à l'humanité de l'homme pour que le monde social, le monde humain, soit ce qu'il est. Comprenant et dévoilant la détermination de l'humanité par le climat, le spectateur savant manifeste et accomplit sa supériorité sur l'homme agissant.

Ainsi le rapport que le sociologue entretient avec la nature humaine est-il fort différent de celui qui caractérise le philosophe. De ce dernier, on pourrait dire : il dévoile la haute puissance de la nature. Sa seule supériorité sur les autres hommes — mais elle est réelle, et c'est pourquoi il est orgueilleux — consiste en ceci que lui seul comprend la supériorité de la nature sur les conventions que les hommes confondent avec elle, la supériorité du Bien ultime sur les biens subordonnés auxquels ils s'arrêtent. Certes, sa pensée n'emprunte pas toujours les chemins de la Nature. Il peut considérer que, qui pense l'homme comme nature, même rationnelle ou autrement « supérieure », se rend aveugle à ce qui fait le propre de l'humanité de l'homme. Peu importe dans notre contexte. Sa différence avec le sociologue reste identique à elle-même. En tant que philosophe, il s'efforce de dévoiler le propre de l'être de l'homme, par-delà les confusions, servitudes, aliénations et oublis qui le défigurent, le rendent étranger à lui-même — le propre de l'homme, ou, pour ne laisser de côté aucune entreprise philosophique ou de pensée, le propre de celui dont le nom le plus usuel est « l'homme ». Le sociologue, quant à lui, ne s'interroge pas sur le propre de l'homme ; en vérité, il ne s'en soucie nullement. Une telle indifférence est d'abord difficile à comprendre. Comment être « science de l'homme » en excluant de sa considération la question du propre de l'homme ? Le sociologue avance, il est vrai, diverses raisons. Tantôt, au nom de la science rigoureuse, il rejette une telle question comme « métaphysique » : elle « ne se pose pas » ; elle n'est que le reste déplorable, et un peu ridicule, d'un stade heureusement dépassé de l'esprit humain. Tantôt, dans un registre moins tranchant, mais se fondant toujours sur les réquisits de la science, il admet, comme à regret, que les sciences de l'homme sont encore bien trop peu avancées pour qu'il soit raisonnable d'envisager de répondre aujourd'hui à une telle question : un long travail interdisciplinaire, mobilisant des équipes de chercheurs dans les différentes sciences humaines et employant tous les moyens actuels de stockage et de traitement de l'information, en est le préalable indispensable. Ces raisons, et d'autres que le sociologue allègue, ne convainquent pas. Puisqu'on ne peut rien dire sur l'homme, ou les hommes, qui ne soit un commencement de réponse à cette question, il s'agit de prétextes aussi vains qu'ils sont variés. En vérité, le sociologue a déjà dans son cœur répondu à la question. Qu'il soit arrogant ou modeste, qu'il juge qu'elle ne se pose pas, ou plus, ou pas encore, il y a déjà répondu. Plus précisément, il s'est établi dans une certaine position par rapport à elle, dans une position d'essentielle supériorité, dont la théorie du climat de Montesquieu vient de nous révéler le dispositif. Ce que le sociologue sait avec certitude, en tant que spectateur savant, c'est la déterminabilité, ou la causabilité, de notre nature. Il connaît, sa tâche est de connaître les déterminants de cette réalité indéterminée, ou sous-déterminée, qu'est la nature de l'homme, l'humanité de l'homme. Il accepte bien volontiers d'ignorer ce qu'elle « est » — et ainsi il établit son crédit scientifique, son innocence de tout « dogmatisme », ou de toute « métaphysique » —, car il sait mieux encore : il sait ce qui est plus fort qu'elle, ce qui la détermine, et ainsi il en sait plus que s'il connaissait l'homme lui-même. Du reste cet homme, qu'est-il d'autre, est-il quelque chose d'autre que la somme des déterminations que seul l'œil exercé du sociologue est capable de démêler ? Alors ce dernier, voyant par exemple l'homme « gouverné » par cette « chose » non humaine qu'est le climat, ou par cette « chose » humaine qu'est la religion, comme il s'élève au-dessus de toutes choses humaines ! Ne dirait-on pas que son esprit, faisant l'inventaire et l'addition des paramètres sociologiques, des déterminants de l'humanité de l'homme, forme et confectionne celle-ci, pour ainsi parler la crée ? Tandis que l'orgueilleux philosophe est supérieur aux autres hommes, le modeste sociologue est supérieur à l'humanité même de l'homme.

Si donc l'humanité de l'homme est un x dont la seule définition est d'être déterminable par un nombre indéfini de déterminants sociologiques, le sociologue est souverainement libre de choisir le point où il va « observer » cette détermination de l'x par le déterminant sociologique. Tout aspect de la nature, humaine et non humaine, dont l'enquête actuelle ou l'histoire fassent mention, est susceptible de devenir le déterminant sociologique dont il observera l'action sur les autres aspects de la nature humaine, qui pâlissent immédiatement dans l'indétermination, et deviennent cet x dont on sait qu'il a besoin d'être déterminé ; mais tout aspect de l'humaine condition — ici, la nature non humaine sort du cadre — peut être aussi cet x à déterminer, pour la détermination duquel tous les autres déterminants sont mobilisables — quelques-uns d'entre eux seulement étant à chaque fois effectivement mobilisés. On peut ainsi faire la sociologie de la famille, par exemple, de deux façons : soit en prenant celle-ci comme cause sociale, qui détermine la religion, l'économie, la politique ; soit en la prenant comme effet social, déterminé par la religion, l'économie, la politique. Les deux directions de la démarche sont également scientifiques puisque, dans les deux cas, le sociologue porte au jour une séquence déterminant-déterminé. Un mélange des deux procédures ne le serait pas moins, à l'enseigne de la causalité, ou de l'influence, « réciproque ». L'unique nécessaire est qu'en chaque point l'homme apparaisse comme *causé*[39]. Toutes les combinaisons sont possibles, la seule règle de la combinatoire étant de ne jamais s'arrêter. Qui s'arrête, qui déclare que l'homme social est déterminé par *cette* cause sociale, prétend déterminer définitivement et exhaustivement l'x indéterminé. L'homme reste bien « causé », mais une cause identifiée et stable commence à ressembler à une nature : sans répondre à la Question, le sociologue vient à portée de voix, et de main, du philosophe. Alors il a appris à ne point succomber à cette tentation, si pressante pourtant dans les commencements de la discipline[40]. Un travail maintenant prolongé sur plusieurs générations a donné à la sociologie les moyens d'offrir au regard une combinatoire insoupçonnable : les innombrables aspects du phénomène humain surgissent, puis pâlissent, dans le rôle du déterminant, puis du déterminé, tandis que tourne indéfiniment le kaléidoscope de la science sociale[41].

---

39. Voir plus haut § v.
40. Voir plus haut § vii.
41. Raymond Aron a fort bien décrit le caractère circulaire de l'analyse sociologique : « Dans un premier sens, la société est donc définie comme le milieu social et considérée comme ce qui détermine les autres phénomènes. Mais qu'est-ce qui détermine le milieu ? Durkheim insiste, avec raison, sur le fait que les institutions diverses, famille, crime, éducation, politique, morale, religion, sont conditionnées par l'organisation de la société.

XI

Ce refus de rien dire, de rien savoir de l'homme en tant que tel — sinon dans le lieu et le moment où il est cet effet de telle cause sociale — eût dû discréditer, semble-t-il, la science de l'homme qui s'impose cette abstention par motif de conscience. On le sait, il n'en a rien été. Son prestige n'a fait que croître avec ses œuvres, à tel point que le langage sociologique est devenu en quelque sorte la langue officielle de la démocratie moderne. C'est que la science sociale joue un rôle décisif dans la *diminutio capitis* de la nature qui caractérise notre régime. N'est-il pas suprêmement révélateur que, parmi les choses qui gouvernent les hommes, Montesquieu ne mentionne pas, même seulement comme une cause parmi d'autres, leur nature ? La sociologie est née en même temps que la conviction selon laquelle la vraie nature de l'homme est d'être liberté ; et l'incapacité revendiquée de rien dire de « l'homme » rejoint la volonté de définir l'homme comme liberté. Ou plus précisément, car ces formules sont trop amples, le point de vue sociologique se constitue dans le moment où la notion de liberté devient l'articulation principale du monde humain, et comme l'expression théorique décisive de cette transformation.

Il serait trompeur en effet de fixer son attention sur la contradiction, assurément très saillante, entre l'idée de la liberté humaine et celle du déterminisme sociologique. Certes, la question paraît frappée au coin du bon sens : quel sens cela a-t-il de célébrer la liberté humaine, de voir dans la liberté le propre de l'homme, comme nous aimons à le faire depuis deux siècles, si la science centrale du monde humain présuppose, et entend prouver, que la conduite humaine est régie par des lois nécessaires, ou du moins ne peut être comprise que comme effet de causes sociales ?

Faisons d'abord une remarque, elle aussi de bon sens. Si la coexistence et même la compénétration de la volonté de liberté et

---

Chaque type social a son type de famille, son type d'éducation, son type d'État, son type de morale. Mais il a tendance à prendre pour une réalité totale le milieu social, alors que celui-ci est une catégorie analytique, non une cause dernière. *Ce qui est milieu social, cause par rapport à une institution particulière, n'est, à un autre point de vue, que l'ensemble des institutions que le milieu social est censé expliquer* » (*Les Étapes de la pensée sociologique*, Paris, Gallimard, 1967, p. 389, souligné par moi).

du point de vue sociologique sont en effet une caractéristique centrale de la condition de l'homme moderne, les deux aspects ne sauraient être vraiment, ou seulement, contradictoires. Sans supposer que la société est un système cohérent, mais simplement parce que l'homme est un être pensant, il est probable que l'esprit d'une société, l'esprit de ses lois — osons reprendre ici ces vastes et belles expressions sociologiques — ne saurait durablement diriger son attention et son intention dans deux directions vraiment contradictoires. Nous venons de rappeler que le point de vue sociologique et la volonté moderne de liberté présupposaient également l'abaissement de la nature, mais c'est user de ces augustes notions comme de jetons, ou de cubes, que l'on déplace, que l'on manipule ; et même si cette remarque est juste, elle a quelque chose d'essentiellement statique, alors qu'il s'agit d'expliquer un mouvement fondamental de l'esprit humain. Comme si l'homme moderne, un beau matin, s'était mis en tête de résoudre ce problème de géométrie humaine : étant donné la liberté, la société et la nature, à quelles conditions obtiendra-t-on simultanément que la liberté soit pure et complète, que la société soit régie par des lois nécessaires, et que la nature humaine soit soumise, c'est-à-dire capable seulement d'être déterminée, mais non de déterminer !

En vérité, nous sommes déjà passés, et de façon répétée, à portée de l'explication lorsque nous lisions et relisions ce chapitre du maître du labyrinthe : « Plusieurs choses gouvernent les hommes [...] » L'affirmation du déterminisme est en même temps affirmation d'une pluralité de déterminations. Le déterminisme dont il s'agit ici est explicitement, et même emphatiquement, pluraliste. Or, poser une pluralité, c'est poser des distinctions ; poser des distinctions, c'est inviter à les respecter, à ne pas confondre les choses ainsi distinguées. Respecter la pluralité des déterminations qui affectent la vie humaine, ne serait-ce pas le programme même de la liberté moderne ? C'est du moins le programme de Montesquieu.

Considérons par exemple le chapitre 16 du livre XIX. Il est intitulé : « Comment quelques législateurs ont confondu les principes qui gouvernent les hommes ». Sont visés ici particulièrement les législateurs grecs comme Lycurgue qui confondit « les lois, les mœurs et les manières ». Or, Montesquieu va le préciser, ces choses sont « naturellement séparées » quoiqu'elles « ne laissent pas d'avoir entre elles de grands rapports [42] ». L'autorité de la nature, notons-le au passage, n'intervient plus que pour séparer les choses humaines, jamais plus pour les unir. La différence la plus importante est celle qui existe, et qu'on doit laisser exister, entre les lois et les mœurs : « Il y a cette différence entre les lois et les mœurs, que les lois règlent plus les actions du citoyen, et que les mœurs règlent plus les actions de l'homme [43]. »

Cette phrase n'attire l'attention que parce que la parole de Montesquieu est encore plus calme et simple que d'ordinaire ; mais un je-ne-sais-quoi d'immense et de silencieux nous saisit : ce n'est que le monde qui pivote sur ses gonds.

Parmi les séparations que fomente le point de vue sociologique, et dont il se nourrit, celle qui intervient ici entre l'homme et le citoyen est la séparation décisive. Elle entraîne, consacre et signifie la rupture du monde humain, la division de l'Un. Assurément, la philosophie classique distinguait l'homme du citoyen ; elle ne les confondait pas. Elle était même particulièrement attentive à la tension qui se fait jour entre le « bon citoyen » et l'« homme de bien », entre celui dont la « bonté » est relative au régime et celui qui est bon absolument : ils ne se confondent que dans le meilleur régime — autant dire donc que dans la généralité des cas ils restent distincts [44]. Mais enfin, en définissant l'homme comme un animal politique, la philosophie classique voyait dans la cité ce Tout où l'humanité de l'homme trouve tous les biens dont elle est susceptible : l'homme n'est vraiment un homme qu'en étant citoyen. Or il n'est citoyen, il ne se distingue de ceux qui ne sont pas ses concitoyens, que par son obéissance à la loi de la cité. Que la loi soit faite par un seul, par le petit nombre, par le grand nombre, ou par tous, elle condense pour ainsi dire la vérité active de la cité, et, pour autant, de l'humanité. La sociologie, en faisant de la loi politique simplement une des choses qui gouvernent les hommes, une parmi d'autres et à égalité avec les autres, en effaçant par là même le

---

42. *De l'esprit des lois*, XIX, 21.
43. *Ibid.*, XIX, 16.
44. Aristote, *Politique*, 1276 b 15-1278 b 5 ; 1288 a 37-1288 b 2 ; *Éthique à Nicomaque*, 1130 b 26-29.

rôle unifiant et intégrateur de la loi, et donc de la cité, s'installe dans un monde humain démembré, ou le démembre pour s'y installer à loisir.

Séparant le « gouvernement » des mœurs du « gouvernement » de la loi, Montesquieu émancipe les mœurs : il les rend libres. De fait, on ne peut « faire la sociologie » que de mœurs qui sont « libres ». Si elles ne l'étaient pas, elles seraient une partie, spécifique autant que l'on voudra mais une partie, de la loi du corps politique. Or on ne peut « faire la sociologie » de ce qui relève de la loi politique au sens fort et plein, au sens originel, du terme, car la loi politique *commande*.

Ce qui est vrai de la loi est vrai de l'espace politique en tant que tel. L'acteur politique est cause de ses actions. Cette causalité est parfois aussi opaque et complexe que celle de la dynamique sociale la plus enchevêtrée, mais notre perplexité tient alors à l'incertitude des motifs et des buts humains : dans tous les cas, l'acteur est causant et non point causé. César franchissant le Rubicon est cause suprêmement ; il est, partant, suprêmement dépourvu d'intérêt pour la science sociale. Mais le sénateur Caïus Placidus, qui fut le premier à faire sa soumission, est cause tout autant, et tout autant dépourvu d'intérêt pour la science sociale. Le monde régi par la loi politique ne connaît que l'action de l'homme sur l'homme. Tous y sont cause, celui qui obéit comme celui qui commande, même si leurs pouvoirs sont inégaux ; tout y dépend de la volonté humaine, ainsi que Durkheim l'exprimait lumineusement dans le texte qui a donné le branle à ce chapitre.

On dira que le contraste ainsi dressé est arbitraire et violent puisqu'il y a, de fait, une « sociologie politique » ; et que d'ailleurs Montesquieu consacre d'amples développements à la loi politique comme telle, l'ayant placée parmi les choses qui gouvernent les hommes. Pourquoi, cause sociale parmi les autres causes sociales, ne relèverait-elle pas de la sociologie ? Ces remarques sont raisonnables, mais elles ne sont vraiment fondées qu'après que le démembrement du monde humain ou l'abaissement de la loi politique sont intervenus : lorsque la société a été séparée, ou est en train de se séparer de l'État.

Le monde tourne sur ses gonds quand la loi politique cesse d'en commander telle partie essentielle, qui dès lors ne sombre pas dans le chaos, mais obéit à une autre loi, à une loi d'une autre sorte, la

loi sociologique. Une fois l'étreinte de la loi politique décisivement desserrée, partie après partie du monde humain va quitter la
clarté de la parole qui commande pour le gouvernement obscur
des causes sociales. Parce que ce gouvernement agit hors de la
lumière politique naturelle, il ne peut être vu, et son fonctionnement compris, que moyennant l'instrument d'un point de vue
particulier : le point de vue sociologique. Le moment décisif
intervient lorsque la religion échappe à la loi politique, ou lui est
arrachée.

XII

Montesquieu envisage le rapport de la religion et de la loi dans
ces termes :

> Les lois humaines, faites pour parler à l'esprit, doivent donner des
> préceptes et point de conseils : la religion, faite pour parler au cœur,
> doit donner beaucoup de conseils, et peu de préceptes.
> Quand, par exemple, elle donne des règles, non pas pour le bien,
> mais pour le meilleur ; non pas pour ce qui est bon, mais pour ce qui
> est parfait, il est convenable que ce soient des conseils et non pas des
> lois ; car la perfection ne regarde pas l'universalité des hommes ni
> des choses. De plus, si ce sont des lois, il en faudra une infinité
> d'autres pour faire observer les premières. Le célibat fut un conseil
> du christianisme : lorsqu'on en fit une loi pour un certain ordre de
> gens, il en fallut chaque jour de nouvelles pour réduire les hommes à
> l'observation de celle-ci. Le législateur se fatigua, il fatigua la société,
> pour faire exécuter aux hommes par précepte, ce que ceux qui
> aiment la perfection auraient exécuté comme conseil [45].

Ce texte reprend la distinction, traditionnelle dans la théologie
catholique, entre les préceptes et les conseils. Il tire ses conséquences politiques d'une façon qui paraît à la fois rationnelle et
conforme à l'orthodoxie religieuse : les conseils ne peuvent être
rendus obligatoires, ils ne peuvent être proprement commandés,
ils ne sauraient donc faire partie de la loi politique. En même
temps, Montesquieu distribue les accents de telle façon qu'il nous

---

45. *De l'esprit des lois*, XXIV, 7.

conduit vers des pensées fort peu traditionnelles. S'il faut laisser les conseils de perfection, plus généralement le souci du meilleur qui est le propre de la religion, à la libre application de ceux qui aiment la perfection, alors non seulement il faut séparer l'Église de l'État mais aussi abolir le pouvoir de la hiérarchie de l'Église sur les membres clercs de celle-ci, en particulier le pouvoir d'exiger et d'imposer le célibat.

L'orthodoxie formelle du propos est subtilement, mais profondément, contestée par le ton. Il semble qu'on choisisse les voies de la perfection, ou alors qu'on décline de s'y engager, comme l'on donne expression à un goût personnel, comme l'on choisit d'aller à la mer ou à la montagne, dans une sorte d'aimable spontanéité, sans anxiété ni gravité. En tout cas, l'acquisition de la perfection semble ne point devoir « fatiguer » ceux qui l'aiment ! En affirmant, en exagérant malicieusement la facilité et le caractère spontané de cette acquisition, Montesquieu sépare ceux qui aiment la perfection de tous les autres qui, peut-on présumer, ne l'aiment pas ; partant, il sépare le conseil du précepte, passant sous silence, ou plutôt annulant en silence ce qui relie intimement le précepte au conseil : l'obéissance au précepte est une préparation à la perfection et même une partie de celle-ci, en vérité elle n'a de sens religieux que dans la perspective de la perfection. La religion chrétienne, qui est ici en cause, se donne, ou se reconnaît, pour mission de conduire les hommes, tous les hommes, à la perfection [46]. Or, quel moyen permanent et régulier l'Église a-t-elle de nous convaincre de l'urgence de cette mission, c'est-à-dire de l'accomplir, si son enseignement est complètement séparé de la majesté de la Loi ? On dira que la seule persuasion légitime et d'ailleurs véritable est celle que produisent les paroles et surtout les actions des saints. Soit, mais ceux qui n'ont pas rencontré de saint sur leur chemin, ou qui lui ont tourné le dos, seront-ils privés de toute présence de la Parole ? L'Église n'eut en tout cas jamais cette confiance dans l'amour spontané de certains hommes pour la perfection que Montesquieu paraît manifester ici : elle croit dans la vocation de tous. C'est pourquoi, tout en préservant scrupuleusement la distinction entre précepte et conseil, elle ne cessa de

---

46. « Soyez parfaits comme votre Père céleste est parfait » (Matthieu, V, 48). Voir aussi : Iʳᵉ Épître de saint Pierre, I, 15-16 ; Épître de saint Jacques, I, 4.

revendiquer le droit de commander en certaines matières particulièrement graves, d'affirmer la nécessité pour la loi religieuse d'être, au moins en partie, partie de la loi politique.

La séparation que pose ici Montesquieu est lourde de conséquences. Pour la théologie chrétienne, mais aussi pour la philosophie grecque, la perfection de l'être est la raison d'être de chaque individu de l'espèce, aussi loin qu'il soit encore, ou qu'il reste toujours, d'atteindre cette fin. L'une comme l'autre affirment la continuité entre la nature ordinaire, voire dégradée, et sa fin sublime. L'esclave aveugle, au moulin de Gaza, sera demain le philosophe suprêmement lucide ou le saint sans défaut. La séparation introduite par Montesquieu rompt cette continuité. Qui le dirait ! La liberté moderne rudoie de fines articulations de l'Être que le despotisme respectait.

XIII

Ainsi le regard séparateur du sociologue sépare-t-il l'État de la société et de l'Église. Le corps politique, que tenait ensemble la Loi ancienne, est démembré en trois grandes parties, chacune susceptible à son tour de connaître d'autres subdivisions : l'État se partage, il s'organise selon la « séparation des pouvoirs » ; l'Église se subdivise en sectes ; quant à la société, elle est composée d'un nombre indéfini de « groupes ». L'on vivra désormais dans l'« âge des séparations [47] ».

Mais où la sociologie puisa-t-elle l'audace de séparer ainsi la loi politique des autres « gouvernements », de faire du Tout l'une des parties, point supérieure aux autres ? On est tenté de dire qu'elle ne fit en somme que prendre conscience du développement politique européen, que le refléter. En tout cas Montesquieu, qui établit et formula l'autorité du moment historique contemporain, construisit le point de vue sociologique sur une interprétation de ce moment et de l'histoire qui avait conduit à ce moment.

On connaît son diagnostic : les monarchies de l'Europe conti-

---

47. Adam Ferguson, *An Essay on the History of Civil Society* [1767], rééd. Edinburgh, Edinburgh University Press, 1966, p. 183 ; trad. fr., *Essai sur l'histoire de la société civile*, Paris, P.U.F., 1992, p. 280.

nentale marchent irrésistiblement vers le despotisme[48]. Mais qu'est-ce que cela signifie exactement ? C'est ici qu'il ne faut pas se tromper. Cela signifie que le pouvoir du roi, devenant pouvoir spécifiquement politique, s'émancipe toujours plus des mœurs et de la religion. Jusque-là, les peuples d'Europe ont été gouvernés par les mœurs, et, au moment où il écrit, ils le sont encore[49]. Tel est le centre analytique du diagnostic : le roi sépare la loi des mœurs et de la religion.

Si les peuples d'Europe connaissaient une certaine distinction entre la loi et les mœurs, traditionnellement la loi proprement politique ne pesait guère sur eux. Cela ne signifie nullement qu'elle était secondaire, ou subordonnée, mais seulement qu'une faible partie des commandements auxquels obéissait l'homme européen relevait d'elle spécialement ou exclusivement. Pour le reste, c'est-à-dire pour l'essentiel, elle se confondait avec les mœurs. Le progrès du despotisme consiste en l'inversion de l'étendue relative du pouvoir royal et de celui des mœurs et de la religion. Les Européens sont de plus en plus gouvernés par celui-là, de moins en moins par celles-ci. Ainsi les peuples d'Europe se trouvent-ils dans une situation absolument inédite qu'une comparaison avec ce que Montesquieu écrit du despotisme proprement dit, du despotisme oriental, fera saisir. Dans ce dernier régime, la religion et les mœurs, ou les coutumes, ont une force immense[50]. Tandis que le despotisme oriental est ami de la coutume, la monarchie occidentale allant au despotisme en est ennemie. Les Européens sont les premiers membres de l'espèce à connaître simultanément la croissance d'un pouvoir politique tendant vers le despotisme et la décroissance du pouvoir des mœurs et de la religion.

Ainsi, d'une part, Montesquieu demande que les « conseils » de la religion soient très nettement distingués et même séparés de la loi ; d'autre part, il regrette l'affaiblissement du pouvoir politique de la religion qui, aussi mauvais soit-il en lui-même, est une barrière contre le despotisme quand il n'y en a point d'autre[51]. Cette contradiction apparente signifie seulement qu'il n'y a pas de

48. *De l'esprit des lois*, V, 11, 14 ; VIII, 6, 7, 8 ; XXIII, 11.
49. *Ibid.*, VIII, 8.
50. *Ibid.*, II, 4.
51. *Ibid.*

solution au redoutable problème posé par la croissance du despotisme royal, c'est-à-dire du despotisme spécifiquement politique, dans le cadre religieux et coutumier de la monarchie continentale. Or, dans le chapitre auquel nous venons de faire allusion, Montesquieu fait cette remarque : « Les Anglais, pour favoriser la liberté, ont ôté toutes les puissances intermédiaires qui formaient leur monarchie. Ils ont bien raison de conserver cette liberté ; s'ils venaient à la perdre, ils seraient un des peuples les plus esclaves de la terre. » Cette dernière phrase, étrange et donnant l'impression de trahir un fond d'hostilité ou de pauvre estime pour les Anglais, signifie au contraire que ceux-ci sont sortis avec succès du cas de figure de la monarchie européenne. Il est vrai qu'ils ont poussé jusqu'à son terme, plus loin donc et de façon plus cohérente que les Français, la logique du despotisme monarchique, c'est-à-dire du despotisme de l'instance spécifiquement politique, puisqu'ils ont supprimé les pouvoirs intermédiaires — justices féodales, pouvoirs religieux et coutumiers —, mais ils l'ont fait sur des bases politiques telles — la séparation ou la distribution des pouvoirs — que le résultat se trouve être, et de façon très sûre, au lieu de l'esclavage attendu, la plus grande liberté que les hommes aient jamais connue.

Ce n'est point le lieu d'examiner comment Montesquieu comprend et décrit le régime anglais[52]. Nous importe, en revanche, la perception du dynamisme historique qui sous-tend ses considérations. Le despotisme monarchique européen est nettement moins inhumain que le despotisme proprement dit, le despotisme oriental, mais il est incomparablement plus puissant : il détruit, ou il érode inexorablement ce que le second ménage, ou même conserve avec amour. L'histoire du despotisme oriental est la chronique monotone de la nature humaine maltraitée, cependant que celle de la monarchie européenne est un processus régulier, un changement continuel et croissant de la condition des Européens qui les place maintenant devant l'alternative d'une servitude et d'une liberté également inédites, également extrêmes.

Certes, d'autres mœurs, d'autres religions se sont affaiblies, ou

---

52. J'ai présenté les grandes lignes de son interprétation dans mon *Histoire intellectuelle du libéralisme. Dix leçons* (Paris, Calmann-Lévy, 1987, p. 119-142).

même ont disparu ; mais c'était ou bien parce que le corps politique périclitait et elles disparaissaient avec lui, ou bien parce qu'elles laissaient la place à une autre religion qui était désormais perçue comme la vraie religion et devenait à son tour la maîtresse des mœurs. En Europe, pour la première fois, une religion s'affaiblit longuement en même temps que le corps politique croît en force, sans qu'aucune religion nouvelle apparaisse pour remplacer la première.

Aux yeux de Montesquieu, les Anglais connaissent une liberté politique extrême cependant que les Européens, et notamment les Français, tout en jouissant encore d'une liberté modérée pleine d'agréments, sont menacés d'une servitude extrême. Sous l'un comme sous l'autre régime, la religion est subordonnée, quoique inégalement et de façon différente. Ce qu'elle garde de pouvoir contraignant, elle l'emprunte dans les deux cas à la souveraineté, ou à l'arbitraire, de l'État. Désormais, elle est moins une partie principale de la Loi que l'instrument occasionnel d'un État qui s'est décisivement élevé au-dessus de la religion. La religion subsiste, certes, comme catholicisme, anglicanisme ou tel protestantisme, mais elle n'est plus proprement ce qui commande, seulement une grande chose, ou même simplement une chose, qui fait agir les hommes, ou un grand nombre d'entre eux.

Les Européens observent cette chose inouïe dans la chronique humaine : un aspect essentiel de leur vie est en train d'échapper à la Loi, parce que la Loi, devenant purement politique, s'élève irrésistiblement au-dessus des contenus de la vie.

Mais comment se fait-il, dira-t-on, que cette élévation de la loi politique se reflète, ou soit traduite, dans la conscience sociologique, dans cette conscience de soi qu'est la sociologie, par un abaissement de l'instance politique, simple paramètre parmi les autres ? C'est que le nouveau régime oblige à considérer d'un autre œil tous les autres régimes. L'instance politique y est si élevée, si séparée, et donc intellectuellement si distincte, que tous les autres régimes apparaissent affectés d'une certaine confusion : vues de si haut, Sparte et la Chine se ressemblent[53]. Chacun des autres régimes apparaît gouverné par ce avec quoi la loi politique s'y

---

53. *De l'esprit des lois*, XIX, 16.

trouve « confondue », Sparte par les mœurs et les manières, la Chine par les manières et les mœurs. La politique est si « distincte » en France et en Angleterre, dans les deux pays qui sont à la pointe du développement européen, qu'on ne la reconnaît plus guère à l'état « confus » qu'elle revêt ailleurs, et que donc les autres régimes apparaissent gouvernés par autre chose que la loi politique. Cet effet d'optique est inséparable du point de vue sociologique, il se confond avec lui : la loi politique n'est que l'une des choses qui gouvernent les hommes. Le moment historique dont nous parlons se noue en ceci que l'élévation réelle de l'instance politique entraîne son abaissement théorique. Une élévation poursuivie pendant des siècles a conduit la loi politique à cette humiliation.

Il n'est pas judicieux de reprocher à Montesquieu une équivoque sur la notion de loi. S'il donne parfois l'impression d'osciller entre deux sens incompatibles du mot, entre la loi comme pur commandement politique, et la loi comme pure régularité, ou nécessité, sociologique, c'est qu'il décrit, et entérine, *ce qui est en train d'arriver à la loi.*

La loi traditionnelle, chrétienne comme grecque, était l'expression de certains contenus de la vie sur le mode du commandement ; elle était la réflexion « impérative » des fins de la nature humaine selon une certaine interprétation de celle-ci ; elle produisait une modification de l'âme. Ce qui arrive à la loi, ce que Montesquieu décrit et dont il tire les conséquences, c'est qu'elle s'extrait de cette confusion avec la nature en se divisant elle-même. Pour une part, pour une moitié d'elle-même, elle se sépare, s'émancipe de la nature, s'élève au-dessus de tous les constituants de celle-ci, devient proprement et absolument souveraine, de sorte qu'elle peut, selon les cas, soit la gouverner despotiquement, ou menacer de le faire, comme en France, soit la laisser extrêmement libre, comme en Angleterre. Pour l'autre part, pour l'autre moitié d'elle-même, elle se résorbe dans la matière humaine qui, abandonnée par le commandement politique, devient épaisse et opaque : elle devient la chaîne des causes sociales accessible seulement au point de vue du sociologue, celle qui retient et enchaîne le libre individu dont le romancier moderne nous peint les épreuves et l'esclavage. Chacun des deux pôles entre lesquels la loi ancienne s'est divisée peut être appréhendé dans les termes de l'autre pôle. On peut dire, dans le langage du commandement, que les différents paramètres sociologiques gouvernent les hommes ; et, dans le registre de la matière soumise à la nécessité, que la loi politique est une « chose » sociale parmi les autres. Plusieurs choses gouvernent les hommes.

CHAPITRE 3

Le système de l'économie

I

Adam Smith eut, comme Montesquieu, le sentiment très vif de la portée d'avenir de l'expérience anglaise. Mais tandis que Montesquieu établit cette autorité nouvelle, du reste avec des précautions d'une rare subtilité, Adam Smith l'accepte, ou la reçoit, avec complaisance, précisément comme une autorité[1]. Qu'il parle de la propriété ou de la liberté, il présuppose toujours ce qu'il appelle « le sens actuel du mot[2] ». À la dialectique complexe par laquelle Montesquieu décrit et explique les bons effets du commerce, Adam Smith substitue l'affirmation d'un progrès linéaire, résumé dans un mot qui forme le leitmotiv de son grand ouvrage, et qui signifie donc progrès, ou amélioration : *improvement.*

Ce qui fait particulièrement autorité à ses yeux dans l'époque présente, c'est la croissance économique telle qu'elle s'est manifestée en Angleterre et en Écosse, surtout depuis la Restauration. Cet *improvement*, à la différence de Montesquieu mais anticipant très directement Constant[3], Smith l'explique par un facteur psychologique universel, un élément constitutif et central de la nature

---

1. Sa complaisance a suscité ce trait de Bagehot, résumant *La Richesse des nations* : « *How, being a savage, man rose to be a Scotsman.* »
2. J'utilise l'édition établie par Edwin Cannan (nouvellement préfacée par George J. Stigler, deux tomes en un volume, Chicago, The University of Chicago Press, 1976) de *La Richesse des Nations* (désormais citée WN) : « *An inquiry into the nature and causes of the wealth of nations* » (WN, III, 3, p. 423).
3. Voir plus haut, au chapitre 1, § XIV.

humaine : *the desire of bettering one's condition*. Le désir de l'homme d'améliorer sa condition est toujours à l'œuvre, quelles que soient les circonstances historiques, les institutions politiques ou économiques. L'« extravagance du gouvernement » et les « plus grandes erreurs d'administration » peuvent sans doute ralentir, mais non point arrêter « le progrès naturel des choses[4] ». L'*improvement* constitue une loi générale de l'histoire, au moins de l'histoire anglaise[5]. Smith, d'ordinaire si scrupuleux, si soucieux de documenter ses affirmations économiques, a une telle confiance en l'irrésistibilité de l'*improvement* qu'il le voit à l'œuvre dans des périodes peu accessibles à la recherche, et se dit « certain » que l'Angleterre était plus développée au temps de l'Heptarchie saxonne qu'à l'époque de Jules César[6].

Smith admet cependant que l'*improvement* peut rencontrer des limites dues aux institutions politiques[7]. De fait, le rôle de celles-ci est purement négatif. Ce qu'elles peuvent faire de mieux, c'est de *ne pas* gêner l'action de ce ressort universel en entravant le libre usage, ou compromettant la sécurité, de la propriété. Ainsi, il faut le noter, Smith ne s'arrête pas sur le fait troublant, si bien marqué et commenté par Hume et Montesquieu, que la sécurité de la propriété est à peu près aussi grande en France qu'en Angleterre alors que le développement économique est plus vif ici que là[8]. Dès lors, le progrès est aussi aisé à comprendre qu'une addition : il est la somme croissante des effets identiques d'une même cause. On ne saurait avancer d'explication plus simple du Nouveau.

II

Le désir d'améliorer sa condition, cause efficiente du progrès économique, constitue le ressort central de la nature humaine. En lui se rassemblent pour ainsi dire la nature et l'histoire. Smith croit

---

4. WN, II, 3, p. 364.
5. *Ibid.*, p. 367.
6. *Ibid.*, p. 366.
7. Voir par exemple ce qu'il dit de la Chine, *ibid.*, I, 9, p. 106.
8. Hume, *Of Civil Liberty*, in *Essays Moral, Political and Literary*, Oxford, Oxford University Press, 1963, p. 94 ; Montesquieu, *Pensées*, 32 (éd. citée), et *De l'esprit des lois*, XX, 4.

possible ce que la démarche dialectique de Montesquieu excluait : une déduction linéaire de « l'histoire » à partir de « la nature », ou une inclusion analytique de « l'histoire » dans « la nature ».

Par-delà Montesquieu, Smith, le philosophe moral, rejoint le moraliste Hobbes : il porte au jour un désir fondamental qui fixe les termes du problème humain comme de sa solution. Le langage qu'il emploie pour caractériser le désir d'améliorer sa condition semble un écho de celui dont usait Hobbes pour peindre le désir de pouvoir. Smith parle du premier comme d'« un désir qui, quoique généralement calme et exempt de passion, sort avec nous du ventre maternel, et ne nous quitte qu'à la tombe », ajoutant que « dans tout l'intervalle qui sépare ces deux moments, il n'y a peut-être pas un seul instant où un homme soit si parfaitement et complètement satisfait de sa situation qu'il ne désire aucune sorte de changement ou d'amélioration[9] ». Hobbes, plus brièvement, affirme du second : « Ainsi, je mets au premier rang, à titre d'inclination générale de toute l'humanité, un désir perpétuel et sans trêve d'acquérir pouvoir après pouvoir, désir qui ne cesse qu'à la mort[10]. » On est tenté de dire que le désir d'améliorer sa condition est le désir de pouvoir, mais « exempt de passion ». De fait, Hobbes avait posé une pierre d'attente pour la modification opérée par Smith : « Les passions qui inclinent les hommes à la paix sont la crainte de la mort, le désir des choses nécessaires à une vie agréable, l'espoir de les obtenir par leur industrie[11]. » Smith, de son côté, fait une référence explicite à Hobbes dans ce contexte : « La richesse, ainsi que le dit M. Hobbes, est du pouvoir. Mais la personne qui acquiert une grande fortune ou en hérite n'acquiert pas nécessairement du pouvoir politique, qu'il soit civil ou militaire, ni n'en hérite. Sa fortune peut éventuellement lui donner les moyens d'acquérir l'un et l'autre, mais la simple possession de cette fortune ne lui fournit nécessairement ni l'un ni l'autre. Le pouvoir que cette possession lui donne immédiatement et directement, c'est le pouvoir d'acheter — *the power of purchasing* ; une certaine disposition — *a certain*

---

9. WN, II, 3, p. 362-363.
10. *Leviathan*, chap. 11, trad. citée, p. 96. Sur le « désir de pouvoir » selon Hobbes, voir plus bas, chap. 4, § II.
11. *Ibid.*, p. 127.

command — de tout le travail, ou de tout le produit du travail, qui est alors sur le marché[12]. »

De Hobbes à Smith, le désir de pouvoir est devenu désir de pouvoir d'achat, cet achat pouvant porter sur les produits du travail ou sur le travail lui-même. Sous l'apparente correction, Smith prolonge la thèse de Hobbes. Il simplifie sa simplification. La nature humaine et son ressort, l'histoire et son processus se trouvent condensés dans un désir qu'on peut nommer et qui ne fait pas peur. Maintenant que le désir humain fondamental a été assimilé au désir d'améliorer sa condition, et celui-ci au désir d'accroître son pouvoir d'achat, la nature et l'histoire viennent confluer dans ce qu'on commence à appeler l'économie.

Pourtant, Smith ne croit pas que le calcul économique nous livre le secret du monde humain. En dépit de l'immense simplification que je viens de souligner, il retrouve la complexité humaine à l'intérieur même de ce désir central. Il importe d'explorer soigneusement cette complexité, car l'analyse du désir d'améliorer sa condition nous conduit jusqu'au bord des abîmes que recèle le plus plat de tous les êtres, l'*homo œconomicus*.

III

Le désir d'améliorer sa condition est présenté de façon très différente dans les deux grands ouvrages d'Adam Smith, la *Théorie des sentiments moraux*, en 1759, et la *Richesse des nations*, en 1776.

Considérons d'abord ce passage essentiel de la *Théorie* : « [...] quels sont les avantages que nous nous proposons avec ce grand objet de la vie humaine que nous appelons : améliorer notre condition ? Être observé, être servi, être remarqué avec sympathie, faveur et approbation, voilà tous les avantages que nous pouvons en attendre. C'est la vanité, non le confort ou le plaisir, qui nous intéresse[13]. »

Lisons maintenant les passages correspondants de *La Richesse des nations*. Ils se trouvent significativement dans le chapitre 3 du livre II intitulé « De l'accumulation du capital, ou du travail

---

12. WN, I, 5, p. 35.
13. Adam Smith, *The Theory of Moral Sentiments* (désormais citée TMS), Indianapolis, Liberty Classics, 1969, III, 2, p. 113.

productif et improductif ». Le chapitre est ordonné par la distinction, et le contraste, entre la prodigalité et la frugalité. La première emploie le capital à des dépenses frivoles, le détournant ainsi de son usage propre de capital, cependant que la seconde, qui fait des économies, qui accumule le capital, emploie ce dernier de façon productive, ou permet et appelle un tel emploi. L'usage rationnel, c'est-à-dire productif, des économies, de l'épargne, et donc la disposition à épargner, à faire annuellement des économies, sont suscités « par un principe très puissant, l'intérêt clair et évident de chaque individu [14] ». Les dépenses du prodigue, qui est mû par la vanité, sont alors dénoncées avec les accents d'une indignation sacrée : « En ne réglant pas sa dépense sur son revenu, [le prodigue] entame son capital. Semblable à celui qui détourne les revenus d'une fondation pieuse vers des usages profanes, il paie le salaire de l'oisiveté avec cet argent que la frugalité de ses ancêtres a pour ainsi dire consacré à l'entretien de l'industrie [15]. » Mais une telle disgrâce est plutôt rare. Dans leur grande majorité, les hommes font des économies parce que c'est là le moyen « le plus vulgaire et le plus évident » d'améliorer leur condition [16]. Et ce calcul de l'intérêt, suscité par l'insatisfaction, ne peut avoir qu'un rapport lointain avec la vanité, puisque les progrès de l'accumulation sont « graduels » et « silencieux » [17], partant, peu susceptibles d'attirer l'attention du monde.

La vanité qui incite à la prodigalité est mauvaise et, pour ainsi dire, impie. La recherche de l'intérêt, qui conduit à économiser et à accumuler, est raisonnable et bonne. Ce qui assure le progrès économique de l'humanité, ce qui garantit l'irrésistibilité de l'*improvement* continuel de la prospérité publique, c'est, je le relevais à l'instant, le fait que les hommes vaniteux, ou les comportements suscités par la vanité, sont beaucoup plus rares que les hommes économes, ou les comportements inspirés par une frugalité intéressée [18].

Dans la *Théorie des sentiments moraux* comme dans la *Richesse des nations*, une même conviction est à l'œuvre : la grande affaire

14. WN, II, 3, p. 360.
15. *Ibid.*
16. *Ibid.*, p. 363.
17. *Ibid.*, p. 367.
18. *Ibid.*, p. 363.

des hommes est d'améliorer leur condition. Cependant, d'un livre à l'autre, leur désir est interprété de façon fort différente. Dans la *Théorie*, il est essentiellement vanité ; dans la *Richesse*, il est insatisfaction et intérêt sans que ceux-ci soient explicitement ni implicitement rapportés à la vanité. Ce changement est considérable. La vanité enveloppe un rapport aux autres ; elle n'est, tout entière, qu'un tel rapport. L'insatisfaction conduisant à l'épargne et à la conduite économique rationnelle ne contient ni n'implique, par elle-même, de rapport défini aux autres. La première version du désir d'améliorer sa condition est immédiatement sociale et morale ; elle pose, entre les hommes, le lien de leurs regards croisés. La seconde version laisse dans l'obscurité la nature de la satisfaction visée et obtenue par une conduite d'épargne rationnelle ; elle laisse indéterminé le contenu social et moral de ce désir dont elle continue de faire le ressort de la nature et de l'histoire humaines. L'homme économique désire-t-il s'enrichir pour être admiré, ou pour vivre toujours plus confortablement ? Dans le langage de Rousseau, est-il l'homme « réfléchi » ou bien l'homme « sensuel » ? Il semble que, loin d'y répondre, le grand livre de Smith — le premier monument de l'Économie politique — ne parvienne pas à poser ces questions, laissant ainsi dans une complète indétermination la nature et la teneur du lien social.

On dira que les hommes sont reliés par l'échange sous ses différentes formes. Mais la notion de l'échange ne contient pas en elle-même l'idée de son motif. Pourquoi les hommes échangent-ils ? Smith répond seulement : parce qu'ils ont une propension naturelle à échanger[19]. C'est fonder la science nouvelle, ou la science de la société nouvelle, sur la vertu dormitive de l'opium ! Il est pourtant peu probable que l'économie politique repose sur une base aussi fragile. Nous devons prendre une vue plus ample de la démarche d'Adam Smith.

Le désir d'améliorer notre condition suppose une certaine représentation, une certaine image de la condition meilleure que nous désirons et cherchons à faire advenir. Attribuer un rôle central à ce désir implique nécessairement, semble-t-il, d'accorder une importance décisive à l'imagination. C'est bien ce que

19. *Ibid.*, I, 2, p. 17.

fait d'abord Adam Smith : l'imagination est au cœur de la *Théorie des sentiments moraux*. Que l'on pèse les lignes suivantes :

> Notre imagination [...] se répand sur tout ce qui nous entoure. Nous sommes alors charmés par la beauté de cette harmonie qui règne dans les palais et la façon de vivre des grands ; nous admirons comment toute chose est conçue pour améliorer leur confort, satisfaire leurs besoins, combler leurs souhaits, et amuser et régaler leurs plus frivoles désirs. Si nous considérons la satisfaction solide que toutes ces choses sont capables d'apporter, par elle-même et séparée de la beauté de l'arrangement destiné à la produire, elle apparaîtra toujours suprêmement méprisable et dérisoire. Mais nous la regardons rarement sous cette lumière abstraite et philosophique. Nous l'associons naturellement dans notre imagination avec l'ordre, le mouvement régulier et harmonieux du système, la machine ou l'économie par le moyen de laquelle elle est produite. Les plaisirs de la richesse et de la grandeur, quand on les considère dans cette vue complexe, frappent l'imagination comme quelque chose de grand, de beau et de noble, dont la conquête vaut bien tout le travail et le trouble que nous lui consacrons si volontiers.
>
> Et il est bon que la nature nous trompe de cette façon. C'est cette ruse qui suscite et tient continuellement en haleine l'activité de l'humanité. C'est elle qui l'incita d'abord à cultiver le sol, construire des maisons, fonder des cités et des républiques, et inventer et perfectionner tous les arts et les sciences qui ennoblissent et embellissent la vie humaine [...][20].

Ainsi, c'est une belle image, et pour autant une représentation désintéressée, qui excite notre intérêt pour l'argent et le pouvoir non moins que pour les sciences et les arts. Adam Smith, le philosophe moral, juge que, lorsque nous cherchons l'utilité, c'est en fait la vanité, lorsque nous cédons à la vanité, c'est en fait la beauté qui nous entraîne.

Mais l'imagination recèle encore d'autres pouvoirs. Elle rend possible un agencement social qui, s'il n'est pas fondé sur la justice, produit du moins certains des effets de celle-ci. C'est dans le cadre de son analyse des pouvoirs de l'imagination que

20. TMS, IV, 1, p. 303.

Smith introduit, dès la *Théorie des sentiments moraux*, ce thème de la *main invisible* qui va être si décisif pour la constitution de l'économie politique :

> C'est en vain que le fier et insensible seigneur *(landlord)* embrasse du regard ses champs immenses, et que, sans une pensée pour les besoins de ses frères, il consomme tout seul, en imagination, toute la récolte [...]. La capacité de son estomac est sans rapport avec l'immensité de ses désirs, et ne peut recevoir plus que celle du plus pauvre paysan. Le reste, il est obligé de le distribuer entre ceux qui préparent, de la façon la plus délicieuse, ce petit peu dont il fait usage, entre ceux qui aménagent le palais dans lequel ce petit peu sera consommé, entre ceux qui fournissent et entretiennent tous les bibelots et babioles qui entrent dans l'économie de la grandeur : tous ceux-là doivent ainsi à son goût du luxe et à son caprice cette portion du nécessaire de la vie qu'ils auraient attendue en vain de son humanité ou de sa justice. [...] Ils [les grands] sont conduits par une main invisible — *they are led by an invisible hand* — à distribuer le nécessaire de la vie à peu près comme il l'aurait été si la terre avait été divisée en portions égales entre tous ses habitants ; et ainsi, sans le vouloir, sans le savoir, ils contribuent à l'intérêt de la société, et permettent la multiplication de l'espèce[21].

Juxtaposons immédiatement à celle-ci la version de la « main invisible » que propose, dix-sept ans plus tard, la *Richesse des nations* :

> [...] tout individu travaille nécessairement à rendre le revenu annuel de la société aussi grand qu'il le peut. Certes, en général, il n'a nullement l'intention de promouvoir l'intérêt public, et il ignore dans quelle mesure il y contribue [...] ; en dirigeant cette activité de telle manière que son produit ait la plus grande valeur possible, il vise seulement son gain personnel et, dans ce cas comme dans beaucoup d'autres, il est conduit par une main invisible — *he is led by an invisible hand* — à promouvoir un objectif qu'il ne visait pas[22].

D'une version à l'autre, la définition de la main invisible reste formellement la même. Il s'agit du processus par lequel les

21. *Ibid.*, p. 304. Notons que Smith ignore ici la distinction entre travail productif et travail improductif. Cf. WN, II, 3.
22. WN, IV, 2, p. 477.

hommes en société produisent des résultats heureux qui ont peu à voir avec ce qu'ils veulent subjectivement, par lequel les intentions, passions et actions égoïstes de chacun concourent objectivement au bien public. Mais les contenus des deux versions sont fort différents. Dans la *Théorie*, l'imagination et la vanité forment le ressort de la conduite humaine ; dans la *Richesse*, l'imagination et la vanité ont disparu, la conduite humaine n'est plus déterminée que par le gain ou l'intérêt. Dans la *Théorie*, le fonctionnement de la main invisible repose directement sur la division sociale : c'est l'imagination et la vanité des grands, ou des riches, qui engendrent et entretiennent le processus, tandis que selon la *Richesse*, la main invisible a son support dans le comportement de tous les acteurs économiques sans distinction. D'une œuvre à l'autre, nous passons d'une main invisible fondée sur les prestiges de l'imagination et inégalitaire, à une main invisible fondée sur la poursuite prosaïque et rationnelle du gain, et égalitaire.

Sous la même expression, nous découvrons deux processus sociaux, deux paysages moraux fort différents. Alors, la main invisible fournit-elle l'unité de la diversité du monde humain ou, bien plutôt, d'une version à l'autre, devient-elle si différente d'elle-même qu'elle ne sert plus qu'à masquer l'incapacité de Smith à penser ensemble l'Ancien et le Nouveau, la ci-devant société inégalitaire et la nouvelle société égalitaire ? Contient-elle le secret de la différence moderne, ou au contraire trahit-elle celle-ci en l'effaçant ? Ne serait-elle pas l'avant-courrière et le type de ces formules bien sonnantes par lesquelles la pensée moderne, du même mouvement, affirme et nie le Nouveau ?

Nous chercherons la lumière dans le chapitre fameux de la *Richesse des nations* où Smith décrit le passage d'une société inégalitaire à une société égalitaire, le processus historique par lequel le féodalisme a fait place à la *commercial society*.

IV

Cette description est bien connue[23]. Elle fait en quelque sorte partie de la science infuse, ou, faut-il dire peut-être, de la légende dorée des sociétés libérales. Je la résume.

Le seigneur féodal est un grand propriétaire. Il ne peut consommer lui-même qu'une minuscule part du surplus produit par ceux qui cultivent ses terres. Le reste, la plus grande part donc, il ne peut que la donner, en pratiquant l'hospitalité sur une grande échelle, et se constituant ainsi une multitude de clients — *retainers and dependants* — qui, étant entretenus par lui, lui doivent obéissance. Cette organisation du monde féodal semble en elle-même parfaitement stable. Ce qui va introduire le changement, c'est « le travail silencieux et insensible du commerce international et des manufactures[24] », qui, avec leurs produits, offrent aux *landlords* la possibilité de consommer strictement pour eux-mêmes le surplus que, jusque-là, ils étaient obligés de partager avec leurs clients. Adam Smith commente :

> Pour une paire d'agrafes de diamant peut-être, ou autre chose d'aussi frivole et inutile, [les *landlords*] échangèrent l'entretien, ou, ce qui revient au même, le prix de l'entretien d'un millier d'hommes pour une année, et avec cela, tout le poids et l'autorité que cela pouvait leur donner. Les agrafes, cependant, seraient leur propriété exclusive, et aucune autre créature humaine n'en aurait la moindre part ; tandis que, selon l'ancienne façon de dépenser, ils auraient dû partager avec au moins un millier de personnes. Aux yeux de tels juges, cette différence était parfaitement décisive ; et ainsi, pour la gratification de la vanité la plus puérile, la plus vulgaire et la plus sordide, ils troquèrent progressivement tout leur pouvoir et leur autorité[25].

Ainsi, dans cet immense livre, dans ce chef-d'œuvre d'ampleur et de sérénité, l'explication du passage du féodalisme à la société commerçante, de la naissance donc de la société moderne, repose-

23. Voir le chapitre III, 4, du tome I : « Comment le commerce des villes contribua au progrès de la campagne. »
24. *Ibid.*, p. 437.
25. *Ibid.*

t-elle sur une épigramme[26]. N'est-ce pas une charnière bien fragile sur laquelle faire pivoter l'histoire ?

V

Smith s'efforce de rendre plausible son interprétation en mobilisant le thème de la main invisible sans toutefois reprendre ici l'expression :

> Une révolution de la plus grande importance pour le bonheur public fut ainsi produite par deux ordres différents de gens qui n'avaient pas la moindre intention de servir le public. Gratifier la plus puérile vanité était le seul motif des grands propriétaires. Les marchands et les artisans, beaucoup moins ridicules, agissaient en consultant seulement leur intérêt propre, et en suivant leur principe vulgaire de tirer un sou autant de fois que c'est possible. Aucun des deux groupes n'avait la connaissance, ou la prescience, de cette grande révolution que la folie de l'un, et l'industrie de l'autre, étaient en train d'amener progressivement[27].

Ainsi, c'est l'interaction de deux attitudes, de deux comportements humains fort différents qui produisit à la longue la révolution décisive dans la vie de l'humanité occidentale : logique de la vanité, et d'une vanité « puérile », chez le *landlord* ; logique de l'intérêt et du gain chez le commerçant et l'artisan. Si la seconde est bien celle qui est supposée et affirmée dans la *Richesse*, la première est-elle celle qui est décrite dans la *Théorie* ? Il semble qu'il n'en soit rien.

La psychologie de la *Théorie*, dont la vanité et l'imagination constituent le ressort, ne paraît pas pouvoir expliquer que les féodaux abandonnent la grandeur de leur position pour satisfaire une vanité puérile. Elle expliquerait bien plutôt qu'ils la défendent âprement, tant elle lie la vanité à l'imagination et au désir de la hauteur. Certes, dans cet ouvrage, les plaisirs de la vanité

---

26. L'épigramme est même reprise deux pages plus loin : « Ayant vendu leur droit d'aînesse, non pas comme Esaü pour un plat de lentilles, en un temps de famine et de nécessité, mais dans l'extravagance de l'abondance, pour des colifichets et des babioles mieux faits pour amuser des enfants que pour motiver l'intérêt sérieux d'hommes adultes, [les *landlords*] devinrent aussi insignifiants qu'un riche bourgeois ou commerçant. »

27. *Ibid.*, p. 440.

encourent la réprobation du philosophe ; mais, en même temps, c'est le philosophe qui constate que cette vanité, et l'imagination qui en est inséparable, sont la source de tout ce qui fait le prix de la vie humaine, que si elles peuvent effectivement s'amuser et se contenter de babioles, elles inspirent aussi les plus sérieuses et les plus nobles activités humaines[28], qu'au fond, ce que le désir de pouvoir et de richesses, ce que la vanité et l'ambition recherchent, c'est une *idée* : « l'idée d'un certain repos artificiel et élégant », particulièrement désirable parce qu'il semble caractériser « la vie d'une classe d'êtres supérieurs[29] ».

Or, si telle est la tournure de l'imagination humaine, comment le seigneur féodal préférerait-il une poignée de diamants à son pouvoir sur de vastes territoires et des hommes nombreux, avec le prestige qui lui est nécessairement attaché ? Parce que les diamants peuvent lui appartenir exclusivement, être tout entiers à lui, tandis que le surplus du produit de ses terres doit nécessairement être distribué à d'autres ? Mais c'est supposer alors que la vanité devient ici ennemie d'elle-même, et absorbe, ou annule presque complètement l'imagination : celle du *landlord* n'embrasse plus de grandes masses d'hommes, n'étreint plus avec ardeur l'idée d'une vie radicalement différente de celle du commun des mortels, mais se rétrécit et se concentre sur sa seule personne qu'elle veut orner de la façon la plus coûteuse possible.

En vérité, la psychologie du seigneur féodal qui nous est ici proposée est fort peu plausible, non : elle est parfaitement inconsistante. Et lorsque Smith se laisse aller aux épithètes d'une indignation croissante en la caractérisant[30], c'est sa propre incertitude, et notre vigilance, qu'il cherche à étourdir. Oubliant tout ce qu'il savait des pouvoirs de l'imagination, et qu'il avait magnifiquement consigné dans la *Théorie*, il fait l'obscurité sur ce qui se passe dans l'âme du *landlord avant* sa chute dans la « vanité puérile ». Tout se passe, dans sa description, comme si la position éminente, le pouvoir « féodal » des *landlords* n'avaient pas de référent dans leur conscience, n'étaient pas par eux réfléchis. Leurs nombreux dépendants, ils ne les contiennent pas dans leur âme orgueilleuse, mais ils les ont positivement « sur les bras » ; et ils ne

28. Voir plus haut la citation p. 131 ; et aussi TMS, IV, 1, p. 299.
29. *Ibid.*, p. 300.
30. Voir plus haut p. 134.

les convoquent en somme que pour éponger un surplus dont ils ne savent que faire.

Si nous employons le langage abstrait qui nous est familier, nous dirons que, dans cette présentation, le surplus économique, grâce auquel on entretient les dépendants, n'est pas le moyen indispensable, ou le résultat inévitable, de l'institution politique, du « pouvoir féodal » ; c'est l'institution politique qui est le seul emploi possible du surplus dans les circonstances données. À preuve : dès l'instant que s'offre un emploi plus plaisant, parce que plus égoïste, du surplus, les *landlords* lui donnent la préférence sans la moindre hésitation. Le désir de Smith de déduire l'institution politique des conditions économiques est si pressant qu'il affirme que le *landlord* commande à ses clients parce qu'il les nourrit ; le même raisonnement conduirait à conclure qu'il obéit à ses paysans puisqu'ils le nourrissent.

On dira que la question de savoir si l'institution politique est l'instrument de l'institution économique, ou l'inverse, est une question disputée, et qu'apparemment l'un est aussi plausible que l'autre ; que les deux thèses ne sont même pas exclusives, puisqu'il peut y avoir « causalité réciproque ». Le problème que nous cherchons ici à résoudre nous induit à confirmer ce que le chapitre précédent a suggéré : à quel point ce langage est creux et vain ! Nous ne sommes pas en présence de deux thèses également respectables parce qu'également scientifiques, dont l'une devrait être « falsifiée » et l'autre « vérifiée ». La thèse selon laquelle l'institution économique est première n'est pas vraie ; mais elle n'est pas fausse non plus ; elle n'est simplement pas pensable. Aucun effort de l'imagination ne nous permettra de concevoir ce qui se passe dans l'âme du *landlord* pour qu'il s'encombre ainsi de milliers de dépendants dont il ne sait que penser ni que faire. Pourquoi, grands dieux, voudrait-il nourrir ces gens ? Et pourquoi alors voudrait-il avoir ce surplus de moutons et d'épeautre ? Parmi les positions absurdes qu'il ne viendrait à l'esprit d'aucun homme dans son bon sens d'occuper, celle de seigneur féodal à la mode de Smith vient assurément au premier rang.

Ce qui donne une sorte de plausibilité à l'inconcevable, c'est que Smith nous présente les choses comme si le seigneur féodal entretenait son régiment *en attendant* de pouvoir employer le surplus à acquérir ce dont, dans la petitesse de son âme, il a vraiment envie. Mais, bien entendu, ceci n'est qu'illusion rétrospective. Le *landlord* ne sait pas que « le progrès du commerce et des manufactures » lui offrira, bientôt ou plus tard, des biens aussi désirables qu'une agrafe de diamant ou des hauts-de-chausse en soie. Une interprétation de la « féodalité » n'est vraisemblable, sinon vraie, que si elle rend l'appropriation du surplus et l'entretien des dépendants intelligibles en eux-mêmes et par eux-mêmes : si le seigneur qu'elle nous peint nourrit les pensées et les sentiments inséparables d'un tel rôle.

VI

Adam Smith est un psychologue profond et subtil ; mais la relation entre ses analyses psychologiques et ses thèses politiques et économiques reste indéterminée. Il est impossible de faire correspondre les unes avec les autres, à tel point, nous venons de le voir, que, pour expliquer, dans la *Richesse*, l'articulation majeure de l'histoire européenne — le passage de la féodalité à la *commercial society* —, Smith doit renoncer à sa doctrine de l'imagination et de la vanité, qu'il avait magnifiquement exposée dans la *Théorie*, et qui aiderait puissamment à rendre intelligible la vie intime de l'ordre féodal. Il raconte une histoire, celle de l'*improvement*, celle des progrès et de la victoire de la *commercial society*, sans être en mesure de raconter en même temps l'histoire correspondante des passions et des idées humaines : l'histoire du progrès n'est plus vraiment une histoire humaine. Adam Smith désigne bien le moteur humain de cette histoire, qui est le désir de chacun d'améliorer sa condition. La condition des hommes s'améliore irrésistiblement parce que les hommes ont le désir irrésistible d'améliorer leur condition ? Soit, mais cela suppose alors que les hommes savent ce qu'ils veulent, sont capables de le réaliser, et le réalisent effectivement : pourquoi parler d'une « main invisible » ?

Adam Smith reconnaît et approuve, il célèbre la société nouvelle, le régime moderne. Le gradient irrésistible de l'*improvement* est cette « vérité effective » qui fait pâlir toutes les autres considérations. Dès lors, il faut bien que ce progrès, et donc le régime moderne, aient leur racine, leur cause dans un désir irrésistible, dans la nature même de l'homme. En même temps, il perçoit que ce progrès quantitatif régulier recouvre des changements qualitatifs, qu'une solution de continuité sépare la nouvelle société de celles qui l'ont précédée. Il faudrait envisager, en tremblant, que quelque chose soit arrivé, ou soit en train d'arriver à la nature humaine. Mais comment soutenir pareille « contradiction » ? Montesquieu avait résolu la difficulté, ou l'avait éludée, en s'abstenant de désigner une passion fondamentale de la nature humaine qui eût été chargée de conduire l'humanité de la vertu spartiate à la liberté anglaise. Il avait substitué, nous l'avons vu, à une description de la nature humaine comme principe intégrateur du phénomène humain, la distinction d'une pluralité de paramètres sociologiques dont toute l'unité réside dans le regard du sociologue. Il avait aussi dressé le contraste entre deux régimes de l'action humaine, dont l'un, appuyé sur la nécessité de fuir le mal, est le moteur du commerce. Adam Smith, qui pourtant l'admirait, ne fait nul usage de ces merveilleuses inventions de Montesquieu. C'est sans doute, je l'ai déjà suggéré, qu'écrivant plus tard dans le siècle, âme moins forte aussi que Montesquieu, il est subjugué par l'autorité du commerce et est donc irrésistiblement incité à tirer un trait d'égalité entre celui-ci et la nature humaine. C'est aussi, conséquemment, que la notion d'« intérêt », fort présente déjà chez le philosophe français, s'enfle à ce point de vertus explicatives que, sous le gris uniforme de cette abstraction, les différences qualitatives perdent leur relief et leur couleur.

De fait, si la psychologie du *landlord* dans son rôle féodal reste indéterminée, ou est simplement absente, la notion d'intérêt, sous l'ampleur de ses fonctions et la fréquence de son usage, cache une autre indétermination. L'artisan et le marchand, qui, fort prosaïquement et raisonnablement, fournissent contre bon argent des objets de luxe au *landlord*, pourquoi le font-ils ? Par appât du gain, parce que c'est leur « intérêt » ? Soit, mais veulent-ils gagner de l'argent pour mener une vie confortable, ou pour dépenser vaniteusement à leur tour, ou pour investir cet argent afin d'en gagner encore davantage ? Nous n'en saurons rien. Dans cette histoire de notre nature, ou de notre âme, que Smith est bien obligé d'au moins esquisser, le seul moment où la psychologie se fait vraiment précise, où le dessin des démarches humaines se fait net, c'est le moment où le *landlord*, cédant à une vanité dite puérile, préfère le luxe à ce pouvoir dont on ne nous avait pas dit qu'il l'eût jamais aimé.

Dans l'histoire telle que la déploie Smith dans la *Richesse des nations*, l'âme humaine ne se manifeste, n'intervient vraiment qu'au moment négatif, ou destructeur, pour détruire le monde féodal, non pour le soutenir, et guère pour lui succéder. La description de cette intervention ne peut donc être qu'ironique, ou épigrammatique : le *landlord,* avec sa nature et ses passions, n'apparaît sur la scène que pour disparaître. Le seigneur féodal, jusque-là instrument passif de son surplus, jusque-là sans passion ni ambition, n'apparaît avec des traits humains, sa puérile vanité, qu'au moment de disparaître en tant que seigneur féodal. À cet instant seulement sont mentionnés son « pouvoir » et son « autorité » de jadis qu'il « troque » contre une paire d'agrafes de diamant.

Du reste, on comprend mal pourquoi Smith est si sarcastique. Il nous dit lui-même qu'au terme du processus le *landlord* ressemblera à un riche bourgeois, ou commerçant. Il aura donc « troqué » l'encombrante absurdité de sa seigneurie féodale pour une position sociale dans laquelle il pourra enfin se conduire rationnellement. La conduite du *landlord* est en fait conforme à son intérêt propre comme à l'intérêt général. Au lieu de persifler, Smith devrait célébrer gravement ce moment heureux qui fit du *landlord,* de propriétaire d'hommes qu'il était, le propriétaire de coûteuses babioles.

En dépit de sa doctrine officielle de ce qui est raisonnable ou convenable, Smith méprise le seigneur qui renonce à sa seigneurie. Partant, il admet que le seigneur féodal était plus grand que le riche bourgeois qu'il deviendra et qui est, nous dit-il, « insignifiant ». Mais il ne peut se résoudre à pénétrer son âme parce qu'il la trouverait trop différente de celle du commerçant, c'est-à-dire de l'homme raisonnable et convenable. Il ne consent donc à nous montrer ce seigneur que lorsque sa conduite est celle d'un commerçant ordinaire, non ! de la grisette la plus vulgaire.

S'il considérait sérieusement l'âme du seigneur, il rendrait clair que ce dernier n'a « troqué » le pouvoir et le prestige contre l'escarboucle et l'escarpin que contraint et forcé — par le pouvoir central et royal, par le souverain. Il a été domestiqué par plus fort, et peut-être plus intelligent, que lui ! Sa vanité dite « puérile » ne croît qu'à proportion que son pouvoir décroît ; loin de produire l'impuissance du seigneur, elle en est le produit. Le *landlord* est envisagé sous l'angle psychologique le plus étroit, le plus réducteur et le plus « ridicule » parce qu'il n'est pas envisagé sous l'angle politique.

VII

Mais pourquoi, lorsqu'il s'agit de penser ensemble l'Ancien et le Nouveau, Adam Smith ne parvient-il pas à faire usage de sa conception de l'imagination qui paraît si propre à cette tâche ? L'imagination, telle qu'il la déploie dans la *Théorie*, peut bien être dite « créatrice » ou « instituante ». Alors, est-on tenté de lui dire à l'oreille, pourquoi ne pas relier la succession des phases économiques à l'histoire des dispositions de l'âme humaine, pourquoi ne pas décrire comme spécifiquement humaine l'histoire de l'économie en caractérisant chaque phase comme un régime de l'imagination ? Pourquoi ne pas penser la différence entre les régimes comme produite par l'imagination, ainsi qu'on le fait si volontiers aujourd'hui ? Il nous faut examiner de plus près la constitution de l'imagination en reprenant des remarques faites plus haut.

Ce qui frappe Smith, c'est la disproportion entre l'utilité réelle des objets et des aménités qui constituent le luxe, et l'ardeur avec laquelle ils sont convoités. Il explique cette bizarrerie en observant que ce qui nous attire dans le luxe, ce n'est pas son utilité effective, mais l'*idée* de son utilité, plus précisément « l'ordre, le mouvement régulier et harmonieux du système, la machine ou l'économie » par le moyen de laquelle le luxe est produit[31]. Nous sommes mus dans notre désir par une considération esthétique que Smith a le sentiment d'être le premier à définir exactement : « Que cette adaptation, cette heureuse organisation de tout produit de l'art humain soit souvent plus appréciée que la fin même pour laquelle il est conçu ; et que l'exact ajustement des moyens pour obtenir une commodité ou un plaisir soit souvent plus considéré que cette commodité ou ce plaisir mêmes dans l'obtention desquels il

---

31. Voir plus haut p. 131.

semblerait que tout leur mérite dût consister, c'est là, à ma connaissance, une observation qui n'a encore été faite par personne[32]. » Pourquoi, par exemple, les hommes cherchent-ils à acquérir les montres les plus précises possible, alors qu'une extrême précision dans la mesure du temps leur est parfaitement inutile ? Smith répond : « Ce qui [les] intéresse, ce n'est pas tant l'obtention de ce savoir particulier que la perfection de la machine qui sert à l'obtenir[33]. »

Nous sommes maintenant en mesure de saisir dans sa radicalité le propre de la conception smithienne de l'imagination.

Fondamentalement, l'imagination qui nous rend désirables la richesse et le pouvoir, qui nous fait aspirer à une vie différente de celle du commun des mortels, à une vie olympienne, est identique à celle qui nous fait convoiter les montres de haute précision, et ces *trinkets and baubles* qui sont, au temps de Smith, très exactement ce que nous appelons aujourd'hui des « gadgets ». C'est une idée esthétique qui est la matrice commune du désir de pouvoir, du désir de richesse et du désir d'acquérir les produits de l'ingéniosité technique ; et qui, partant, assure l'intégration des diverses activités humaines dans un même élément de communication et de commensuration, dans une même vie sociale et morale. L'utilité a beau crier, c'est l'imagination qui donne leur prix aux choses, qui les rend plus ou moins désirables, qui les place dans l'élément du désir.

Ainsi le désir du pouvoir — le désir spécifiquement politique, le grand désir — et le goût du gadget sont deux expressions de la même matrice esthétique, de la même faculté d'imagination. Nécessairement, le grand désir est subordonné à cette matrice : il est intrinsèquement plus faible que ce qui l'engendre. Et si le grand désir a même ressort que le désir vulgaire, si c'est du même désir que je désire la gloire et cette montre, alors le monde social finira nécessairement par correspondre à notre imagination selon la pente et la vérité de celle-ci. Puisque l'imagination, qui est en son fond faculté esthétique, trouve son contentement le plus propre dans la contemplation d'objets et de services de plus en plus ingénieusement élaborés, l'homme trouvera sa satisfaction

32. TMS, IV, 1, p. 298.
33. *Ibid.*, p. 299.

dans une société où l'ambition du pouvoir et de la gloire aura cédé la place au désir d'acquérir de plus en plus de produits de plus en plus perfectionnés. L'*industry of mankind* peut être sollicitée par le désir du gadget autant ou, plutôt, bien davantage et bien plus rationnellement que par la convoitise du pouvoir ou de la richesse brute, celle qui ne comporte que peu d'élaboration technique.

Dans la *Théorie*, la scène humaine est décrite par Smith comme dominée, comme instituée, par l'imagination ; mais celle-ci est de telle sorte qu'elle peut diriger le désir, indifféremment semble-t-il, vers les objets de la haute ambition comme vers ceux, vulgaires mais perfectionnés, qu'affectionne la société adonnée au commerce. Non, l'imagination n'est pas si indifférente que cela. L'idée formelle de l'utilité, de l'adaptation des moyens à la fin, condense en somme le noyau contagieux du désirable. Et donc, si les désirs qu'une société cherche spécialement à satisfaire dépendent du tour qu'elle donne à son imagination, la pente naturelle de celle-ci est de s'exercer et de se satisfaire dans la société du commerce où le motif « esthétique » qui meut les hommes est réduit à son essence la plus pure et en même temps la plus immédiatement reconnaissable, où il est intégralement incorporé et donc intégralement disponible dans les choses elles-mêmes, dans les artefacts perfectionnés.

L'imagination est à la fois indifférente à son objet, sous réserve qu'il soit formellement harmonieux, et fatalement conduite à se conformer à sa propre forme : l'idée d'utilité, l'adaptation fonctionnelle des moyens à la fin. Aussi plastique ou plasmatique soit-elle, elle a une nature. Elle délivre l'homme des contraintes de sa nature à lui pour le soumettre à celles de sa nature à elle. De la gloire au gadget, elle le conduit par la main. Mais plus elle devient vraie et pure, conforme à sa forme et à son essence, plus elle devient pauvre et mesquine, plus elle contredit sa nature d'imagination. Elle est plus pure dans la montre de l'horloger que dans l'âme d'Alexandre ! L'imagination, qui donne leur prix aux choses, ignore nécessairement son propre prix, et donc la différence de sa qualité d'un régime à l'autre.

L'imagination, qui conçoit tant de choses diverses, qui peuple infatigablement l'Olympe et le Ténare, ne permet pas de penser la différence des époques humaines.

VIII

L'imagination de la société adonnée au commerce est activement présente dans les choses produites et échangées, donc aussi dans le médium de cet échange qui est l'argent. Ainsi incorporée, ou ensevelie, dans les artefacts et dans l'argent, elle disparaît comme faculté glorieuse. Toujours à l'œuvre, elle devient pour ainsi dire invisible. La nature humaine n'a rien perdu de son ardeur à désirer, mais ce qu'elle désire par préférence, c'est ce qui est *évidemment* désirable, les choses exhibant sans équivoque ni opacité l'emblème de leur désirabilité, les choses « utiles », celles qui incorporent et exhibent l'*idée* de l'utilité sous la forme de l'adaptation des moyens à la fin.

L'idée d'utilité, en tant qu'elle exerce et satisfait l'imagination, règne sur l'*homo œconomicus*, mais aussi sur celui qui l'observe. Le rôle visible de l'imagination tendait à disparaître dans les choses, dans les artefacts produits, désirés et échangés ; il resurgit avec un tranchant intact, et même une vigueur accrue, dans l'esprit de celui qui observe la *commercial society* de l'extérieur, dans l'esprit du *spectateur*. Celui-ci va percevoir celle-là comme une grande machine dans laquelle les moyens sont parfaitement adaptés à la fin, comme un grand système se mouvant lui-même et spontanément harmonieux : le marché. Le désir et le plaisir de l'économiste prolongent et portent à leur comble le désir et le plaisir de l'*homo œconomicus*. C'est ainsi, du moins, que Smith décrit sa propre situation et ses propres sentiments :

> La perfection de l'administration, l'extension du commerce et des manufactures sont de nobles et magnifiques objets. Leur contemplation nous plaît, et nous prenons intérêt à tout ce qui peut contribuer à leur progrès. Ils font partie du grand système du gouvernement, et les rouages de la machine politique semblent grâce à eux se mouvoir avec plus d'harmonie et de facilité. Nous prenons plaisir à contempler la perfection d'un si beau et si grand système, et nous sommes mal à l'aise tant que nous n'avons pas enlevé le moindre obstacle susceptible de perturber ou entraver la régularité de ses mouvements [34].

34. *Ibid.*, p. 305.

N'est-ce pas au fond la même tournure d'imagination, la même idée esthétique qui incite le citoyen de la société nouvelle à acquérir la montre dont les mouvements sont les plus délicats et les mieux ajustés, et Adam Smith à recommander de supprimer « le moindre obstacle susceptible de perturber ou entraver la régularité des mouvements » du marché ?

IX

L'imagination grossière du *landlord* embrassait confusément des champs immenses. Il avait besoin des autres en grand nombre pour combler la disproportion entre l'ampleur de ses désirs et les limites très étroites de son estomac. Une telle disproportion est le ressort de cette main invisible qui ouvre la main des grands[35]. Dans la société nouvelle, l'imagination se raffine, ou, plutôt, se formalise et s'individualise : *chacun* y ressent vivement le caractère admirable et désirable des objets et des services qui manifestent la *fitness*, l'adaptation des moyens à la fin. Au terme du processus d'individualisation de l'imagination, chaque sociétaire est seul avec l'idée de *fitness*, et ses applications indéfinies. Chacun étant mû par cette idée, et ainsi par le désir tranquille d'acquérir les objets qui la manifestent, il n'y a aucune raison pour que les relations entre les individus ne soient pas pacifiques et harmonieuses, à moins que n'interviennent des motifs étrangers à l'idée de *fitness*, à moins donc que le gouvernement, temporel ou spirituel, ne s'en mêle.

Considérée en elle-même, je l'ai déjà noté, l'acquisition d'une montre de haute précision n'est pas plus utile, ne relève pas plus d'une conduite vraiment raisonnable ou « philosophique » que l'achat d'une agrafe de diamants. Mais la montre incorpore, sinon l'utilité, du moins l'idée d'utilité, l'idée de *fitness*, elle incorpore donc le motif spécifique de l'imagination propre à la *commercial society*. La vanité de son acquisition est balancée, ou même résorbée par la rationalité de l'imagination qu'elle incorpore.

---

35. Voir plus haut p. 132.

L'achat par le *landlord* de coûteux bijoux suscite l'épigramme, l'exagération de la censure morale, précisément parce qu'il exprime une passion humaine élémentaire, non transformée, non spécifiée par l'idée abstraite de *fitness*. En sens inverse, l'incertitude ou l'ambiguïté du jugement moral que Smith porte sur les comportements propres à la société moderne — « rationnels » mais « vulgaires » comme ceux d'un « colporteur » — tient au caractère abstrait de ces comportements. La vanité, ou la sensualité, sont à ce point modifiées, dans la recherche du « gain », par l'idée abstraite d'utilité qu'on se demande si la censure morale traditionnelle peut, ou non, être encore dirigée contre des « défauts » ainsi spécifiés. Mais la considération que ces comportements égoïstes conduisent au bien public rend l'incertitude parfaitement supportable : ce que l'observateur contemple, ce ne sont pas des individus agissant d'une certaine façon pour certains motifs exposés au jugement moral, c'est un système tendanciellement harmonieux où les motifs naturels des individus n'apparaissent pas plus que, sur le cadran d'une montre, la graisse ou les dents des rouages.

Ce système constitue et produit un ensemble d'effets d'utilité ou d'effets répondant à l'idée d'utilité. L'imagination, qu'elle soit sociale ou individuelle, tend à ne reconnaître comme effet, ou comme fait, que ce qui manifeste la forme de l'adaptation des moyens à la fin. Ce que veut concrètement chacun ne peut s'inscrire comme tel dans le paysage social : l'individu ne peut rendre effectif que ce qui relève de l'utilité[36].

x

C'est l'imagination qui donne leur prix aux choses, qui les rend désirables ; et puisque l'imagination nouvelle est réglée par l'idée d'utilité, ou de *fitness*, c'est cette idée, semble-t-il, qui fournira le critère, ou la mesure, de la valeur relative des choses. Mais quelle

---

36. « *Sein Fürsichsein ist daher an sich allgemein und der Eigennutz etwas nur Gemeintes, das nicht dazu kommen kann, dasjenige wirklich zu machen, was es meint, nämlich etwas zu tun, das nicht Allen zu gut käme* » (Hegel, *La Phénoménologie de l'Esprit*, Hambourg, Felix Meiner Verlag, VI, B, 1a, p. 328).

proportion peut-elle découvrir, ou établir, entre la *fitness* d'une montre de précision, et celle d'une demeure patricienne dont tous les éléments concourent à nourrir « l'idée d'un certain repos artificiel et élégant » ? Comment comparer entre eux les objets et services innombrables, et infiniment divers, où se réalise une adaptation judicieuse des moyens à la fin ? L'imagination commerciale homogénéise les choses désirables en tant que choses utiles, c'est-à-dire incorporant l'idée de *fitness*, mais elle ne paraît pas pouvoir établir leur valeur relative.

Nous remarquons cependant que si un objet est désirable par la *fitness* qu'il incorpore, c'est qu'il a été *produit* par la médiation de cette même idée. Ce qui plaît dans la montre est le guide de sa fabrication : plus la montre a été délicatement ouvrée, plus l'adaptation des moyens à la fin est fine, et plus la montre est désirée et désirable. Nous le savons, un gain de précision dans la mesure du temps n'ajoute pas nécessairement à l'utilité réelle de cet objet dans la vie pratique, mais parce que la mesure exacte du temps est la raison d'être d'une montre, ce gain de précision augmente son utilité au sens de *fitness*, partant, sa valeur. Pour ajouter de la précision, il faut mettre un soin accru, il faut ajouter du travail ; ainsi ajoute-t-on de la valeur. En termes généraux, la valeur de la chose correspond à la quantité de travail qu'elle incorpore[37].

L'imagination qui désire et le travail qui produit sont spécifiés et dirigés par la même idée de *fitness*. Mais l'imagination tend à se confondre avec cette idée en chaque objet, cependant que le travail s'en distingue visiblement et objectivement en la personne et l'activité du travailleur, même s'il est mû par elle. Dès lors il peut en principe mesurer ce que conçoit l'imagination qui ne peut pas se mesurer elle-même. L'imagination ne peut apparaître dans la société du commerce comme mesure des valeurs qu'en tant que travail, ou sous son corrélat de travail.

L'imagination commerciale met le travail au travail et le fait apparaître comme travail — comme produisant de l'utile, c'est-à-dire des objets et des services manifestant l'idée de l'utilité. La « théorie de la valeur-travail » est sans doute « analytiquement »

37. WN, I, 5.

fausse, en tout cas oiseuse[38]. Pourtant, elle formule très suggestivement un aspect fondamental du Phénomène de la société nouvelle : tendanciellement, n'a de valeur que ce qui est produit par un travail, un travail de plus en plus élaboré ; partant, tendanciellement encore, parce qu'il produit seul la valeur, le travail a de plus en plus de valeur[39], il est de plus en plus « hors de prix » ; au terme, une poignée de Travailleurs, prodigieusement rémunérés, produiront l'Utile pour toute l'humanité, oisive ou chômante.

Une fois le travail apparu dans son rôle de mesure, ou de cause, de la valeur, l'imagination comme faculté humaine générale, capable d'excéder les domaines de l'utilité, l'imagination comme faculté adéquate au Tout du monde quitte la scène, laissant derrière elle l'aura insubstantielle qui accompagne les produits de l'Utile et dont se saisit, avec une volubilité merveilleuse, la publicité. Alors s'installe avec assurance le « point de vue économique », qui n'est nullement une « conception du monde » — précisément, avec lui, l'imagination renonce au « monde » —, mais bien le principe vital et le moteur infatigable de la société du commerce.

Dans la nouvelle société, les objets de l'imagination viennent se confondre avec ceux du travail. Les deux ensembles se superposent de plus en plus exactement. Le seul grand objet qui reste à l'imagination, c'est précisément ces ensembles ou cet ensemble : le système harmonieux de la production et de la consommation, le système de la liberté commerciale gouverné par la main invisible du marché. L'homme, comme économiste, est le pur spectateur de l'homme devenu *homo œconomicus*.

---

38. J'avoue que je me sens directement visé par cette remarque de Schumpeter commentant les textes de Smith sur la valeur : « *To this day, it has remained difficult to make the philosophy-minded see that all this is completely irrelevant for a theory of value — considered not as a profession of faith or as an argument in social ethics, but as a tool of analysis of economic reality* » (Joseph Schumpeter, *History of Economic Analysis*, Oxford, Oxford University Press, 1954, p. 311). On le sait, Schumpeter conteste que Smith ait vraiment élaboré une théorie de la valeur-travail (voir *ibid.*, p. 188-189 et 309-311).

39. Curieusement Marx, qui a si bien vu le premier trait, est resté aveugle au second. On peut certes dire que, logiquement, la source de toute valeur ne peut par elle-même avoir de valeur ; mais pratiquement, pour pouvoir produire ses effets, il faut bien qu'elle obéisse à la loi qu'elle donne.

XI

La société que nous étudions — c'est la nôtre — apparaît comme Économie parce qu'elle agit comme système de l'utilité, système du travail, système de la valeur. Dans un tel système, nécessairement homogène, où l'on ne peut échanger que des valeurs égales, il n'y a pas de place pour le pouvoir qui introduit nécessairement hétérogénéité et inégalité, d'abord entre ceux qui l'ont et ceux qui ne l'ont pas. La société du commerce nourrit et, pour ainsi dire, contient l'utopie immanente d'une société sans pouvoir, d'une cité dépolitisée. Pourtant, nous l'avons noté au début de ce chapitre [40], le système de l'Économie laisse subsister une forme particulière de pouvoir : le *power of purchasing*, le pouvoir d'acheter et, en particulier, le pouvoir d'acheter du travail. Une division court à l'intérieur du système du travail, et du travail lui-même. Le travail produit la valeur, et il a lui-même une valeur. Il n'est pas seulement incorporé dans les objets échangés, il est aussi acheté, ou « commandé », à des hommes qui le vendent. Dans la société du commerce, le travail incorporé a d'abord été commandé.

La notion de travail commandé permet de comprendre comment le processus économique, c'est-à-dire le processus d'incorporation du travail dans les objets et les services, peut être entretenu et renouvelé, comment l'initiative humaine anime continûment le système au lieu que celui-ci, homogène et clos, s'use plus ou moins rapidement et finisse par s'immobiliser dans les choses. Le travail commandé est au commencement ; il *offre* ; c'est lui qui est le pivot actif de l'échange. Or, pour qu'il puisse jouer ce rôle, il faut qu'il produise plus de valeur qu'il n'en consomme, il faut qu'il dégage du profit.

De même que la notion de pouvoir resurgit, à peine reconnaissable, dans la notion de pouvoir d'achat et dans celle de travail commandé, de même l'imagination resurgit dans le profit, cette fois méconnaissable. Voici ce que Smith écrit du profit :

> Les profits du capital, pensera-t-on peut-être, ne sont qu'un autre nom du salaire rémunérant une sorte particulière de travail, le travail

---

40. Voir plus haut, § II.

d'inspection et de direction. Ils en sont cependant tout à fait différents, sont déterminés par des principes tout à fait différents et ne correspondent nullement à la quantité, la difficulté, ou la qualité de ce travail supposé d'inspection et de direction. Ils sont complètement déterminés par la valeur du capital employé, et grandissent ou diminuent en proportion de l'étendue de ce capital[41].

Ainsi, le profit n'est pas proportionnel à la quantité de travail fournie éventuellement par le capitaliste, il est proportionnel au *stock*, c'est-à-dire au capital que celui-ci a engagé. Pourquoi cette anomalie dans le système du travail et de la valeur ?

Revenons à notre *landlord* que nous avons déjà tant sollicité, et, aussi impitoyables que Smith, considérons-le dans son accès de vanité puérile, lorsqu'il s'apprête à acquérir *a pair of diamond buckles*. Pour réaliser cet achat, il va employer une partie de son surplus, en quelque sorte le surplus de son surplus, c'est-à-dire la portion de celui-ci qui ne lui sert pas, ou, dès lors, ne lui sert plus à entretenir ou à divertir ses dépendants. Ce surplus est d'un genre inédit : il est non affecté, ou du moins désaffecté, puisque le *landlord* suspend son affectation traditionnelle, celle qui est inscrite dans l'institution politique et la coutume. Il va l'affecter comme sa fantaisie, en l'occurrence, nous le savons, sa vanité vulgaire et puérile, le lui suggère. Il conçoit donc une équivalence, une égalité entre tant de têtes de moutons, ou tant de boisseaux d'épeautre — le surplus désaffecté, ou sa valeur en argent —, et une paire d'agrafes de diamant. Comme le déplore Smith, c'est de cette manière « non naturelle », par le commerce de luxe, que l'*improvement* a commencé en Europe, et non par les progrès de l'agriculture comme il eût été « naturel »[42]. Tout a commencé par un surplus non affecté, ou désaffecté, par une équivalence indéterminée, seulement possible, une équivalence à déterminer par l'imagination après que la coutume et aussi, pense Smith, la nature ont été suspendues ou congédiées.

Il me semble que ceci nous donne un accès direct et simple à la nature du profit dans la société développée. Il est ce surplus non affecté qui permet de commander n'importe quel travail comme

41. WN, I, 6, p. 54.
42. *Ibid.*, III, 4, p. 440-445.

d'acheter n'importe quel produit. Affectable à n'importe quel investissement comme à n'importe quelle consommation, il permet l'équivalence générale des « utilités », ou des « travaux », ou des « valeurs », qui est la condition de fonctionnement du système commercial.

On est fort tenté alors de donner raison à Marx : le profit obtenu par un échange à valeurs égales sur le marché capitaliste est essentiellement comparable au surplus extorqué dans les sociétés précapitalistes qui inscrivaient l'inégalité dans leurs institutions politiques et sociales [43]. Mais qu'est-ce que cela veut dire ?

Dans une société où tous les hommes sont en droit égaux [44], les différences dans la valeur attribuée ou reconnue aux choses, aux hommes, aux professions, ne sont pas inscrites de façon fixe, contraignante, « autoritaire », dans les institutions ; elles ne se traduisent pas par des différences de « rang » ; elles sont évaluées et mesurées, pour l'essentiel, par des prix sur un marché. La valeur des choses, des hommes, des professions, change, et même, n'étant pas officiellement, c'est-à-dire politiquement, fixée, elle change rapidement. À chaque instant, la légitimité d'un rapport donné entre valeurs sociales — d'un prix relatif reconnu par la société — est suspendue à la possibilité de modifier ce rapport à l'instant suivant, si la suggestion d'une équivalence nouvelle entre valeurs reçoit l'aval du corps social, si une « offre » rencontre une « demande ». Pour qu'un tel changement puisse être publiquement reconnu et enregistré, pour qu'il puisse avoir lieu donc, il importe que le réseau des équivalences et des proportions soit souple et mobile. Si l'ensemble des activités ne produisait pas un surplus, c'est-à-dire si certains travaux ne produisaient pas plus que leur coût, le réseau dont je parle serait pétrifié. Aucune initiative ne pourrait trouver son évaluation sur le marché. En vérité, il n'y aurait pas de marché. Pour qu'il y ait un marché, pour que l'argent, équivalent universel de tous les biens et services, puisse mesurer la valeur des travaux déjà réalisés, ou en train de l'être, il faut qu'il soit capable de mesurer ceux qui le seront bientôt, ou plus tard, ceux qui sont simplement possibles. Il faut donc que, à chaque instant, une certaine quantité d'argent soit non

---

43. Karl Marx, *Le Capital*, in *Œuvres*, éd. Maximilien Rubel, Paris, Gallimard, Bibl. de la Pléiade, t. I, 1965, p. 791-793 et 1029-1038.
44. « Le commerce est la profession des gens égaux » *(De l'esprit des lois, V, 8)*.

affectée, qu'elle soit, littéralement, libre. Pour le moment, elle ne rémunère rien, elle ne correspond à aucun travail. Elle est en puissance de rémunérer tout travail possible. Cet argent libre, c'est le profit. Si celui-ci est proportionnel au capital engagé, c'est d'abord que l'imagination conçoit naturellement cette proportion. Dans le jeu d'équivalences, de proportions et de correspondances qu'elle institue, il est simplement *inimaginable* que, toutes choses égales par ailleurs, le propriétaire d'une grande entreprise enregistre le même profit que le propriétaire d'une petite. Quoique le travail fourni par le premier ne soit pas nécessairement plus intense, son profit est nécessairement plus grand que celui du second. Il n'est question ici ni de justice ni même de rationalité économique au sens strict, mais d'abord de ce réseau évaluatif et comparatif sans lequel une société ne saurait se concevoir elle-même pour ce qu'elle est : une unité constituée d'une pluralité d'éléments divers. Ne pouvant se percevoir elle-même, elle ne pourrait point être, à moins d'être tenue ensemble par la seule force brute, si c'est possible.

Dans les sociétés précapitalistes, fondées sur l'inégalité des rangs, il n'y avait pas de profit, ou il ne jouait qu'un rôle subordonné, dans ce que Marx appelle les « intervalles » ou les « pores » marchands. Le surplus y était affecté immédiatement et directement ; il était institutionnalisé. Sa production était spécifiée par son usage. Cela n'eût guère eu de sens de dire que le travail produisait plus qu'il ne coûtait, et ainsi dégageait du profit, puisque le surplus, sous la forme de la rente ou de la corvée, était immédiatement et directement affecté à des groupes et des fonctions dont la « valeur » était considérée comme très supérieure, en vérité *incomparablement* supérieure, à la « valeur » du travail. Ce que celui-ci « produisait », c'est-à-dire l'entretien de la noble vie de la noblesse, de la vie pieuse du clergé, ne lui était pas homogène, n'étant pas un produit qui l'incorporât.

Mais, dans la société capitaliste, pour qui ou pour quoi le prolétaire travaille-t-il ou, plutôt, *sur*travaille-t-il ? Pour entretenir le capitaliste comme Jacques Bonhomme entretenait seigneur et curé ? Non point, mais pour activer, c'est-à-dire rentabiliser le capital, pour dégager du profit. S'il n'y parvenait pas, il n'y aurait bientôt plus que du travail mort, ou mourant : sans profits, l'Économie n'est qu'une vallée d'ossements industriels. Seuls les profits, et des profits proportionnels au capital, peuvent lui prêter souffle et vie. C'est l'imagination qui conçoit cette proportion, et en suscite le désir. L'imagination du capitaliste, ce poète, compose avec les mots anciens une phrase nouvelle, avec les éléments du vieux travail un travail nouveau, qui sera vraiment vivant puisqu'il produira plus de valeur qu'il n'en absorbera. En vérité, Marx a tort, ce n'est point la religion, c'est le profit lui-même qui est l'esprit de ce monde sans esprit où il faut surtravailler pour vivre : la *commercial society*.

XII

La proposition selon laquelle, dans la société capitaliste, à la différence des sociétés antérieures, le surplus n'est pas institutionnalisé, cette proposition suscite une objection. Le surplus, comme profit, est approprié : la propriété privée n'est-elle pas une institution ? N'est-elle pas même l'institution par excellence ? Le point mérite considération.

Ceux qui s'approprient le profit peuvent en faire deux usages : ou le consommer pour eux-mêmes, en achetant par exemple des agrafes ou des « rivières » de diamants, ou l'investir. Dans une société fondée sur l'idée d'égalité, la consommation tend à être purement privée. Aussi vaniteuse et prétentieuse, aussi ostentatoire qu'elle soit, elle n'est jamais que le plaisir particulier d'un citoyen comme les autres, les autres sur lesquels, diamants, fourrures et Ferrari nonobstant, le riche n'a aucun pouvoir. La dépense publique, « liturgies » ou mécénat, tend à disparaître, précisément parce qu'elle manifeste, en cherchant à la faire pardonner, la différence des conditions. Quant à l'investissement, s'il a bien sûr nécessairement des effets publics, comme il est libre dans son affectation et qu'il est de toute façon destiné à reproduire du profit sur lequel pèsera la même incertitude d'usage, ce qu'il a de visible ne cesse d'indiquer son essence invisible. Le caractère non institutionnalisé, indéterminé, flottant, du surplus se signale le plus clairement dans le choix laissé au capitaliste de l'utiliser pour sa consommation ou pour l'investissement. Ce qui définit le capitaliste, c'est qu'il est libre de son choix entre ces deux usages radicalement différents du profit. Dès lors, ni comme consommation ni même comme investissement, et parce qu'il est essentiellement neutre entre les deux emplois, le surplus approprié par le capitaliste ne peut s'inscrire visiblement dans le paysage social comme le faisait la rente dans les fêtes et les châteaux. Le Capital apparaît comme un immense trou noir où il semble que vienne se perdre le résultat de l'activité sociale.

Pour que la société retrouve la maîtrise, et d'abord la perception complète d'elle-même, ne suffit-il pas d'abolir l'exorbitante liberté du propriétaire du capital en supprimant l'appropriation privée du profit ? La consommation et l'investissement sont deux usages si différents de celui-ci que leur réunion en une seule et même personne paraît une violence faite à la nature des choses. On fera donc de la gestion du profit pour l'investissement un travail comme les autres, rémunéré, pour reprendre les termes d'Adam Smith, en fonction de « la quantité, la difficulté, ou la qualité de ce [...] travail d'inspection et de direction » — un travail séparé désormais de toute propriété. La libre affectation du surplus par le propriétaire privé fera place à son affectation impérative à l'investissement par le « propriétaire » collectif.

On ne revient pas pour autant au dispositif des sociétés précapitalistes. L'investissement autoritaire ne rejoint point le prélèvement autoritaire de la rente ou de la dîme. Dans l'investissement le surplus ne trouve pas sa fin, son usage ou sa spécification ultimes : il s'agit de dégager à nouveau du surplus pour le réinvestir autoritairement, et ainsi de suite indéfiniment, chaque investissement étant partie d'un investissement indéfini et illimité.

Mais comment évaluer le profit maintenant que le capitaliste a disparu ? Le propre du profit se signalait dans le choix discrétionnaire qu'il offrait entre la consommation et l'investissement. Il semble cependant que l'abolition de la possibilité du choix laisse intactes la possibilité et la réalité du profit, qu'affirmer le contraire serait attribuer au capitaliste un pouvoir magique. Le capitaliste n'est point magicien mais plutôt, je le notais, poète. On dit qu'il parle en chiffres ; en vérité la métaphore est son langage et son ouvrage : il rapproche les choses éloignées. Qu'est-ce qui lui permet cela ? Son imagination et l'argent, l'argent qui est le sien. Il appréhende le monde par la médiation de l'argent qui est le sien. L'imagination tisse des correspondances et des équivalences ; l'argent est le correspondant et l'équivalent universel : la Métaphore inépuisable. Rousseau se moquait du marchand qu'on pique aux Indes et qui crie à Paris ! C'était voir l'essentiel : l'imagination et l'argent rendent sensible à la terre entière. Seul le propriétaire du Capital peut concevoir sans cesse les correspondances nouvelles qui font la vie de l'Économie, tandis que l'investissement autoritaire, ou planifié, pétrifie le réseau des valences sociales et paralyse le mouvement de l'imagination.

XIII

Ces quelques remarques sur les articulations de la société moderne suffisent à mon propos. Il ne s'agissait pas, on le voit assez, d'apporter une contribution à la science économique qui a certainement fait, depuis Adam Smith, de considérables progrès, seulement d'esquisser le plan du dispositif selon lequel le régime moderne se constitue comme Économie ou comme Système économique. Ce développement est souvent caractérisé comme l'« émancipation de l'économie ». L'expression est juste et heureuse tant il est vrai que les lois et coutumes qui jadis réglaient et contraignaient le travail et l'échange ont été, progressivement ou brutalement, abolies, laissant le champ libre à l'extraordinaire *improvement* que nous avons connu. Mais en même temps, on doit remarquer que ce qui s'est ainsi « émancipé » n'existait seulement pas avant d'être libre : c'est en même temps que l'économie a gagné la liberté et trouvé sa nature. Dès lors on ne peut dire proprement que l'économie se dégage dans, ou de la société, c'est la société, ou le corps politique même qui devient système économique. Cela suppose que l'espace social prenne d'abord une certaine courbure : l'imagination se tourne vers le travail, celui-ci s'expose à l'imagination.

L'imagination, sous la forme du capital, met le travail au travail, ou le commande. Le travail, ou la perspective, ou l'attraction irrésistible du travail, contraint l'imagination à n'enfanter que des idées utiles, exhibant du moins l'idée de l'utilité, et donc susceptibles de donner lieu à un travail. L'imagination est maîtresse du travail ; le travail est maître de l'imagination. Entrons un instant dans ce cercle, qui est le nôtre.

Dans les sociétés antérieures, le travail avait deux fins possibles :

soit on travaillait « pour vivre », pour assurer la subsistance de la famille ou du groupe ; soit on travaillait pour « faire vivre » noblement les nobles personnages qui ne travaillaient pas. Dans la société du commerce, on ne travaille ni pour vivre — c'est une conséquence heureuse, mais secondaire — ni pour faire vivre, puisque la classe chargée de représenter, de mettre en scène la vie bonne a été abolie. On ne travaille plus que pour travailler, c'est-à-dire pour réaliser les idées utiles toujours nouvelles qu'enfante l'imagination et, ainsi, l'inciter à en concevoir d'autres toujours plus nouvelles. Le travail n'y parvient jamais au repos.

L'imagination, de son côté, ne cherche plus à étreindre comme jadis cet Être qui est « tel qu'on n'en peut concevoir de plus grand », ni même les moindres divinités qui président à l'Amour ou à la Guerre ; elle a cessé d'édifier des temples, ou de dresser des statues d'une beauté digne de leur grandeur. Elle conçoit les nouvelles idées qui, rendues réelles par le travail qu'elles animent, permettront d'améliorer la condition des hommes et, surtout, de compléter, de perfectionner le système du travail. Elle reste bien l'imagination : c'est encore une image olympienne qui, dans la publicité, accompagne ses efforts, l'image de femmes et d'hommes beaux comme des dieux, comme les dieux toujours jeunes, et dont rien de terrestre ni de terreux n'entrave les mouvements infailliblement rapides. Mais, compétente et prenant bien ses mesures, courbée sur notre sphère, elle ne connaît plus le désir disproportionné qui la portait jadis à s'égaler au monde ; elle ne conçoit plus la gloire.

SECONDE PARTIE

L'AFFIRMATION DE SOI

CHAPITRE 4

L'homme caché

I

Dans les chapitres précédents, j'ai sommairement décrit la formation de ces trois grands domaines de la conscience de soi de l'homme moderne : l'Histoire, la Société, l'Économie. Chacun d'eux présente un double visage : il est un ensemble homogène de « faits » — les faits historiques, les faits sociaux, les faits économiques ; il est aussi la science qui en prend connaissance — l'histoire, la sociologie, l'économie. Chacune de ces sciences sélectionne les faits qui l'intéressent en dirigeant sur la totalité indéfinie des faits son « point de vue ». Celui-ci, qu'il soit historique, sociologique, ou économique, peut s'appliquer en principe à n'importe quel sous-ensemble de l'ensemble des faits. Le sociologue a son « point de vue » sur le domaine de l'historien ou de l'économiste. Chacun des trois spécialistes a son « point de vue » sur les domaines des deux autres, et même sur d'autres domaines encore : il y a un point de vue historique, sociologique, économique, sur, par exemple, la peinture, la médecine, la sexualité, la folie. D'ailleurs, les points de vue peuvent se croiser de façon assez étourdissante, et seul un méthodologiste du premier rang serait en mesure de préciser ce qui distingue un point de vue sociologique sur les faits économiques d'un point de vue économique sur les faits sociaux. Quoi qu'il en soit, ainsi que je l'ai souligné plus particulièrement à propos de la sociologie, les combinaisons du kaléidoscope sont indéfinies. Une dose très modique d'imagination suffit pour découvrir ou inventer sans cesse de nouveaux « champs de recherche », mettre en marche des « chantiers scientifiques » inédits. Sous les contraintes plus formelles que réelles de la scientificité, la liberté du chercheur, dans ses hypothèses comme dans ses conclusions, est pour ainsi dire illimitée : il est souverain absolu de sa province de « faits » qu'il est méthodologiquement dispensé de rattacher aux autres faits, à la totalité du phénomène humain. Que dis-je : dispensé ? Il lui est formellement *interdit* de seulement esquisser un tel rattachement. Ce serait manquer à la rigueur scientifique et tomber dans la « littérature », ou l'« idéologie », ou même dans la « philosophie ». Heureux chercheurs à qui la seule vraie difficulté de la connaissance est ainsi épargnée !

La conscience de cette difficulté surgit parfois dans une prise de position abrupte sur la place de telle science et de l'ensemble des faits correspondants dans le Tout de l'homme. Alors, par exemple, on pose que l'homme est un « être historique » ; on nie que la société détermine les comportements humains, ou que l'*homo œconomicus* soit l'homme véritable. Mais les sciences humaines ne peuvent transformer leur bonne, ou mauvaise, conscience en connaissance, puisqu'elles refusent par principe d'essayer de prendre en compte la totalité du phénomène humain, de comprendre la multiplicité et la diversité de ses aspects dans l'unité de la Nature, ou du Monde, ou de l'Être, ou de l'Homme lui-même. Il est vrai qu'elles invoquent souvent l'exigence d'« interdisciplinarité », comme si l'addition de partialités revendiquées pouvait jamais produire l'unité du regard impartial. Du reste, en pratique, cette exigence n'est généralement que la licence donnée à chaque discipline de violer ses propres règles sous la condition, et au motif, que les autres font de même. Et c'est ainsi que, si souvent, les « recherches interdisciplinaires » sont à la rigueur scientifique ce que la débandade est à la discipline des armées.

On dira que si cette science du Tout était réellement possible, si la revendication originelle de la philosophie était encore seulement plausible, les sciences humaines ne se seraient pas ainsi émancipées. Ne faut-il pas admettre que l'idée d'une « nature de l'homme » a depuis longtemps révélé son incapacité à unifier de manière intelligible le phénomène humain ? D'ailleurs, n'avons-nous pas nous-même montré comment la nécessité de rendre compte du Nouveau conduisit Montesquieu à élaborer plusieurs des « points de vue » dont il est ici question ? Ces jugements, qui désespèrent de la philosophie, sont aujourd'hui presque unanimement partagés. Qui suggère que le procès n'est pas clos, et que l'on peut avancer des arguments valides en faveur de l'Un, donne le sentiment de s'arc-bouter sur une position « objectivement dépassée » par le progrès de la raison et donc « intenable ». Est-ce bien le cas ?

J'ai déjà relevé que l'insistance de la sociologie sur la diversité des choses humaines, polémiquement dirigée contre l'idée d'une nature identique à elle-même, n'était qu'un moment d'une démarche destinée non à sauver la diversité mais à produire l'uniformité en définissant l'ensemble homogène des « faits sociaux » régis par des « lois »[1]. Rien là, du moins, qui oblige à désespérer de la cause de l'unité. Surtout, le fait est considérable, c'est de l'intérieur même de la philosophie, et avant que l'expérience de la nouveauté anglaise ne conduise Montesquieu à lier le destin de la connaissance à l'autorité du commerce et de la liberté, qu'a surgi une mise en cause radicale de l'unité du phénomène humain, ou au moins de sa compréhension unifiante sous le registre de la nature. Ce que la philosophie a délibérément défait, pourquoi ne serait-elle pas capable de le refaire ? Il me faut brièvement retracer l'histoire de ce démembrement délibéré.

II

Ce qu'il est convenu d'appeler la philosophie moderne se constitue au XVIIe siècle dans une démarche polémique contre la philosophie d'Aristote, plus précisément contre sa physique et sa métaphysique, plus précisément encore contre sa doctrine de la « substance », qu'elle concerne la nature en général ou l'homme spécialement. Que celui-ci soit substance, « forme substantielle », placée à son rang dans une hiérarchie des substances ou des formes, qu'il soit une nature, placée à son rang, le rang des natures à la fois animales et rationnelles, dans une hiérarchie des natures, que l'âme humaine soit la « forme » du corps humain, c'est l'enseignement d'Aristote qui avait été pour l'essentiel adopté par la doctrine catholique, et que Descartes comme Hobbes, Spinoza

---

1. Voir, plus haut, chap. 2, § v.

comme Locke vont implacablement détruire. Que l'homme soit une *substance*, et une substance *une*, c'est la *Carthago delenda* de la philosophie nouvelle.

On peut étudier cette destruction dans l'œuvre de Descartes et des grands cartésiens, Spinoza et Malebranche. On peut l'étudier aussi dans la suite anglaise qui va de Hobbes à Locke, et de Locke à Hume. Cette dernière voie est pour nous la plus appropriée puisque c'est en Angleterre que la destruction de la substance est liée le plus explicitement et le plus étroitement à la construction du corps politique nouveau, du nouveau monde de la liberté humaine. Dans ce contexte, l'œuvre de Locke est, à tous les sens du mot, centrale. Mais il est impossible de l'aborder sans dire quelques mots de celle de Hobbes.

Aussi directe, tranchante et même sarcastique que fût la critique hobbesienne de la notion de forme substantielle, plus généralement de la métaphysique et de la politique aristotéliciennes[2], elle préparait une redéfinition positive du problème humain. Cette redéfinition apparaît sans aucun doute comme une simplification. Une simplification analogue se retrouve au même moment chez un auteur fort différent de Hobbes, chez Pascal, qui écrit : « Sans examiner toutes les occupations particulières, il suffit de les comprendre sous le divertissement[3]. » Ce n'est pas au divertissement, mais, nous le savons, au désir de pouvoir que Hobbes réduit la complexité humaine :

> Les passions qui, plus que toutes les autres, causent les différences d'esprit, sont principalement le désir plus ou moins grand de pouvoir, de richesses, de savoir et d'honneur : mais tous ces désirs peuvent se ramener au premier, c'est-à-dire au désir de pouvoir. Car les richesses, le savoir et l'honneur ne sont que diverses sortes de pouvoir[4].

Nous notons que la nature humaine joue ici un rôle plus direct et, si j'ose dire, plus concentré que chez Aristote lui-même. Chez ce dernier, la nature fournit le vecteur, l'impulsion et la régulation d'un monde humain qui est par ailleurs décrit dans toute sa

---

2. *Leviathan*, chap. 46.
3. *Pensées*, éd. Brunschvicg, 137.
4. *Leviathan*, op. cit., chap. 8 (trad. F. Tricaud citée légèrement modifiée).

complexité, grâce à une analyse dialectique des opinions et une phénoménologie des passions. Nulle part chez Aristote on ne rencontre une condensation naturaliste comparable à celle que nous venons de relever chez Hobbes. Cette condensation a d'ailleurs deux aspects. D'une part, la diversité et la complexité humaines sont réduites à l'unité et la simplicité d'une passion fondamentale, le désir de pouvoir. D'autre part, l'ordre politique est tout entier déduit de cette passion presque unique. J'explicite le second point brièvement.

Ce qui résume à la fois la nature de l'homme et les termes du problème politique, c'est donc le désir de pouvoir, qui se décline comme vanité ou désir d'éminence, désir d'être le premier d'une part, comme désir de posséder les choses nécessaires à la vie d'autre part. Avant la naissance de l'ordre politique, dans l'état de nature, les deux formes de ce désir conduisent avec une égale nécessité à la guerre de tous contre tous. Or, que l'homme désire avoir toujours plus de pouvoir, cela suppose qu'il est conscient d'avoir du pouvoir, c'est-à-dire d'être la cause d'effets possibles. Selon Hobbes, la seule faculté qui distingue naturellement les hommes des bêtes, c'est la science, qui est connaissance des conséquences ou des effets possibles[5]. Puisqu'ils ont, avec le désir, l'idée du pouvoir, et que leurs désirs de pouvoir se neutralisent et s'annulent en quelque sorte l'un l'autre dans la guerre de tous contre tous, les hommes vont construire au-dessus d'eux le plus grand pouvoir qu'ils puissent concevoir, le pouvoir souverain — celui qui caractérise l'État moderne. Ainsi, chacun sera retenu par la crainte de ce pouvoir incomparablement supérieur au sien ; et chacun désormais ne donnera effet à son désir de pouvoir, il est inextirpable, que dans la recherche industrieuse des biens nécessaires à la vie la plus confortable possible, ou alors dans les manifestations d'une inoffensive vanité. Une fois le désir de pouvoir de chacun tenu en lisière par la crainte du pouvoir souverain, l'exercice de ce désir n'est plus que l'exercice de ce qui sera bientôt célébré comme la liberté[6].

On voit qu'il y a une admirable cohérence, une parfaite homogénéité, entre l'analyse de la nature humaine d'une part, la

---

5. *Leviathan*, chap. 3, 5.
6. Voir, au chapitre suivant, le paragraphe x.

formulation du problème politique et l'exposé de sa solution d'autre part. Hobbes est un des auteurs politiques les plus « systématiques » qui soient[7]. C'est ici que le commentateur, tout à son honnête plaisir, risque fort de laisser échapper le point décisif. Le rôle manifeste et presque agressif de la nature humaine prépare ici en réalité sa disparition ou, au moins, son abaissement. En effet, l'homogénéisation des diverses facultés et passions humaines, transformées en autant de versions d'un même désir de pouvoir, suppose un travail préalable d'abstraction et, pour autant, de dénaturation. C'est l'observateur, c'est le philosophe qui parle de « pouvoir ». L'homme réel, vivant, s'exprimant selon sa spontanéité naturelle, parle de richesses, de science, d'honneur ou de gloire[8]. La posant comme quantité et désir de pouvoir, Hobbes paraît affirmer la nature humaine avec une intensité toute particulière. L'histoire ultérieure de la notion de *power* confirme qu'il y a plus de stridence que de puissance dans une telle affirmation.

Assurément, l'audacieuse simplification opérée par Hobbes dégage un noyau central, dense et complexe, de notre nature : un désir impérieux, et son obscur et nécessaire objet. Quoique réduite, notre nature conserve ampleur et gravité. Mais le salaire de l'abstraction doit être bientôt payé : elle détruit ce qu'elle affirme. Trop abstrait, trop général, trop neutre, trop peu humain, le pouvoir va se détacher du désir humain, de l'humaine nature. Ce qui était, selon Hobbes, le centre et le propre du monde humain va se dissoudre dans l'homogénéité non humaine — non spécifiquement humaine — du *power*. Locke est le témoin, ou plutôt l'auteur de cette transformation.

III

Le chapitre intitulé « Du pouvoir » est le plus long du long *Essai sur l'entendement humain*[9], dont la traduction française fit

---

7. Voir Carl Schmitt, *Der Begriff des Politischen*, Berlin, Duncker et Humblot, 1932, p. 32 ; 1963, p. 64 ; trad. fr., *La Notion de politique*, Paris, Calmann-Lévy, 1972, p. 111.
8. Voir plus haut p. 162.
9. C'est le chapitre 21 du livre II, p. 233-287, dans *An Essay Concerning Human Understanding*, éd. Peter H. Nidditch, Oxford, Clarendon Press, 1975.

l'éducation philosophique de l'Europe des Lumières. La notion de *power* est au centre de l'ouvrage. Les autres notions principales sont élaborées avec son aide. Simultanément, ainsi que je l'indiquais à l'instant, elle est absente de l'analyse lockéenne de la nature humaine, au moins des passions humaines. Le *power* est expulsé du site où il jouait, chez Hobbes, le rôle le plus éclatant — l'âme humaine comme siège des passions et des désirs —, mais il envahit tous les autres domaines. Prenons le temps de documenter, même sommairement, ces affirmations :

— les « qualités secondaires » — couleur, odeur, etc. — ne sont que le *pouvoir* des qualités primaires, ou des particules invisibles, de produire ces sensations ou ces effets que nous appelons qualités secondaires ;

— ce que nous appelons « substance » n'est que le *pouvoir* de produire un certain nombre d'effets que nous percevons empiriquement, sans connaître le moins du monde la nature de cette « substance » ;

— la volonté est le *pouvoir* de préférer une action à une autre ;

— la liberté est le *pouvoir* de réaliser cette préférence ; et elle n'a rien à voir avec la volonté car elle serait alors pouvoir d'un pouvoir, ce qui est absurde ;

— l'entendement est un *pouvoir*[10].

Le *power* peut-il ainsi définir des choses si disparates ? En tout cas, on voit que cette notion, par l'ubiquité de son emploi dans le domaine de la matière comme dans celui du fonctionnement mental de l'homme en général, dépouille le lien si étroit qui la rattachait chez Hobbes à la notion de domination, ou de supériorité. Son sens proprement moral et humain est en quelque sorte neutralisé. Comme l'indique clairement ce que Locke écrit des rapports entre l'entendement et la volonté[11], elle tend à se rapprocher de la notion de relation. Le *power* est en somme une étape intermédiaire — une *halfway house* — sur le chemin qui conduit du monde de la substance à celui de la relation.

Une des intentions principales de l'*Essai* est de discréditer la notion de substance, de la mettre, si j'ose dire, hors service. Dès lors que le *power* fournit l'idiome universel capable de rendre

10. *Op. cit.*, II, 8 ; II, 21, 23.
11. *Ibid.*, II, 21, p. 242-243.

compte de ce qui était jusque-là interprété en recourant à l'idée de substance, la question de la substance, ou de l'essence, humaine, la question du propre de l'homme, peut être laissée de côté, ou du moins perd de son urgence et de sa nécessité. Nous ne pouvons connaître que des *powers*, qui renvoient certes, en un certain sens, à un je-ne-sais-quoi qui est leur support, dans le cas de l'homme à un « agent », à une « substance » donc si l'on veut, mais cette substance est inaccessible et inconnaissable : s'interroger sur elle est dépourvu de sens[12].

Hobbes, il est vrai, avait déjà rejeté, aussi complètement que Locke, les notions traditionnelles de substance et d'essence, de genre et d'espèce[13]. Mais il gardait en commun avec la tradition l'insistant souci du propre de l'homme, même s'il l'interprétait tout autrement que n'avait fait l'ontologie aristotélicienne, puis thomiste. Locke, lui, détache complètement l'aptitude de l'homme à produire des effets du désir humain de pouvoir, dont elle était inséparable chez Hobbes. L'homme n'est plus cet être qui ne goûte que ce qui est éminent ; il est seulement l'être qui produit un certain nombre d'effets et qui sait qu'il les produit. N'est-ce pas encore reconnaître et affirmer un propre de l'homme ? Soit, mais alors considérons sérieusement la portée véritable de cette définition, si c'en est une.

On ne saurait limiter sa portée au sens restreint et traditionnel qui offre assurément une enviable plausibilité : l'homme est capable de faire advenir, de produire des choses qui n'étaient pas données dans ou par la nature ; il est « artiste ». Non seulement cette propriété humaine a été dès longtemps reconnue, mais sa mise en évidence se rattache très étroitement à l'origine même de la philosophie. Celle-ci naît, devient consciente d'elle-même en dégageant la notion de « nature », et en distinguant celle-ci d'une part de la loi comme « convention », d'autre part de l'art comme « technique ». Les arts et les lois sont des effets, non de la bienveillance des dieux, mais des pouvoirs de la nature humaine. La philosophie elle-même, en ce sens, relève de l'art[14]. Cependant, le propos de Locke n'est point dans le prolongement de ces

12. *Ibid.*, III, 10.
13. *Leviathan*, chap. 4, 5, 46.
14. Voir Aristote, *Premiers analytiques*, 46 a ; *Éthique à Nicomaque*, 1140 a ; *Métaphysique*, 981 a-b, 1074 b. Cf. Platon, *Lois*, 888-889.

vénérables découvertes. Pour lui, la capacité de produire des effets, loin de révéler les pouvoirs de la nature humaine, signale au contraire son impuissance et sa pauvreté. Quel est ce mystère ?

Partons de ce que nous savons. Nous ne savons que ceci : l'homme peut produire des effets. Si c'est là « le propre de l'homme » et si nous n'usons pas d'hypothèses adventices, nous n'avons pas le droit de supposer aucune autre faculté humaine, aucune autre propriété de la nature humaine que celle-là même. Essayons alors de préciser la figure de l'homme.

Le point décisif réside en ceci que le caractère « artiste » de l'homme dévore son caractère « naturel ». Ce qui était considéré comme le « donné » humain, comme l'homme-là, apparaît maintenant comme un « effet » produit par l'homme. Ou, plus précisément, l'homme-là ne se comprend que comme un produit résultant de la transformation d'une matière préhumaine par... par quoi ? par qui ? Allons-nous dire encore : par l'homme, quand « l'homme » est le résultat de ce processus de production ou peut-être, plutôt, se confond avec ce processus même ? Son pouvoir et son désir de pouvoir ont ainsi cédé la place à une tout autre domination : un *dominion* qui n'est plus le pouvoir de l'homme sur l'autre homme, mais celui de produire l'homme en l'homme. Il ne s'exerce pas autrement que son *dominion* sur le monde extérieur, sur la nature brute. Dans les deux cas, l'homme *compounds and divides the materials*, il ajoute et divise les matériaux [15]. Ainsi l'homme est *labour*, il est travail. Non seulement il transforme la nature extérieure par son travail, mais encore l'humain en lui est le résultat du travail, peut-on vraiment dire : de l'homme ?, sur lui-même comme matière préhumaine. Nous ne savons pas ici, nous ne savons pas encore ce qu'il nous est permis, ou possible, de dire, ce que cela signifie, que l'humain en l'homme est le résultat d'un travail. Mais déjà le nom nouveau de l'homme ancien — il s'appelle désormais travail — nous entraîne vers des pensées insolites.

---

15. Locke, *op. cit.*, II, 2, 12, p. 120, 163-164.

IV

La première est celle-ci : la bonté de la nature, dont la tradition philosophique aussi bien que théologique faisait si grand cas, ainsi que Locke aime à le rappeler malicieusement, se réduit en fait à donner à l'homme des matériaux en eux-mêmes presque sans valeur — *almost worthless*[16]. De même que c'est son travail qui fournit 99 % de la valeur des choses qu'il peut posséder ou échanger[17], c'est son travail aussi, quoiqu'un autre travail, qui transforme les « idées simples » qu'il reçoit des sens[18], les seules vraies, c'est-à-dire conformes à la nature, en idées complexes, en *mixed modes*, en particulier en ces notions morales grâce auxquelles il va constituer, organiser la société civile, le monde humain. Partant, les idées morales ne correspondent à rien de ce qui est dans la nature ; elles sont le produit du travail de l'homme, les « archétypes » créés par lui[19].

Nous nous interdirions tout accès à la pensée de Locke, toute compréhension du véritable enjeu de l'*Essai*, si nous donnions de ces propositions une interprétation « civile », considérant que le philosophe a ici en vue le travail d'élaboration et de raffinement des notions morales qui est un des ressorts principaux, comme un des plus grands bienfaits, de la vie sociale. Comment aurions-nous le loisir d'une interprétation de bonne compagnie lorsque Locke affirme *with a poker face* que l'idée de meurtre est une idée « arbitraire[20] » ! Si la philosophie est fille de l'étonnement, voilà certes l'occasion de philosopher.

Locke pose d'abord que les hommes ont pu forger l'idée de meurtre avant qu'aucun meurtre ait encore eu lieu. Nous ne comprenons pas bien ce que cela veut dire. Nous ignorons d'où il tient une telle certitude. En tout cas, cette proposition singulière veut marquer la distance, et même, si l'on ose dire, l'absence de rapport entre l'idée et la réalité que celle-ci est censée signifier. On pressent comme un descellement du monde des idées ; elles

---

16. Voir *Essay*, I, 2, § 10, et le *Second Treatise of Government*, chap. 5, § 43.
17. *Second Treatise*, chap. 5, § 40.
18. *Essay*, II, 12 et 22, p. 163-164 et 292.
19. *Ibid.*, III, 5.
20. *Ibid.*, § 6.

reçoivent, ou on leur impose, une légèreté nouvelle. Locke précise que l'idée de tuer n'a pas plus de rapport naturel avec l'idée d'homme qu'avec celle de mouton[21], et aussi qu'il n'y a pas de rapport naturel entre l'idée d'appuyer sur la détente et les autres idées qui constituent l'idée de meurtre[22]. Il conclut au caractère artificiel et arbitraire de l'idée de meurtre parce que, après l'avoir décomposée en ses divers éléments, il constate que les idées de ces éléments n'entretiennent pas entre elles de rapport naturel et nécessaire.

La proposition est en elle-même incontestable, et elle jette pourtant dans une incrédulité soupçonneuse. Dans cette décomposition intellectuelle d'une notion, nous ressentons comme une violence morale. Notre conscience alarmée s'interroge : si l'idée de meurtre est aussi peu consistante, si elle n'est ainsi qu'une sorte de *patchwork* d'éléments disparates, quelle peut être la rigueur, ou même la validité, de la loi qui interdit le meurtre ? Un instant de réflexion nous rassure. Le sage et vertueux Locke n'a pas pu vouloir jeter le doute sur la validité de cette interdiction. Mais comment devons-nous comprendre sa démarche ? Où tend son extrémisme analytique ?

L'argument selon lequel l'idée de tuer n'a pas plus de rapport naturel avec l'idée d'homme qu'avec celle de mouton est formellement impeccable ; il est aussi substantiellement intenable. En effet, contrairement au mouton, l'homme a une idée de la mort et un mot pour la nommer : n'est-ce pas là une relation naturelle fort étroite ? Plus encore, la mort est un souci primordial de l'homme, un souci tellement naturel que les Grecs nommaient les hommes les « mortels ». L'homme sait qu'il tue un homme qui sait qu'il est tué ; c'est autre chose que couper un chou, ou même égorger un mouton, que l'égorgeur soit homme ou loup. Locke manipule les idées comme des jetons, de couleurs et de formes variées peut-être, mais de titre ou de poids identique, comme des jetons interchangeables. Il semble ne pas voir que l'homme a par nature un rapport différent à des idées différentes, et que, par conséquent, si du moins l'idée d'homme garde quelque rapport avec sa réalité, les diverses idées entretiennent avec l'idée d'homme un

21. *Ibid.*, p. 430.
22. *Ibid.*, III, 9, § 7.

rapport différent de celui qu'elles entretiennent avec l'idée d'un autre vivant. Poser, comme il le fait, que l'idée de détente, ou d'appuyer sur la détente, n'a pas de rapport naturel avec les autres idées qui composent l'idée de meurtre, n'est pas soutenable. C'est même le contraire exact qui est vrai puisque ce rapport est précisément fourni par l'idée de meurtre. L'idée de détente, et la détente elle-même n'existent qu'en relation avec l'idée de tuer. Elle ne peut être considérée comme un morceau de métal sans rapport naturel avec cette idée qu'au prix d'une abstraction violente.

Certes, l'idiome des idées, que l'*Essai* de Locke contribue décisivement à élaborer et à accréditer dans la philosophie européenne, confère toujours à la thèse qu'on avance, quelle qu'elle soit, un air sérieux et vraisemblable. L'abrégé de connaissance que l'on construit ainsi offre toujours une image plausible du monde, puisque de chaque chose on prélève l'idée dont on dispose ensuite à sa guise. Cet artifice implique en réalité un démembrement violent du monde humain : on s'attaque aux articulations mêmes de celui-ci. L'idée de meurtre, comme celle de la loi qui l'interdit, est un « tout » indécomposable qui contient en effet le rapport de l'homme à son humanité telle que la révèle, mais aussi la cache, la possibilité de mourir. Peut-être faudrait-il dire que le meurtre n'est dévoilé pour ce qu'il est que par la loi qui l'interdit. En tout cas, décomposant les touts indécomposables qui donnent sens à l'expérience humaine, Locke ferait de celle-ci une diversité sans unité, une poussière d'idées disparates, s'il ne présupposait, quelque part, un principe d'unité. Celui-ci ne réside point à l'intérieur du monde, ni au-delà du monde, mais en quelque sorte en deçà : dans la source des idées, dans l'entendement humain[23].

Nous ne comprenons point le sens ultime de la démarche de Locke, mais sa violence cachée nous rend attentifs à sa portée politique et polémique. Dire que les notions morales sont des créations ou des constructions humaines sans modèle ni support dans la nature, c'est faire entendre que, puisqu'elles sont définies et promulguées par le législateur politique ou religieux, les commandements de celui-ci sont sans fondement dans la nature de

23. *Ibid.*, II, 22.

l'homme. Il est à remarquer dans ce contexte que Locke donne, avec l'exemple du meurtre, celui du sacrilège. Nous nous demandions ce qu'il voulait dire quand il affirmait que les hommes ont pu forger l'idée du meurtre avant qu'aucun meurtre ait eu lieu. Cela veut dire en tout cas aussi que les hommes ont pu forger l'idée de sacrilège avant qu'aucun sacrilège ait eu lieu, et même sans qu'aucun sacrilège ait jamais eu lieu ; l'idée de sacrilège est une création arbitraire du législateur.

v

Ainsi Locke mène-t-il à son terme la démarche de Hobbes. Selon ce dernier, les lois politiques et morales n'obligent qu'en vertu de l'ordre du souverain, seul législateur légitime. Ce qui fait la loi n'est pas la vérité de ses fondements mais l'autorité de celui qui la promulgue. De cette proposition dont l'accent et la portée étaient principalement politiques, Locke fait une proposition philosophique générale : l'homme en tant qu'homme est le créateur arbitraire de ses lois et de ses notions morales ; le Souverain n'est point cet homme-ci mais l'homme lui-même, et il n'est point le souverain de ce pays-ci mais du monde humain en tant que tel. Certes, l'intention politique et polémique reste présente chez Locke, nous venons de le noter ; et Hobbes avait déjà fort nettement explicité le caractère arbitraire des notions morales en général, condition de possibilité et de légitimité de son projet politique[24]. Mais chez ce dernier, la définition de l'homme comme *artificer*, ou *maker*, reste subordonnée à sa définition comme individu avide de pouvoir. Le monde humain trouvant son centre de gravité dans le fait brut du *desire of power*, il n'a pas à être interprété, ou construit, comme une architecture d'idées arbitraires.

La doctrine hobbesienne enveloppait cependant une tension sous-jacente, un implicite déséquilibre. Si l'humanité intéressante et efficace de l'homme est contenue dans le désir de pouvoir où en quelque sorte sa nature se concentre, alors assurément ses

24. *Leviathan*, chap. 6, 42.

« idées [25] » morales peuvent bien être dites artificielles ou conventionnelles, et n'avoir d'autre validité que celle que leur confère le législateur. Elles ont si peu de poids intrinsèque ! Mais alors c'est leur légèreté qui devient troublante. Si elles sont sans racine dans la nature, si elles ont besoin de l'appui extrinsèque du législateur pour valoir et donc pour être, que sont-elles et d'où viennent-elles ? Sans appui dans l'Être, elles ne sauraient trouver leur origine qu'en cet homme dont toute la nature est pourtant ailleurs, dans le désir de pouvoir. L'homme hobbesien est sur le point de découvrir en lui, mais en quelque sorte hors de sa nature, une capacité, un pouvoir, un *dominion* qu'il ignorait. Découvert, celui-ci altérera le paysage moral, faisant pâlir le pouvoir naturel convoité par l'homme naturel, le pouvoir pour ainsi dire païen de l'homme sur l'homme. L'idiome des idées va ruiner progressivement celui du pouvoir, et se substituer à lui, jusqu'à ce que Montesquieu déclare : « Le désir que Hobbes donne d'abord aux hommes de se subjuguer les uns les autres n'est pas raisonnable. L'idée de l'empire et de la domination est si composée, et dépend de tant d'autres idées, que ce ne serait pas celle qu'il aurait d'abord [26]. » Où Hobbes voyait le fait naturel, massif et inanalysable du désir de pouvoir, Montesquieu et, après lui, Rousseau [27] dévoilent l'effet et l'artifice d'une « idée composée ».

En concentrant agressivement la nature de l'homme dans le désir de pouvoir, Hobbes a libéré le monde des idées de toute attache naturelle, de tout lien ontologique. La nature ou l'Être ne les ressaisiront plus, ne les rattraperont plus, si j'ose dire, puisque les idées seront rattachées, désormais, non point à l'ordre du monde, ni à l'homme lui-même, mais au moderne atelier d'Héphaïstos, « l'entendement humain », naturellement chargé de fabriquer ce qui n'est pas naturel, de composer, à partir des idées simples, les idées complexes, les notions morales. Locke, dans l'*Essai*, nous en explique le fonctionnement.

Puisque le monde des idées morales est relativement stable et même, pour certaines de ses parties, pour ainsi dire immuable, l'arbitraire qui le caractérise fondamentalement n'a rien à voir avec le désordre d'une dispersion imprévisible. L'élaboration par

25. Hobbes emploie plutôt le mot « pensées » *(thoughts)*.
26. *De l'esprit des lois*, I, 2.
27. *Discours sur l'origine de l'inégalité*, in *Œuvres complètes*, éd. citée, t. III, p. 161.

l'entendement humain des notions morales obéit à des règles dont il s'agit de découvrir le principe. Ainsi, à la question : pourquoi, par exemple, les hommes appellent-ils meurtre le fait de tuer un homme et non celui de tuer un mouton, pourquoi ont-ils un nom particulier pour le fait de coucher avec sa mère ou sa sœur, etc., la réponse de Locke est simple et directe. Ce qui règle l'établissement et le crédit de ces notions et des mots qui les désignent, c'est leur *commodité* pour le commerce social[28]. Le terme de commodité est assurément fort vague, on n'ose dire fort commode. Tantôt Locke suggère que les hommes inventent des noms spéciaux pour ce qu'ils ont une occasion fréquente de nommer ; tantôt il indique que si les hommes ont un nom particulier par exemple pour l'inceste, c'est parce qu'ils jugent cet acte particulièrement honteux. On est tenté de dire que cela fait deux cercles vicieux pour une explication ! Le premier saute aux yeux. Le second n'est pas moins caractérisé.

Soit donc l'exemple de l'inceste[29]. Locke paraît raisonner ainsi. L'inceste, que les hommes condamnent si vivement, est-il honteux, ou criminel, par nature ? Non, puisque, comme toutes les notions morales, c'est une création arbitraire des hommes. On ne peut dire qu'il est contraire à la nature puisque la notion d'inceste n'a aucun rapport avec elle. Pourquoi alors les hommes ont-ils créé cette notion ? Parce qu'ils avaient un motif impérieux de le faire. Quel motif ? Ils jugent l'inceste honteux et le condamnent vivement.

Dans son développement circulaire, la démarche de Locke sépare complètement le contenu de la notion morale, arbitraire comme celui de tous les « modes mixtes », de l'accent moral qui lui est ordinairement attaché. Elle ne nous laisse en l'esprit, ou dans l'âme, que ces deux glaciales propositions : l'ingéniosité de l'entendement humain, bien ou mal exercée, élabore les notions morales sans appui dans la nature des choses ou de l'homme ; les hommes attribuent à ces notions une valeur positive ou négative. Locke suggère que l'organe de cette valorisation peut être un sentiment, ici le sentiment de la honte. Ce sentiment est-il naturel, ou aussi arbitraire et construit que son objet ? Locke ne s'interroge

28. *Essay*, III, 5, § 7.
29. *Ibid.*

pas sur la faculté humaine qui donne leur prix, positif ou négatif, aux notions morales ; ce serait réintroduire la nature et la substance. Il fait porter tout le poids de l'explication par la notion formelle de commodité.

Ainsi la description lockéenne du monde moral comporte-t-elle trois éléments. Le premier, le plus important, est la création arbitraire des notions. On envisage ensuite, mais ce second point est laissé comme en suspens, l'attribution d'une valeur à ces notions. Enfin, ces deux éléments sont liés ensemble par la « commodité », qui est inséparablement motif de la création de la notion et de l'attribution de la valeur. Ainsi, architecture arbitraire d'idées réglée par la commodité, le monde humain tout entier peut être analysé comme un artefact. Ce n'est pas sous-estimer la découverte philosophique de Locke, mais au contraire en souligner l'audace et la portée extraordinaires que de la résumer ainsi : la règle de constitution du monde humain est tout à fait analogue à la règle de fabrication d'une table ou d'une chaise.

Cependant, la fabrication d'une table ou d'une chaise doit se régler sur les caractéristiques et les besoins naturels, passablement évidents, de l'usager, c'est-à-dire de l'homme. On peut aisément fabriquer une table dont la hauteur soit le triple de la taille humaine moyenne, l'usager le plus snob la déclarera incommode. La commodité et l'artifice sont ici non, certes, complètement déterminés, du moins assez strictement gouvernés par la nature de l'homme en général, et, subsidiairement, par les particularités de l'usager, latitude étant laissée à une innocente imagination pour le choix du matériau et de la forme. Dans le cas des notions morales, où ce qui est fabriqué, c'est la constitution même du monde humain, il ne peut être question d'un tel gouvernement par la commodité de la nature humaine. Ce serait rétablir celle-ci dans la position souveraine, dans le rôle de substance qu'elle a dû quitter, partant, réduire à rien, ou à peu de chose, l'arbitraire tant souligné, et qu'on vient de découvrir, des notions morales. De quelle commodité s'agit-il alors ?

D'une seule chose nous sommes sûrs. Elle remplit un rôle indispensable et central dans le dispositif artificialiste conçu par Locke : il faut bien que la construction se fasse selon certaines règles, et elle est la règle de construction. Puisque cette règle ne peut plus être fournie par la nature humaine et par ses contenus de vie ainsi que le voulaient les Anciens, ni par la loi de Dieu ainsi que le croyaient les chrétiens, elle doit résider dans une certaine forme qui condense l'idée même de règle : non point, pour motiver la construction, tel motif substantiel, mais l'idée, la forme même du motif. L'homme élabore son monde pour un motif, et ce motif n'a d'autre sens que d'être son motif, de lui être propre et adapté. La notion de commodité désigne ce cercle qui va de l'homme à l'homme, de soi à soi. Il portera bientôt le nom d'utilité. Mais cette dernière notion, formelle encore, ouvre la voie à un retour, discret mais fatal, de la nature humaine, de ses besoins et de son désir, non plus le désir de pouvoir mais, nous l'avons étudié au chapitre précédent, celui d'améliorer sa condition. Locke est en garde contre une telle rechute, et préserve rigoureusement le formalisme de la « commodité » sans substance.

Le plus grand avantage de la notion tient peut-être à l'équivoque qu'elle garde entre l'universel et le particulier. En tant que *la* commodité, elle a une portée universelle et promet une règle de même extension ; simultanément, puisqu'elle n'est pas la commodité de la nature humaine comme universel substantiel, elle est une règle sans fondement ou sans référent, appelée donc à varier indéfiniment avec la diversité humaine. Il semble, du reste, que le mouvement naturel de la notion conduise à mettre en œuvre cette seconde interprétation, la seule opératoire en un sens puisque seules les circonstances particulières peuvent donner un contenu concret à la commodité. On analysera alors comment se construit un monde humain particulier, en dégageant la convenance réciproque des divers paramètres, par exemple de telle religion et de telle organisation politique, selon la démarche sociologique que nous avons commentée au chapitre 2. Locke ne cède point à cet entraînement naturel. L'abandon de la substance ne signifie nullement pour lui l'abandon de l'universel.

VI

L'analyse lockéenne de la constitution du monde humain semble, il est vrai, rendre impossible l'établissement d'une doctrine politique et morale à validité universelle, bref, d'une philosophie politique. Si les notions morales sont des constructions arbitraires suscitées et réglées par la commodité, il semble qu'il y aura autant de régimes politiques que le *labour* de l'esprit humain est capable d'en inventer, sous la seule contrainte de répondre à la commodité, de quelque façon qu'on entende celle-ci ; que tous ces régimes seront également bons et légitimes puisqu'il n'y a pas d'ordre naturel en fonction duquel les juger et les hiérarchiser. Il n'en est pas ainsi, et c'est même le contraire, selon Locke, qui est vrai.

Puisque le matériau à partir duquel l'esprit humain construit ses idées morales est constitué par les idées simples qui lui sont fournies par les sens externes et le sens interne — par la sensation et la réflexion —, et que ces idées simples sont nécessairement les mêmes pour tous les hommes, sans quoi ils n'auraient pas suffisamment en commun pour qu'on puisse dire : les hommes, il est possible d'élaborer une doctrine politique à validité universelle, pourvu seulement que les idées complexes soient bien construites, c'est-à-dire qu'elles comprennent des idées simples compatibles entre elles et qu'elles soient elles aussi compatibles entre elles. Ces conditions remplies, Locke le souligne avec insistance, la théorie morale et politique peut avoir la même rigueur, est aussi susceptible de démonstration, que les mathématiques[30]. C'est précisément parce que l'ordre moral et politique n'a pas son archétype dans la nature que la théorie morale et politique peut être rigoureusement démonstrative et vraiment universelle. Voici comment.

Assurément, nous ignorons tout des substances, et donc, en un certain sens, nous ignorons tout de l'homme. Mais si l'homme nous est inconnu en tant que substance, il nous est connu par ses *powers* et par ses *relations*. Locke remarque par exemple que l'idée de frère ou de père, idée de relation, nous est plus claire que l'idée d'homme, idée de substance[31]. Lorsque donc nous élaborons le discours moral et politique, nous avons seulement à rapprocher des idées de *relations*, ou de *powers*, et à voir si elles sont compatibles entre elles. Le problème moral et politique devient un problème de logique, de compatibilité des notes logiques. Selon une suggestion déjà faite par Hobbes, la notion d'« injuste », par

30. *Ibid.*, I, 3, § 1 ; IV, 4, § 7.
31. *Ibid.*, II, 25, § 8.

exemple, sera ramenée à la notion d'« absurde », c'est-à-dire de logiquement contradictoire. Ainsi pour Locke, la maxime « où il n'y a pas de propriété, il ne saurait y avoir d'injustice », n'est pas une proposition problématique, ou alors la conclusion d'un débat sur la définition de la justice et la place de la propriété dans l'ordre humain ; c'est une proposition tout à fait comparable aux théorèmes mathématiques élémentaires et dont on perçoit l'évidence par une simple analyse des termes : la propriété est un droit à ..., l'injustice est la négation d'un droit, donc [32]... S'il n'est pas certain que l'analyse logique fournie ici par Locke soit irrésistiblement convaincante, la première condition de sa démarche est claire : dans l'élaboration de la philosophie politique, la nature de la substance, la nature de l'homme, est *présupposée*, elle n'est pas interrogée.

En dépit de la netteté, et même de la solennité, de sa déclaration, Locke n'accomplit pas lui-même, dans l'*Essai sur l'entendement humain*, le passage de sa proposition très générale affirmant la possibilité de construire une doctrine morale démonstrative à l'exposé en forme d'une telle doctrine. Il se borne à quelques maigres suggestions dont je viens de rappeler la principale. On ne trouve nulle part ailleurs dans ses écrits une telle démonstration. Ou bien devons-nous penser que ses *Traités* politiques contiennent, sous une forme simplement plus « civile », cette doctrine ? La réponse nous importe grandement, parce qu'il nous importe grandement de savoir s'il est possible de construire une doctrine morale et politique rigoureuse sans s'interroger sur la nature, l'essence ou la substance de l'homme, et même en rejetant, comme présomptueuse ou alors oiseuse, toute affirmation concernant l'essence humaine. Locke est le premier à avoir formulé résolument et complètement cette exigence et ce rejet. S'il s'est trompé, ou du moins s'il n'est pas possible de corriger ses erreurs en restant fidèle à ses principes, alors la démocratie moderne, alors notre régime politique se révèle privé d'un fondement sûr, puisque sa légitimité est fondée à la fois sur une doctrine morale et politique qui se veut rigoureuse, et sur une neutralité tout aussi rigoureuse devant la question de l'essence de l'homme. Pressés par cette anxiété,

32. *Ibid.*, IV, 3, § 18.

essayons de reconstituer, selon la théorie de l'*Essai*, la doctrine politique des *Traités*[33].

VII

Nous ne savons pas ce qu'est l'homme. Nous savons seulement que les notions morales qui régissent le vivre-ensemble des hommes sont des artefacts et donc que la société n'est pas naturelle à l'homme. Le point de départ de la théorie politique ne peut être que l'individu sans idée, l'individu biologique séparé de ses semblables, sans relation avec eux. Partant de l'atome animal, nous n'adoptons aucune notion morale qui pourrait se révéler mal construite. C'est sur la chétive base de l'atome animal en quête de nourriture que Locke va élever la haute architecture de l'État libéral et démocratique.

Le seul enseignement de la nature, le seul incontestable en tout cas, c'est l'injonction de la nécessité animale : survivre. Si l'individu homme veut survivre, et il le veut nécessairement, il doit se nourrir. La racine du droit humain, si celui-ci doit être aussi incontestable qu'une proposition mathématique, est à chercher dans cet acte sans idée, dans cet acte proprement animal. Locke décrit le processus de saisie et d'ingestion de la nourriture comme une appropriation. Ce n'est pas aller au-delà de ce que proposent les phénomènes. Puisqu'il s'agit de dégager les fondements du droit, on pose la question : quel est le rapport entre cet acte d'appropriation et l'idée du droit ? Ou encore : sous quelle forme considérer, ou construire, le droit pour pouvoir le mettre dans un rapport nécessaire avec cet acte ? La réponse la plus immédiate, la plus logique, paraît être : si nous considérons le droit d'abord, ou essentiellement, comme droit de propriété. En effet, la définition la plus traditionnelle et en même temps la plus claire de la propriété est : *jus utendi*, droit d'utiliser. Certes l'individu a le droit d'utiliser ce qu'il doit nécessairement utiliser pour survivre ! (D'ailleurs, il ne prend rien à personne puisque les hommes sont peu nombreux et dispersés en cet âge du commencement des

---

33. J'ai essayé d'exposer brièvement cette doctrine politique pour elle-même dans le chapitre 4 de mon *Histoire intellectuelle du libéralisme, op. cit.*

sociétés.) S'il a ce droit, il est propriétaire de ce qu'il mange. La question devient maintenant : à partir de quand en est-il propriétaire ? Réponse : à partir du moment où les choses comestibles ont été retirées du monde, du domaine commun, pour entrer dans la sphère propre d'activité de celui qui a besoin de manger. Le nom de cette activité, selon Locke, c'est le *travail*. On voudrait préciser : le nom *humain*. L'animal, en effet, exerce la même activité, et le lion qui poursuit la gazelle pour la dévorer « travaille » plus que le sauvage qui se baisse pour ramasser des glands. Mais nous n'employons pas le mot de travail quand il s'agit d'un animal ; et nous n'en usons même pas spontanément pour définir l'activité humaine de cueillette ou de chasse. Si Locke croit pouvoir employer un terme proprement humain pour désigner une activité accessible à l'animal, et même caractéristique de celui-ci, c'est qu'il voit dans la consommation *de l'homme* la première expression du rapport spécifiquement humain à la nature que nous nommons le travail. Dans cette quête du fondement du droit humain, l'homme est ainsi toujours *présupposé*. Et nous pouvons dire d'ores et déjà ceci : l'homme est propriétaire de ce qu'il mange ; il se l'approprie par son travail ; le travail est donc à l'origine du droit de propriété.

Présenté ainsi, le raisonnement n'est pas complètement convaincant. Un chaînon manque à la déduction. Il n'est pas possible de rattacher directement la propriété des choses au travail sur elles. Pourquoi une chose transformée par le travail serait-elle la propriété de celui qui l'a ainsi transformée, et non pas plutôt, par exemple, la propriété de celui qui en a le plus besoin, ou même envie, maintenant qu'elle est disponible pour l'usage ? Pour que le travailleur soit propriétaire de la chose travaillée, il faut en outre que, premièrement, son travail soit réellement incorporé dans la chose, deuxièmement qu'il lui soit rigoureusement propre, qu'il soit vraiment sien. Je considérerai plus loin la difficulté contenue dans le premier point [34]. Quant au second, le fait que le travailleur emploie « son » bras ou « son » cerveau ne suffit pas à l'établir ; il faut être sûr que ce langage courant peut être employé en rigueur, que bras et cerveau sont bien « siens » ; il faut qu'il soit propriétaire de lui-même. La propriété entre dans le monde par le

---

34. Voir ci-dessous § XVIII.

travail parce que l'individu humain, étant propriétaire de lui-même, est propriétaire de son travail.

Ainsi, selon Locke, l'individu humain, considéré comme absolument séparé de ses semblables, seul en face de la nature, a-t-il en lui-même le fondement nécessaire et suffisant de la propriété et, à partir d'elle, du droit tout entier. Celui-ci, qui règle le vivre-ensemble des hommes, n'a pas sa source première dans le fait de vivre ensemble, dans ses conditions et conséquences, mais dans le rapport à la nature et à soi de l'individu séparé. La propriété, le droit, le monde humain tout entier sont contenus dans l'individu solitaire comme, est-on tenté de dire, l'espèce humaine dans le premier homme.

Il faut admettre que cette genèse de l'ordre politique légitime à partir de l'individu solitaire obéit à une stricte nécessité. Dès lors que, en vertu du point de départ lockéen — la substance humaine est un x inconnu et inconnaissable —, le droit ne peut être déduit, ni induit, de la nature de l'homme telle qu'elle se déploie dans la vie sociale et politique, il ne peut plus être fondé que sur l'animalité individuelle dans son rapport solitaire avec la nature extérieure et avec soi. Pourtant, aussi ingénieuse que soit sa construction, Locke s'expose à une objection redoutable. Si votre raisonnement était juste, lui dira-t-on, les animaux, qui sont aussi des individualités biologiques et qui font effort pour se nourrir, connaîtraient la propriété et le droit, donc aussi l'ordre politique ; or ils en ignorent tout, preuve que cela ne saurait avoir son fondement dans l'animale opération de manger. Déduisant le monde humain de l'animalité, vous déduisez illégitimement le supérieur de l'inférieur.

Cette objection, on le sait, est celle que les représentants de la tradition, en particulier religieuse, adressent en général à la pensée moderne. Elle est d'ordinaire formulée dans le contexte d'une critique de l'« évolutionnisme » ou du « matérialisme ». On voit qu'elle vaudrait, si elle vaut, tout autant dans le contexte de la philosophie morale et politique. C'est dans ce contexte-là que le « réductionnisme », s'il faut l'appeler de ce nom péjoratif, est d'abord intervenu. Essayant ici de débrouiller la doctrine lockéenne, nous arrivons aux abords d'un enjeu majeur de l'histoire de l'esprit.

Il est très remarquable que cette objection, si « évidente », soit restée absolument sans prise sur le développement de la pensée moderne qui n'a même pas tenté d'y répondre, qui, pour ainsi dire, ne l'a même pas vue. Le mouvement « réductionniste » n'a fait que prendre de l'ampleur, pénétrer des domaines de plus en plus variés, s'installer avec une force croissante et, bientôt, une souveraineté entière dans la vie et les points de vue de l'homme moderne. Il faut donc admettre qu'en dépit de sa justesse logique, ou formelle, cette objection passe à côté de ce qui est ici à l'œuvre et en jeu, et que, dans le cas présent, elle ne comprend pas le sens de la démarche de Locke.

Celui-ci ne nie pas que l'homme soit différent des animaux ; il note même que la « capacité d'abstraire » met une « distinction parfaite » entre l'homme et les bêtes[35]. Seulement sa substance nous reste au fond inconnue, tandis que nous savons indubitablement qu'il est aussi un animal. Du reste, comment ignorerions-nous qu'il est différent des animaux puisque précisément nous cherchons à organiser adéquatement, c'est-à-dire avec justice, le monde humain et non pas la vie animale ? Donc, dans toutes nos démarches, nous supposons bien que l'homme est l'homme, mais cela signifie pour nous : $x = x$. De cette identité que nous avouons, nous ne pouvons rien déduire, sur elle rien construire. Elle est la condition, ou la présupposition, de notre recherche, mais elle ne peut d'aucune façon orienter celle-ci puisque x est inconnu et inconnaissable. De fait, si x se précisait *devant* nous, sous la forme de propriétés de la nature humaine à partir desquelles nous essayerions de concevoir l'ordre politique le meilleur, il entraverait immédiatement notre démarche en nous offrant une idée confuse et contestable de la substance humaine. Par exemple, si nous tentions d'engager notre recherche en prenant pour point de mire la notion de bonheur, objet certes de la quête humaine et objet aussi incontestable que la nourriture et les autres biens animaux, nous serions dès l'abord arrêtés par une foule de questions concernant la définition, les diverses formes, la réalité

---

35. *Essay*, II, 11, § 10.

même du bonheur. Dès avant le premier pas, nous serions assaillis par toutes les difficultés, qui sont peut-être des impossibilités, de la connaissance de l'homme, par le conflit peut-être insoluble des opinions. Pour dégager la route, pour rendre possible le premier pas, puis le second, puis le troisième, il faut en somme neutraliser tout de suite les effets de l'incertitude portant sur l'essence humaine.

On ne peut élaborer cette philosophie politique neutre qu'après avoir établi, le plus strictement possible, la ligne de démarcation entre ce qui est incertain et ce qui est sûr dans les choses humaines. Locke ne s'intéresse à la faculté humaine de connaître que pour fixer les limites de son pouvoir, que pour tracer la séparation « entre les parties éclairées et les parties obscures des choses [36] ». L'énorme entreprise de l'*Essai* a cela pour principal et presque pour seul propos. Les notions qui donnaient consistance à la substance humaine sont l'une après l'autre systématiquement pesées, puis rejetées. Et la conclusion principale, et presque unique, est que la substance humaine est inconnue et inconnaissable. Joseph de Maistre, qui se voulait un continuateur intransigeant de la Tradition, ne se fera pas faute de reprocher à Locke, avec les accents du dernier mépris, cette disproportion entre l'effort philosophique et le résultat [37]. Il ne comprenait pas qu'une promesse immense était contenue dans cette conclusion si prosaïque et si pauvre.

Une fois la ligne tracée entre le parfaitement clair et le décidément obscur, l'incertitude portant sur la nature de l'x n'offusque plus notre regard : nous savons que nous ignorons x et que nous l'ignorerons toujours. *Devant* nous l'espace est vide et libre pour élaborer méthodiquement l'ordre humain incontestable, l'architecture définitivement habitable ; et nous gardons x pour ainsi dire *derrière* nous, ou « à part nous », renfermé en lui-même par son égalité avec lui-même. C'est pour nous un capital auquel nous ne saurions toucher, sur lequel nous ne saurions même porter les yeux, car alors il ne produirait plus ces intérêts, ou dividendes, considérables que nous en recevons. Quels intérêts, quels dividendes ? Ils consistent en ceci : nous sommes

36. *Ibid.*, I, 1, § 7.
37. Voir en particulier le « Sixième entretien » des *Soirées de Saint-Pétersbourg*.

désormais en mesure d'ordonner le monde humain de façon rigoureusement juste, sans être tenus d'accepter l'une ou l'autre des conceptions de la nature humaine, et aussi, inséparablement, de la nature divine, qui se disputent la créance des hommes ; nous pouvons vivre selon la justice tout en reconnaissant que nous ne savons pas ce que nous sommes, comme nous l'ignorons en effet.

On voit qu'il ne serait guère judicieux de qualifier Locke, et les modernes qui l'ont suivi, de sceptiques, qu'en tout cas leur « scepticisme » est tout différent du scepticisme antique. L'incertitude où il était de toutes choses dissuadait Pyrrhon de seulement avancer le pied, ou alors, si malgré tout il s'était mis en marche, d'éviter le fossé[38]. Ce n'est pas à une telle abstention, à une telle suspension du jugement et de l'action que nous invite, ou nous contraint, le « scepticisme » moderne. Tout au contraire, il rend possible, et même urgente, la construction d'une société juste, fondée sur une théorie morale démonstrative, sur la déduction rationnelle des droits.

L'*Essai sur l'entendement humain* expose que les notions morales sont des créations arbitraires de l'homme, qui n'ont pas leur fondement, ou leur garantie, dans sa nature. Le second *Traité* expose que le droit, et d'abord le droit de propriété, est une création de l'individu humain rigoureusement séparé de ses semblables, et engagé dans un face-à-face solitaire avec la nature extérieure ; que, du droit, cet individu est la source exclusive. Aucune loi supérieure, aucune idée de nature ou de substance ne vient déterminer, c'est-à-dire entraver, cette création individuelle du droit. Comme, d'autre part, ce droit individuel est originellement fondé sur les besoins de la nature *animale*, sur la faim qui enclenche le travail, donc sur la nécessité, il n'est exposé à aucune objection *humaine*, à aucune objection raisonnable, il est indiscutable. Ce droit est posé, ou plutôt produit, solitairement, souverainement, arbitrairement, par l'individu, et son engendrement est en même temps strictement nécessaire : la théorie qui le déploie est donc comparable sans abus à une démonstration mathématique. Dans une telle démonstration, il n'est pas nécessaire de donner la valeur numérique de l'inconnue ; il est même nécessaire

---

38. Diogène Laërce, *Vies des philosophes illustres*, « Pyrrhon », 9, 11 ; Montaigne, *Essais*, I, 14 ; II, 12.

de s'en abstenir ; ce serait arrêter, ou entraver, immédiatement le mouvement de la démonstration, et nous ne pourrions plus parvenir à ses conclusions constructives et salutaires. L'x humain accompagne silencieusement la déduction des droits ou, plutôt, l'engendrement du droit. Cet x qu'est l'homme, et dont on ne nie pas la « supériorité », on le considère, ou on le pose, dans son site animal. Loin de « réduire le supérieur à l'inférieur », on reconnaît que tout ce qui fait partie de l'homme, et donc aussi l'animal en lui, ne peut être autre chose qu'humain. Une femme d'esprit parlait de « ces plaisirs qu'on dit, à la légère, physiques ». Peut-être, en effet, la tradition est-elle bien légère de méconnaître que la consommation simplement « animale » de l'homme est déjà un travail humain. Nous nous souvenons que dans la Méditation seconde, Descartes affirme que notre perception sensible se fait essentiellement non point par les sens, mais par l'esprit[39]. Et le soupçon devient insistant que les apparences sont trompeuses et qu'elles offrent peut-être même le contraire de la réalité : Locke et les Modernes, loin de réduire le supérieur à l'inférieur, enveloppent au contraire l'inférieur dans le supérieur et, pour ainsi dire, l'absorbent en lui.

Dès les fonctions animales, en elles et par elles, l'homme s'affirme. Les Modernes affirment cette affirmation. L'animalité est en somme le point d'Archimède, intérieur au monde, intérieur à l'homme, sur lequel peut prendre appui l'x humain pour tirer un ordre clair de son obscurité intime, pour s'affirmer en dépit de son indétermination, ou plutôt à travers elle : pour affirmer sa *liberté*. La pensée classique, que la tradition cherche à préserver, veut que le monde humain, c'est-à-dire d'abord la cité, soit fondée ou, mieux, orientée sur le propre de l'homme, que le propre de l'homme, et donc, d'abord, sa différence avec l'animal y soit sans cesse mise en œuvre et en scène. La pensée moderne, désespérant que les hommes s'accordent sur le propre de l'homme, sur la substance ou sur les fins humaines, veut pour ainsi dire « mettre en réserve » le propre de l'homme, le préserver dans son indétermination efficace pour que, prenant d'abord appui sur ce qui n'est pas humain mais animal et donc déterminé et nécessaire,

---

39. « [...] à proprement parler nous ne concevons les corps que par la faculté d'entendre qui est en nous, et non point par l'imagination ni par les sens [...] »

il construise un monde humain dont l'ordre soit indépendant des opinions humaines, où l'homme puisse s'affirmer sans se connaître, où il puisse être libre.

IX

Il est cependant difficile de poursuivre, dans toute sa rigueur, une telle démarche jusqu'au bout, de mettre complètement entre parenthèses la question de la « substance » humaine. Cette démarche même, qui vise à fonder le droit indépendamment de toute proposition sur la substance, donne irrésistiblement naissance à de telles propositions, suggère une « anthropologie ». Ainsi le travail, qui paraît ne signifier d'abord que la transformation de la nature matérielle par la nature humaine, et donc n'être qu'une expression, parmi beaucoup d'autres plus relevées, de celle-ci, tend-il à devenir chez Locke, et dans la philosophie et pour l'homme modernes en général, ce qu'on serait bien pardonnable d'appeler la caractéristique « essentielle » de l'homme[40]. Je l'ai déjà noté, sinon le propre, du moins le nom le plus propre de l'homme, c'est le travail.

Même si l'on s'abstient scrupuleusement d'avancer de telles propositions « essentielles », on ne peut se dispenser complètement d'un exposé des motifs humains. Comment accorder une place centrale au travail, et ne rien dire des motifs qui incitent l'homme à travailler ? Suffit-il de remarquer qu'il ne peut faire autrement ? Comment considérer l'homme comme le créateur des notions morales, et laisser dans le vague les motifs qui l'animent dans cette création ? Nous avons vu que la « commodité » ne joue là un rôle décisif qu'au prix d'un formalisme extrême et d'une troublante équivocité[41]. Et elle est davantage la règle de construction des idées morales que le but même de l'homme. Locke ne peut échapper à la nécessité d'au moins esquisser une description de l'action, une analyse des motifs humains. L'*Essai* présente cette esquisse, en reconnaît le caractère partiel ou lacunaire. Il nous faut l'examiner.

---

40. Marx écrit : « *Hegel [...] erfasst die* Arbeit *als das Wesen, als das sich bewährende Wesen des Menschen.* »
41. Voir plus haut § v.

Ce qui détermine, ce qui motive l'action humaine, c'est l'*uneasiness*, terme qui indique à la fois l'inquiétude et l'inconfort, disons : le mal-être. Le désir humain n'est pas mû par le bien, qu'il voit ou conçoit, mais par le mal-être qu'il ressent. La formule fondamentale de l'« anthropologie » lockéenne est la suivante : *desire is always moved by evil, to fly it* — le désir est toujours mû par le mal, pour le fuir [42]. C'est dire que la question première que posait la tradition, philosophique ou religieuse — et celle-ci se divisait selon la diversité des réponses apportées par les diverses écoles, sectes ou religions —, que cette question : quel est le *summum bonum,* le bien suprême de l'homme ? est aux yeux de Locke parfaitement oiseuse. Il la commente ainsi : autant demander si l'homme préfère les pommes ou les prunes [43] ! Il nous faut ici surmonter notre indignation devant une assimilation aussi grossière, qui ramène l'interrogation humaine sur le bien à un choix arbitraire, et d'ailleurs sans intérêt humain, entre des pommes et des prunes. Il nous faut surmonter notre humiliation, ou plutôt avouer qu'elle est méritée, et donc bienvenue. La question du bien est inséparable de la question de l'essence humaine, et aussi vaine qu'elle. Le bien est ce qui est propre à l'homme, ce dont l'homme est spécifiquement capable, ce qui le perfectionne, le comble dans le meilleur de sa nature : il relève de la même illusion, ou confusion, que celle-ci. Je ne puis en réalité être mû par le bien puisque j'ignore en réalité ce que je suis. L'interrogation sur le bien et l'interrogation sur la substance sont deux expressions de la même stérile vanité. Par nature, il n'y a de préférence naturelle que celle qui provient de la nature animale et concerne la nature physique : on peut naturellement préférer des pommes à des prunes, ou inversement.

Du reste, à partir du moment où un choix est considéré comme intrinsèquement arbitraire, il peut sans scandale, quel que soit son objet, se prêter à cette humble comparaison. Lorsque bien plus tard la philosophie et la sociologie modernes, héritières ingrates des travaux et des résultats de l'*Essai,* poseront que l'homme est « créateur de ses valeurs » entre lesquelles il choisit librement et arbitrairement, elles oublieront les pommes et les prunes de

---

42. *Essay*, II, 21, p. 283.
43. *Ibid.*, § 55.

Locke ; elles parleront emphatiquement, avec Max Weber, de la
« guerre des dieux ». C'est ainsi qu'on cache ses humbles, mais
honnêtes origines.

x

Hobbes avait déjà affirmé qu'il n'y a pas de *summum bonum*,
que le bien et le mal n'ont de sens que par rapport à la personne
concernée[44]. Locke va plus loin. Entre l'homme selon Locke et
l'homme selon Hobbes, la différence est le mieux exprimée par
cette phrase du premier : *the greatest present uneasiness is the spur
to action* — le plus grand mal-être *présent* est l'éperon de
l'action[45]. Si, pour Hobbes, l'homme n'a déjà plus de fin inscrite
dans sa nature, il a encore un avenir : il dépasse le présent par son
désir de pouvoir qui est inquiétude et désir de l'avenir, désir de
maîtriser l'avenir, de « rendre sûre la route de son désir futur ».
Chez Locke, l'inquiétude est du présent ; elle naît du présent et
porte sur lui. Je crois qu'il n'existe pas de description, d'analyse de
l'action humaine où l'homme soit plus prisonnier du présent que
dans celle de Locke ; la mécanisation de l'action humaine, on
pourrait dire déjà : du comportement humain, y est pour ainsi dire
complète. Ce qui chez Hobbes est course passionnée de désir en
désir vers toujours plus de pouvoir devient chez Locke *a constant
succession of uneasinesses* — une succession ininterrompue
d'inquiétudes, ou d'inconforts. L'homme ne peut désirer qu'une
chose à la fois, et donc il désire toujours d'abord se délivrer de ce
qui le gêne, ou le trouble, ou le fait souffrir *maintenant*. Et comme
gênes, troubles et souffrances ne cessent de surgir en ce monde, il
n'a jamais le temps de désirer le bien pour lui-même, quelque sens
que l'on donne à cette expression. Mais aussi, dès que le mal-être
présent est supprimé, il est content. Ce contentement est nécessairement de courte durée ; il dure le temps du passage d'un mal-être
à un autre, passage incessant. L'homme lockéen est aussi aisément
troublé qu'il est facile à contenter.

L'homme selon Hobbes a en lui la sombre densité de la

---

44. *Leviathan*, chap. 6, 11.
45. *Essay*, II, 21, p. 258. Je souligne.

concupiscence chrétienne, relevée d'un reflet de la magnanimité antique. Péchant sans cesse courageusement puisqu'il ne peut éviter de pécher, il est toujours supérieur à ses circonstances. Ni chrétien ni grec, il est ce troisième homme plein de force, qui désespère du bien mais non point de lui-même : serviteur du Roi ou républicain, il va construire l'État moderne qui, comme lui, a renoncé à chercher le bien. L'homme selon Locke est sans grand désir ni magnanimité. Ni chrétien ni grec lui non plus, il sera le travailleur et le consommateur indocile, infatigable et sans ambition qui donne son mouvement, ou son agitation, à la société moderne.

On pourrait objecter que cette idée de l'impuissance humaine à vouloir le bien pour lui-même, loin d'être une découverte, ou une invention originale de Locke, n'est que la reprise d'une tradition morale antique, accueillie et amplifiée par le christianisme, celle du *video meliora proboque deteriora sequor* [46], et que, sur ce point au moins, Locke est à la fois chrétien et païen. Il se charge lui-même de nous détromper. S'il reprend en effet explicitement cette formule de celui qu'il appelle l'*unhappy complainer*, il en développe le sens à la lumière de sa propre doctrine morale. L'homme ne peut désirer qu'une seule chose à la fois. Il fuit donc toujours d'abord le mal qu'il subit présentement. Le mal-être présent est toujours plus fort que le bien futur, et donc l'inconfort des besoins et des passions vulgaires est plus fort que le respect de la loi morale ou l'attrait des nobles fins. Locke a souci de faire remarquer que son interprétation de cette caractéristique immémorialement constatée de la conduite humaine est la seule cohérente [47]. C'est dire, aussi nettement que possible, que l'interprétation grecque, par l'ignorance du bien, comme l'interprétation chrétienne, par le péché originel, sont également fausses.

Ainsi, rejetant l'idée grecque comme chrétienne que la vie de l'homme est recherche d'un bien incertain et difficile d'accès mais seul capable de combler l'homme en le rendant heureux, Locke

---

46. La formule est d'Ovide : « Je vois le bien et je l'approuve, je fais le mal » (*Métamorphoses*, VII, 20-21). Cf. saint Paul, Romains, VII, 14-25 ; Galates, V, 17.

47. Locke dit : peut-être la seule, *possibly no other* (*Essay*, p. 254). L'envisager seulement, alors qu'il y avait deux autres candidats vénérables, c'était l'affirmer. Quelques pages plus loin, il ajoute que l'idée d'un vouloir qui veut et ne veut pas simultanément est « une contradiction trop manifeste pour être admise » (p. 265). C'est précisément la doctrine de saint Paul.

pose que la vie de l'homme est fuite du mal se rendant sensible dans le mal-être, l'inquiétude ou l'inconfort présents. Pour la double tradition, l'homme cherche toujours le bien à travers mille obstacles et illusions ; pour Locke, il fuit toujours le mal, malgré mille velléités de bien.

XI

Aussi loin du christianisme que ce mouvement de pensée ait entraîné Locke, celui-ci, par un retournement d'une surprenante brutalité, se met en mesure d'accueillir les commandements et les conseils chrétiens dans sa doctrine morale : l'homme peut désirer un bien à partir du moment où il peut faire que l'absence de ce bien le rende malheureux. Alors il fuira comme un mal l'absence de ce bien et, en particulier, de Dieu. Lorsqu'il fuit l'absence du bien, tout se passe comme s'il cherchait le bien. Par cet artifice, Locke préserve avec ostentation le fondement de la doctrine chrétienne : Dieu est le bien suprême, le suprêmement désirable. Du reste, ce Dieu même qui meut le désir par son absence, ce n'est pas par le bien, par la promesse, c'est par le mal, par la menace, qu'il agit principalement. Loin de nous encourager à partir à la recherche amoureuse de l'Absent, Locke préfère reprendre presque mot pour mot l'argument du pari par lequel Pascal cherche un accès dans les âmes fermées : « Celui qui ne veut pas être une créature assez rationnelle pour réfléchir sérieusement sur une infinité de bonheur ou de malheur se condamne nécessairement lui-même pour n'user pas de son entendement comme il le devrait. Les récompenses et châtiments d'une autre vie, que le Tout-Puissant a établis pour faire régner sa loi, sont d'un poids suffisant pour déterminer le choix, quelque plaisir ou peine que cette vie-ci puisse offrir, quand on considère, ce que personne ne peut mettre en doute, la simple possibilité d'une condition éternelle [48]. »

Ce rétablissement *in extremis* met assurément en danger la cohérence, et même simplement l'intérêt, de la doctrine de Locke. Si la crainte de l'absence d'un bien futur peut déterminer l'action humaine tout autant que le mal-être présent, son analyse de la

---

48. *Essay*, II, 21, p. 281. Cf. Pascal, *Pensées*, éd. Brunschvicg, 195, 233.

motivation humaine perd sa pointe. Qui fuit l'absence ne tardera pas, peut-être, à désirer la présence. En vérité, le second mouvement de pensée n'a nullement la même portée que le premier. Locke relève en hâte la façade de l'antique demeure après en avoir ruiné les fondations. Ce n'est pas là seulement, de la part du sage Locke, souci de ménager les opinions autorisées. Il ne peut pas ne pas remarquer que, s'il se tient rigoureusement et exclusivement à la version originale de sa théorie morale, l'homme qu'il nous peint, aussi médiocre et petit qu'il soit, sera fort indiscipliné ; et il le sera à cause de sa petitesse même. Il choisira toujours d'abord l'action qui le délivrera de l'inconfort présent : s'il est contrarié, il boira ; s'il est pauvre, il volera. On ne peut même pas escompter que la crainte du souverain, fût-il le terrible Léviathan, le tiendra dans le devoir, car la crainte est de l'avenir, et, dans cette interprétation mécaniste, l'homme ne vit qu'au présent. Du reste, peut-on décemment pendre l'ivrogne ou le luxurieux ? Si la société doit connaître un minimum d'ordre, le citoyen doit être capable d'une vue un peu étendue, et non point seulement soumis aux sollicitations immédiates. Locke prend donc en compte le souci hobbesien de l'avenir, mais non plus du côté de l'action, seulement du côté de l'abstention ou de la répression. Ainsi un Dieu policier, distribuant les récompenses et surtout les peines de l'autre vie, consolidera-t-il heureusement l'autorité d'un gouvernement limité.

XII

L'analyse fondamentale de l'action humaine, qui paraissait devoir entrer en contradiction avec la nécessité où Locke se trouve de « mettre entre parenthèses » la nature humaine, de suspendre tout examen de celle-ci et de se borner à la présupposer, cette analyse ne souille pas, en fait, la pureté de la déduction algébrique des droits, n'entre pas en contradiction avec elle. En effet, si l'homme est toujours mû par le mal-être le plus urgent, puisque ce qui est le plus urgent en lui, ce sont les besoins de l'animal, le principe premier de son action sera l'*uneasiness* de l'animal en lui, qu'il s'efforcera d'apaiser par son *labour*. La « psychologie » de Locke, son analyse de l'action humaine, ne nous fait pas sortir de la scène originaire où l'individu humain, s'appropriant les choses de la nature par son travail, découvre qu'il a en lui la source du droit de propriété. À cette scène originaire il ne semble pas que le Dieu policier soit présent. Il n'est en tout cas guère agissant. Locke suggère plutôt que, découvrant dans le *labour* l'*uneasiness* qui délivre des *uneasinesses*[49] de l'animal en lui, l'homme, du moins l'homme vraiment rationnel, conclura qu'il est en son pouvoir de se soustraire toujours plus complètement à son mal-être toujours renaissant, de satisfaire toujours plus complètement ses besoins qui resteront indéfinis, s'il consent à mettre dans sa vie une discipline dont les résultats correspondent largement aux vœux de la morale et de la religion. L'organisation rationnelle du travail a les mêmes effets, seulement plus sûrs et plus réguliers, que la police divine. Il faudra toujours veiller, bien sûr, à ce que l'idée du Dieu qui punit reste bien présente à l'esprit de ceux qui sont incapables de se plier à la discipline de la transformation rationnelle de la nature.

XIII

Au point où nous sommes parvenus, il nous faut tenter de saisir d'un seul regard l'unité, si elle existe, des trois propositions fondamentales de Locke : l'homme est celui qui fabrique ses notions morales ; l'homme est celui qui a des droits ; l'homme est celui qui travaille. Toutes les trois sont destinées à une impressionnante carrière, mais elles se sépareront, et même s'opposeront souvent dans l'histoire ultérieure. La première donnera naissance à l'idée de la « culture » et des « valeurs », la seconde à celle des « droits de l'homme et du citoyen », la troisième à l'idée du « travailleur » ou de l'*homo œconomicus*. La « culture » et les « valeurs » vont former un élément essentiel de l'équipement intellectuel des penseurs situés à droite ou à l'extrême droite sur l'axe politique ; nous avons déjà considéré Max Weber, il faut surtout nommer Friedrich Nietzsche. Les « droits de l'homme et du citoyen » constituent le noyau rationnel du mouvement

49. Voir Leo Strauss, *Droit naturel et histoire*, trad. fr. Paris, Plon, 1954, chap. 5 B *in fine*.

démocratique, tel qu'il s'imposa à travers les révolutions améri-
caine et française. Quant au « travailleur », il faut le rattacher plus
proprement à la tradition socialiste, particulièrement celle fondée
par Marx, même si d'autres écoles ou tendances, certaines fort peu
socialistes, lui ont à l'occasion montré de la faveur[50]. Nous
observons que ces notions, longtemps mobilisées dans des camps
politiques et idéologiques ennemis, se révèlent aujourd'hui des
éléments fort compatibles de l'atmosphère morale des démocraties, qui se réclament simultanément de la « culture », des
« valeurs », des « droits », du « travail » et de l'« économie ».
Nos démocraties manquent peut-être de discernement, mais, nous
venons de le voir, ces trois groupes de notions ont en fait une
origine commune : elles s'épanouissent déjà ensemble dans la
philosophie de Locke, qui certes ne manquait pas de discernement. Ce sont trois manières de dire que la question de l'essence
humaine n'a pas de solution, ou de sens, ou que l'homme n'a pas
de fins. Ces trois manières paraissent se situer au même niveau de
radicalité ou de profondeur. Ce sont des propositions également
ultimes qu'il ne semble pas possible de hiérarchiser, ou de déduire
l'une de l'autre. L'une d'entre elles pourtant a cet avantage : elle
paraît non seulement pensable, mais vivable, non seulement
formulable par le théoricien, mais pensable par l'homme vivant
qui, par elle, prend conscience de lui-même. Laquelle ?

Quant au travail, il est rapport de l'homme à la nature
extérieure, transformation de celle-ci. En tant que tel, il n'enveloppe pas un genre déterminé de relation des hommes entre eux.
Le travail comme travail n'implique ni tel régime politique ni telle
institution économique. Même considéré comme source et mesure
de la valeur, il ne permet pas de la mesurer effectivement : il y a un
prix de l'argent, il n'y a pas de travail du travail. De fait, si nous
allons droit à la vérité effective des choses, nous observons que le
régime qui a prétendu, avec quelle assurance, se fonder sur le
travail et la valeur-travail — le communisme — s'est révélé
incapable d'établir aucune sorte d'institution, ni même de relation
stable entre les hommes ; qu'on peut même craindre que là où il a
régné le plus longuement et le plus complètement, il ait rendu les

---

50. L'*homo œconomicus* est un ectoplasme cher à tous les partis : il fournit, selon les
cas, un allié ou une victime complaisante.

hommes définitivement incapables de nouer de telles relations. Le travail, comme propre de l'homme, ne détermine pas l'organisation humaine qui lui correspondrait.

La « culture », ou les « valeurs », sont d'aussi peu de secours dans ce rôle. L'idée que les hommes sont les créateurs de leurs notions morales ne permet nullement, à elle seule, d'ordonner le monde humain. Elle peut certes servir à critiquer une organisation politique, ou une attitude morale donnée, en ruinant radicalement sa prétention à être seule conforme à la nature, ou à la vocation de l'homme, mais, posant l'arbitraire de toutes, elle ne peut en légitimer, elle ne peut en engendrer aucune en particulier. Cette idée ne peut être entretenue et formulée sans contradiction que par un pur spectateur.

Ni le travail ni la culture ne peuvent constituer l'identité, la parole intérieure spontanée, quotidienne, de l'homme lockéen, de l'homme moderne qui doit pouvoir au moins se dire à lui-même : je suis cet x indéterminé qui est égal à lui-même. Si l'homme ignore complètement sa nature ou s'il n'a pas de nature, s'il se transforme indéfiniment en transformant indéfiniment la nature extérieure, s'il se crée sans cesse lui-même en « créant ses valeurs », il doit du moins, pour se penser et donc pour être, pouvoir s'identifier à cette indétermination, se saisir d'elle en la réfléchissant. Eh bien ! c'est en se définissant comme celui qui a des droits que l'homme peut enfin embrasser la tautologie par laquelle il veut s'affirmer : $x = x$. Comme « travailleur », ou comme « être de culture », son indétermination lui échappe : comme travailleur parce que cet x qu'il est s'absorbe et se perd dans la nature non humaine, ou dans les objets produits à partir d'elle ; comme être de culture parce que son pouvoir de se déterminer arbitrairement se termine et se perd dans chacune de ses déterminations réelles, de ses idées morales, qui, une fois qu'elle a été « créée » et est effective, annule, l'ayant réalisé, le pouvoir de se déterminer. Ce pouvoir ne peut être appréhendé qu'au passé, une fois qu'il a produit ses effets et n'est plus actif, après qu'il n'est plus. Mais dire à l'homme, ou pour l'homme se dire, qu'il est un être qui a des droits, c'est dire à chacun, c'est pour chacun se dire, qu'il est bien ce qu'il est : témoins en sont les autres hommes à qui incombe de le laisser être ce qu'il est en « respectant » ses droits, ou même de faire apparaître tout ce qu'il est déjà en lui accordant tout ce qu'il a le droit d'« exiger ». Tout ce que, par son activité et par sa « créativité », il est en mesure de produire ou de devenir dans toutes les métamorphoses de son indétermination, il n'a pas besoin de le savoir précisément ni de le vouloir déterminément, il l'a déjà, il l'est déjà, puisqu'*il a le droit* de l'avoir ou de l'être.

XIV

La tautologie est affirmée avec une telle complétude qu'on peut même se demander si l'identité de soi avec soi a encore assez d'air et d'espace pour respirer.

L'homme qui poursuit des fins qui sont, ou qu'il croit constitutives de sa nature, réalise sa définition, se saisit de son identité dans cette poursuite même. C'est la distance entre son être empirique, réel, et la fin qu'il poursuit — la justice, la sagesse, la vérité —, distance reconnue pour être supprimée, et toujours cependant invinciblement maintenue par suite du caractère « pécheur », ou simplement « intermédiaire », de l'homme, qui lui ouvre l'espace où il peut se réfléchir et se reconnaître comme homme. Mais pour celui qui n'a plus de fins mais des droits, comment s'ouvrira cette indispensable distance, cet espace intérieur grâce auxquels l'homme peut se penser et se dire ? Pour lui, il n'y a plus de tension différentielle entre l'être empirique et l'être achevé, entre la puissance et l'acte, entre l'accompli et le désiré : que les droits soient garantis ou bafoués, c'est en tout cas l'être empirique lui-même qui en est le titulaire et le détenteur. Celui qui cherche la justice, la sagesse, ou la vérité, sait qu'il ne les possède pas ; celui qui déclare ses droits et exige de les voir respectés sait qu'il les possède et que ni sa conduite ni celle d'autrui ne peut rien changer à cette possession. Respectés ou bafoués, les droits de l'homme, que cet homme soit une canaille ou un héros, sont également ce qu'ils sont.

On hésite à prolonger cette considération. On sent qu'on approche des bords incertains et muets où le Phénomène ne parle plus pour lui-même, où la description ne suffit plus. On craint d'être soi-même privé de mots, ou de devoir employer des mots trop vastes pour désigner, comme à travers le brouillard, les grandes réalités, ou les grandes décisions, qu'exprime et que cache la convention régnante de notre âge. Comment ne pas reconnaître pourtant que la nouvelle définition de l'homme comme l'être qui a des droits oblige à congédier les modalités traditionnelles de l'être, la vénérable polarité de la puissance et de l'acte, pour élaborer une nouvelle ontologie ? Ou peut-être faut-il dire que la nouvelle définition, pour être vraiment pensable, nous requiert d'abandonner tout mode de penser ontologique, tout mode de penser qui rattache l'homme à l'être, la pensée de l'homme à la pensée de l'être ?

Je ne présuppose ici la vérité d'aucune ontologie particulière. Même la distinction de l'acte et de la puissance ne renvoie pas à l'ontologie d'Aristote dans sa spécificité. Elle veut désigner, comme dans l'usage courant et pour ainsi dire populaire, le fait que l'homme peut se trouver dans différents états, ou dispositions, de son être. Ces différents états, nous ne les hiérarchisons pas nécessairement ; nous ne les assimilons pas nécessairement à des « degrés de l'être ». Nous observons du moins qu'ils sont liés l'un à l'autre par le fait que l'un est le but et l'achèvement de l'autre. Tel est le tissu de la vie humaine dans ses plus hautes comme dans ses plus humbles expressions : on est d'abord en puissance, puis en acte, détenteur de la vérité ou de la coupe Davis, même si, contrairement à l'opinion répandue aujourd'hui, celle-là est plus difficile à conquérir que celle-ci. Le point que j'ai ici en vue est si peu dépendant de l'ontologie d'Aristote qu'on le retrouve avec une merveilleuse clarté dans la philosophie morale de Kant : l'homme est d'autant plus moral qu'il obéit à la loi morale par un plus pur respect pour elle, à l'exclusion de toute autre considération. Ici aussi, une tension, une différence de disposition ou d'état, jette l'homme vers son inaccessible accomplissement comme la courbe vers son asymptote. Nous rencontrons même un dispositif analogue si, quittant l'humaine philosophie, nous considérons les effets de la grâce en bonne théologie : elle transforme, elle perfectionne la nature, de manière à rendre celle-ci capable de sa fin qui est Dieu même.

Or donc, c'est là la nouveauté dont nous cherchons à prendre mesure, que les droits de l'homme soient respectés ou bafoués, cela ne change absolument rien à la condition, à l'état de l'homme comme titulaire de droits : le chômeur n'a pas moins droit à un

travail, le sujet d'une tyrannie n'a pas moins droit à la liberté,
que celui qui est déjà employé, ou que le citoyen d'une démocratie. À la différence des fins naturelles, mais aussi de la loi,
mais aussi de la grâce, le droit dans cette acception nouvelle ne
modifie pas, selon qu'il est violé ou garanti, la condition, l'état
ou la disposition de l'homme en tant que titulaire de droits. Il
semble bien qu'on soit sorti de toute ontologie possible, qu'elle
s'articule sur la polarité de la substance et de son entéléchie, ou
de l'être et du devoir-être, ou de la nature humaine et de la
nature divine.

xv

Mais sans doute faisons-nous fausse route. Comment émettre
qu'une proposition aussi universelle — l'homme est l'être qui a
des droits —, une proposition conçue et propagée par certains
des plus grands philosophes, et qui est au principe de la
construction des corps politiques les plus libres et les plus
riches jamais enregistrés dans la chronique humaine, comment
admettre qu'une telle proposition abolisse toute perspective
ontologique, qu'elle sépare complètement la pensée de l'homme
de la pensée de l'être, qu'elle oublie l'Être ? Comment penser le
droit, maintenant le propre de l'homme, autrement que comme
la détermination principale ou l'attribut premier de son être ?
Nous avons remarqué plus haut que Locke, qui nous introduit dans l'atelier d'Héphaïstos, au cœur de la grande Fabrique
moderne, ne nie pas que l'homme puisse avoir une essence, ou
puisse être une substance ; seulement, celle-ci est parfaitement
inconnue et inconnaissable[51]. Dès lors, elle ne peut être posée,
mais seulement supposée, c'est-à-dire laissée de côté, ou derrière
nous, dans son opaque identité avec elle-même : x = x. L'être de
l'homme est reconnu, mais aussi retenu et enfermé dans cette
tautologie. Alors l'homme peut être posé, affirmé sans restric-
tion ni qualification, affirmé non plus dans son être, qui nécessairement convoque la totalité de l'Être à laquelle il s'articule,
mais dans ce qu'on va appeler son indépendance naturelle, c'est-

---

51. Voir § III et VI.

à-dire sans limite naturelle, ou dans ses droits qui n'ont d'autre définition que d'être « droits de l'homme ».

L'homme est l'être qui se définit par le fait d'avoir des droits ; ce qu'il a d'être peut et doit donc être oublié dans l'affirmation de ses droits ; quant à ceux-ci, leur réalité est assez avérée et leur validité assez confirmée par le seul fait qu'ils sont « droits de l'homme ». L'homme et les droits de l'homme sont deux pôles qui renvoient exclusivement l'un à l'autre. Ou peut-être vaudrait-il mieux dire que l'homme et les droits de l'homme forment un cercle parfait. Et ce cercle qui se suffit à lui-même contient la promesse d'une libération absolument inédite de l'homme : il est impénétrable à l'Être.

Avant la grande instauration, la considération de l'homme souffrait d'une innocente mais fort handicapante maladresse : la philosophie s'efforçait de penser simultanément l'homme et l'être ; elle s'efforçait de penser le propre de l'homme comme une détermination de l'être, de le situer sur le gradient des degrés de l'être. Cette confusion de l'ontologie et du discours sur l'homme, si l'on veut cette onto-anthropologie, plaçait en fait la pensée dans une incertitude inextricable, la contraignant à un scepticisme involontaire. Le propre de l'homme en effet, n'apparaissant que comme une détermination générale, ou spéciale, c'est-à-dire toujours générale, de l'être, ne pouvait être vraiment approprié, reconnu comme sien, ou comme soi, par l'homme. L'homme ne pouvait vraiment se reconnaître puisqu'il voyait toujours dans son miroir la généralité de l'être. Mais, de l'autre côté, la généralité de l'être était irrépressiblement rattachée au propre de l'homme, mise au service de ses désirs et de ses vœux : dans le miroir de l'être, c'est lui-même que l'homme voyait toujours. Avant la grande instauration, l'anthropologie était nécessairement ontologique, ou ontocentrique, cependant que l'ontologie était nécessairement anthropocentrique. Pour dénouer ce chiasme, ou pour le trancher, il faudra séparer rigoureusement la pensée de l'être et la pensée de l'homme, l'ontologie et l'anthropologie. Ce n'est pas le lieu ici d'examiner comment a été conçue la possibilité, et posée la réalité, d'une pure ontologie. La plus longue digression ne rendrait pas justice au sujet, puisque cette ontologie pure n'est autre que la science moderne. Mais nous pouvons du moins essayer de préciser comment l'anthropologie s'est émancipée de l'ontologie.

XVI

Locke est notre témoin le plus explicite et le plus formel de la décision qui fut prise de déclarer inconnaissable l'être de l'homme, la substance humaine, et de condenser toute l'onto-anthropologie dans cette tautologie : $x = x$. Soit : quel que soit l'homme, l'homme est l'homme. Nous présupposons l'être de l'homme ; nous n'avons donc plus à le penser. Par là même s'ouvrait la possibilité d'une seconde tautologie capable de contenir et de produire ce qui n'avait encore jamais été conçu par l'homme pensant : une pure anthropologie. Cette seconde tautologie prend nécessairement la forme générale suivante : quel que soit l'être, l'homme … l'homme. À l'affirmation de l'homme et de l'être se substitue ainsi une double affirmation de l'homme. On affirme l'homme et l'homme. Mais quel verbe relie l'homme à l'homme dans cette nouvelle tautologie qui se refuse à employer le verbe être ? Nous avons vu que les verbes implicites dans les notions de « travail » et de « culture » ne permettaient pas à l'homme vivant de dire son humanité, que l'homme vivant et agissant ne peut pas se penser vraiment, ou sincèrement, comme produit par son travail, ou producteur de sa culture [52]. Osons le dire une fois : aucun homme dans son bon sens ne s'est jamais conçu sincèrement, lui, Pierre ou Paul, comme « créateur de ses valeurs ». En revanche, Pierre ou Paul peut se penser sincèrement comme celui qui a des droits, ces droits étant définis immédiatement comme « droits de l'homme ». L'homme (a les droits de) l'homme. Alors on échappe à la nécessité de la présence, même évanescente, du verbe être, du verbe qui affirme et qui lie. Alors l'homme s'affirme hors du verbe. La tautologie est complète sur ses deux faces : toute l'humanité de l'homme est contenue dans ses droits et dans le fait qu'il a des droits ; et ces droits sont exhaustivement définis par le fait qu'ils sont droits de l'homme. À la considération traditionnelle de l'homme et de l'être, conduisant au scepticisme involontaire, se substitue l'affirmation résolue de l'homme, réfléchie et redoublée dans la déclaration des droits de l'homme. L'homme peut oublier l'Être en toute sincérité.

52. Voir plus haut § XIII

XVII

Ainsi désancrée de l'être, la notion des droits de l'homme est subjectivement sans opacité ontologique. Elle va conquérir irrésistiblement l'empire politique et moral puisque, disponible et flottante, elle est rattachable sans effort aux diverses expériences de l'homme qui paraissent toutes pouvoir être formulées dans son langage. Tous les désirs de la nature, comme tous les commandements de la loi, paraissent pouvoir être formulés sans violence ni artifice dans le registre des droits de l'homme, ou, comme on dit en anglais, des droits humains. Si l'homme a droit à la vie, il a aussi droit à la mort, au moins à une mort dans la dignité ; s'il a droit au travail, il a droit aussi au loisir ; s'il a droit à vivre au pays, il a droit aussi à voyager ; si la femme a droit à l'enfant, elle a droit aussi à l'avortement ; si elle a droit au respect, elle a droit aussi au plaisir, voire à l'orgasme ; bref, car il est temps de s'arrêter, il n'est rien sous le soleil ou la lune qui ne soit susceptible de devenir l'occasion et la matière d'un droit de l'homme. Ainsi s'avère la force expansive de la tautologie qui relie l'homme aux droits de l'homme.

Nous devons signaler une autre propriété, vraiment extraordinaire, de cette tautologie.

C'est au fond la représentation propre à la philosophie, dans toutes ses écoles et versions, que l'homme est situé sur un gradient coordonnant la passivité et l'activité, de telle sorte que, plus il se délivre de la passivité, ou plus il devient pure activité, et plus il devient homme. La polarité, et même l'exclusion réciproque de l'activité et de la passivité, paraissent analytiquement incluses dans les concepts eux-mêmes. Or, l'homme titulaire des droits, n'ayant nul besoin d'une fin qui lui soit extérieure, contenant dans sa réalité empirique tous les droits, dont certains encore à naître au jour, qui définissent exhaustivement son humanité, cet homme est comme une pure activité en elle-même contenue. Mais d'autre part, n'ayant rien à faire pour être en tant qu'homme titulaire de la totalité de ces droits, déjà explicites ou encore implicites, qui définissent exhaustivement son humanité, il est aussi passivité pure et parfaite. *Mirabile dictu* ! L'homme titulaire des droits de l'homme conjoint dans sa nature empirique la pure activité et la pure passivité.

Si nous formulions cette étrange caractéristique dans le registre théologique, nous dirions : l'homme titulaire des droits de l'homme exige, et obtient, d'être prédestiné.

XVIII

Ce n'est pas le lieu d'examiner les ratés de la tautologie. Susceptibles de recouvrir tout le champ de l'expérience humaine, les droits de l'homme le sont peut-être tout autant d'être mis en défaut par chaque aspect de cette expérience. La déclaration du droit à l'expérience n'obscurcit-elle pas le verbe intérieur de celle-ci ? Nous ne dirons rien non plus des contradictions, ou des incompatibilités, qui peuvent opposer les différents droits entre eux. Il est d'un intérêt plus pressant pour nous de considérer la critique philosophique la plus sévère qui ait été dirigée contre l'idée moderne des droits de l'homme.

Je l'ai noté plus haut, le majestueux édifice de l'État moderne, le système des droits de l'homme, repose sur une très fine pointe : l'individu humain transformant la nature pour se nourrir. Cette fine pointe est très dure, trempée par l'expérience universelle, si forte, de l'animal en nous qui a faim. Mais peut-être est-elle aussi fragile que dure. C'est du moins le jugement du grand critique de Locke : David Hume. Celui-ci nous intéresse particulièrement puisqu'il ne s'agit nullement chez lui d'une critique « réactionnaire », qui prétendrait revenir arbitrairement à une définition objective ou, plutôt, dogmatique de la substance humaine. Au contraire, Hume prolonge et radicalise la critique lockéenne de la substance : il nous propose une critique interne de la conscience moderne.

Considérons donc sa critique de la conception lockéenne de la propriété. À ses yeux, Locke confond l'idée de la propriété et l'idée du droit de propriété en leur donnant une même origine : le travail. Or, remarque-t-il, la relation de l'individu avec la matière de son travail n'est pas telle qu'elle puisse fonder le droit de propriété. Hume porte le fer à l'articulation du raisonnement lockéen : nous ne pouvons pas dire en rigueur que nous joignons, ou mêlons, notre travail à quelque chose ; cela n'est vrai qu'en un sens figuré ; en fait, ce quelque chose, nous le modifions, ou l'altérons, seulement[53]. Le lien de propriété entre l'individu et la chose travaillée exige, pour être établi, que l'on fasse intervenir *d'autres idées* que celles de l'individu, de son travail, et de la chose ouvrée, par exemple les idées de l'effort, de l'attente du travailleur et de l'inhumanité qu'il y aurait à le dépouiller. Le travail ne peut fonder la propriété que s'il est accompagné, ou complété, par d'autres éléments non moins importants du monde humain constitué. C'est dire que, par lui-même, il ne suffit pas à fonder le droit de propriété, même à son origine.

À la différence de Locke, Hume distingue rigoureusement entre la propriété — le fait que, dans une société, il existe une séparation stricte et durable des possessions — et le droit de propriété — les règles selon lesquelles les possessions sont attribuées et garanties aux personnes. La propriété en général est fondée sur l'intérêt le plus évident et le plus urgent de la société, cependant que le droit de propriété dans ses innombrables formes « est déterminé souvent par des vues et considérations très frivoles », en fait par des « connexions de l'imagination[54] ». L'intérêt de la société fonde la nécessité de la justice dont la propriété est une expression ou une modalité. Hume tend ainsi à inverser le théorème de Locke sur les rapports entre la propriété et la justice[55]. On est d'abord tenté de penser que, sur cette question de la propriété, Hume retrouve le point de vue antique, ou classique ; que, en distinguant la nécessité et l'utilité de la propriété en général du caractère contingent et passablement arbitraire des règles qui l'organisent dans les différents corps politiques, il replace la propriété dans la dépendance du *juste politique* où la tenait Aristote[56]. Il n'en est pourtant pas ainsi. Hume en effet se livre à une critique *interne* de la démarche de Locke en montrant que celui-ci ne respecte pas la logique de l'idiome des « idées » qui est son instrument principal d'analyse. On ne peut pas attacher le droit de propriété de l'individu à une chose par l'intermédiaire d'*une* idée, ici l'idée de

---

53. *A Treatise of Human Nature*, III, 2 : « *Of the rules which determine property* » (Everyman's Library, 1977, p. 209 note 1).
54. *Enquiries Concerning Human Understanding and Concerning the Principles of Morals*, éd. Selby-Bigge et Nidditch, Oxford, Clarendon Press, 1975, § 259, note 1, p. 309-310.
55. *Ibid.*, § 145. Cf. Locke, *Essay, op. cit.*, IV, 3, § 18. Voir plus haut § VI.
56. *Politique*, 1254 a 9 ; 1260 b 37-1261 a 9. Sur la justice selon Aristote, voir le livre V de l'*Éthique à Nicomaque*.

travail, puisque toute idée appelle nécessairement d'autres idées constitutives avec elle du monde humain, puisque, en quelque sorte, toutes les idées principales du monde humain s'entr'appellent. Quoi qu'on imagine des hommes au commencement de leur histoire, on ne peut en tout cas pas concevoir un état de nature des idées. Locke ne voit pas que les idées forment comme une société, que le droit de propriété en particulier n'est qu'une idée parmi toutes celles constituant le monde humain, et qui entretient avec les autres des relations nécessaires, régulières, et pourtant variables, fondées sur l'« imagination ».

L'erreur de Locke sur le droit de propriété n'est qu'un cas particulier d'une erreur, ou d'une contradiction, générale de sa philosophie, la philosophie simultanément des droits de l'homme et des idées de l'entendement humain.

Hume accepte pour l'essentiel le point de départ lockéen sur l'activité de l'esprit : celui-ci combine les idées simples formées sur l'expérience extérieure ou intérieure [57]. Mais il considère que Locke est infidèle à ce principe, ou le contredit, tout particulièrement dans ce qu'il écrit à propos de la notion, chez lui fondamentale [58], de *power*. Locke déduisait l'idée simple de *power* de l'expérience extérieure du mouvement et surtout de l'expérience intérieure de la volonté qui meut les membres ou l'entendement. En réalité, ni l'une ni l'autre expérience ne peut donner lieu à l'idée de *power*, ou la produire [59]. Ce que Locke appelle maladroitement *power* est en fait une *necessary connexion*. Et ce lien nécessaire, l'esprit ne l'établit qu'en vertu de la répétition, ou de l'habitude : « Cette connexion donc, que nous sentons dans l'esprit, cette habitude de l'imagination passant d'un objet à celui qui l'accompagne d'ordinaire, est le sentiment ou l'impression d'où nous formons l'idée de pouvoir ou de connexion nécessaire. Rien de plus n'est ici en cause [60]. » Hume paraît dire tantôt que Locke ne donne pas une explication adéquate de l'origine de l'idée de *power* [61], tantôt que cette idée n'existe tout simplement pas [62]. C'est que la notion lockéenne de *power* contient et confond *deux*

---

57. *Enquiries, op. cit.,* § 13, 14, 49.
58. Voir plus haut, § III.
59. *Enquiries, op. cit.,* § 50-52.
60. *Ibid.,* § 59, p. 75. Voir aussi *Treatise, op. cit.,* I, 3, § 14, p. 153-170.
61. *Treatise, op. cit.,* p. 155.
62. *Ibid.,* p. 159.

idées : celle de qualités inconnues qui, par exemple, feraient que les mouvements des corpuscules invisibles produisent les qualités secondes, et celle de la connexion nécessaire entre une idée antécédente et une idée conséquente[63]. Or ces deux notions sont parfaitement distinctes : la première, celle de cause, est oiseuse ; seule la seconde, celle de connexion nécessaire, a un sens. Le seul *power* dont nous ayons une idée claire étant la *necessary connexion*[64], la notion de *power* « appartient exclusivement à l'âme[65] », et ne fournit par conséquent aucune lumière sur la nature des choses[66].

Ainsi la notion moderne de *puissance*, ou de *pouvoir*, ramène-t-elle les impossibilités de la notion traditionnelle de *substance*, que Locke avait si sévèrement dénoncées.

C'est pour les mêmes raisons que la conception lockéenne des notions morales, ou modes mixtes, est rejetée. D'une part, ces notions sont supposées produites par le pouvoir de l'entendement humain, sans ressemblance à des archétypes extérieurs : pure causalité ; d'autre part, on affirme qu'elles sont réglées par la commodité : relation de convenance, connexion nécessaire. De ces deux thèses, seule la seconde est proprement intelligible. Il n'y a, dans le droit de propriété, qu'un rapport de convenance entre plusieurs idées, de même que, dans les phénomènes de la nature, il n'y a qu'une connexion nécessaire entre deux ou plusieurs idées. Entre l'idée du travail et celle de la propriété, il y a une relation qui, comme la notion de *necessary connexion*, « appartient exclusivement à l'âme », et donc mobilise nécessairement un certain nombre d'autres idées appartenant à celle-ci. L'idée d'une jonction, ou d'un mélange « réels » entre la personne du travailleur et le matériau naturel travaillé est aussi confuse et inintelligible que l'idée d'une efficacité « réelle » de la cause dans les phénomènes de la nature, et pour la même raison. Si nous nous en tenons rigoureusement à l'expérience, nous ne rencontrons jamais que

---

63. De fait, lorsque Locke parle de « ces *qualités* [secondaires] qui en vérité ne sont rien dans les objets eux-mêmes, que des pouvoirs de produire des sensations variées en nous par leurs *qualités primaires* » (*Essay*, p. 135), la confusion est à son comble.

64. *Treatise, op. cit.*, I, 3, § 14, p. 166.

65. *Ibid.*, p. 164.

66. Hume rejette donc la distinction entre qualités premières et qualités secondes (*ibid.*, I, 4, § 4) comme celle entre cause et occasion (*ibid.*, I, 3, § 14, p. 168). Ces deux distinctions reposent sur la même confusion entre les deux notions, confuse et claire, de *power*.

des connexions entre des idées, connexions rendues nécessaires par l'habitude ou l'imagination — nécessaires d'une nécessité « de fait » par conséquent.

Ainsi, selon Hume, non seulement les notions morales ne sont nullement fondées sur la nature des choses ou de l'homme, mais on ne saurait mettre au jour leur cause ni élaborer leur déduction scientifique : en ce sens, elles sont aussi absurdes que les idées de la superstition ; mais elles sont une superstition *utile*[67]. Fondées dans l'imagination qui met en rapport les idées en fonction de leurs convenances et associations, elles formulent les relations nécessaires à la vie humaine. La notion de commodité, déjà très présente chez Locke pour fournir son motif ou sa règle à l'invention arbitraire des notions morales, absorbe désormais presque complètement cette causalité arbitraire. De même qu'il est oiseux de chercher la cause en deçà de la connexion nécessaire, il est vain de chercher l'agent moral en deçà des idées morales qu'il entretient nécessairement. Il n'y a donc aucun sens à vouloir attacher un droit « naturel » à l'individu.

J'avais suggéré qu'on peut reconnaître chez Locke une convenance entre le dogmatisme des droits et le scepticisme, ou plutôt l'artificialisme, des idées, que plus généralement il y a dans l'attitude moderne une convenance entre l'affirmation universaliste des droits de l'homme et la reconnaissance de la diversité des cultures et du caractère arbitraire de leurs notions morales : ce sont deux manières différentes, l'une selon la perspective de l'agent, l'autre selon la perspective de l'observateur, de dire que l'homme n'a pas de nature ou de fins, qu'il n'est pas une essence, ou une substance. La critique de Hume nous oblige cependant à concéder qu'il y a un hiatus infranchissable entre l'idiome des droits et l'idiome des idées. L'incohérence de la position de Locke tient à ceci qu'il suppose en fait que l'idée des droits — des droits naturels qui se révèlent dans l'état de nature — n'est pas une idée comme les autres, qu'elle n'obéit pas aux lois de convenance et d'association, aux lois de commodité qui régissent toutes les autres idées du monde humain, qu'elle est en quelque façon enracinée dans la nature. Chez Locke, le sens de l'idée de droit ne se découvre pas dans l'analyse de l'idée de droit : elle est plus, et

---

67. *Enquiries, op. cit.*, § 159.

autre chose, qu'une idée lockéenne. En rejetant l'existence des idées innées, Locke refuse que les idées, ou certaines d'entre elles, fassent partie de l'essence de l'homme, mais il maintient la place de cette essence — $x = x$ —, et l'expression de cette essence absente, c'est les droits de l'homme.

Dans le langage des idées, donner un nom distinct au fait de tuer un homme plutôt qu'un mouton est purement arbitraire ; partant, appeler le meurtre un mal, ou un crime, est tout aussi arbitraire, même s'il est de fait que les hommes l'appellent le plus souvent ainsi. Dans le langage des droits, tuer un homme, c'est violer son droit primordial à la vie ; appeler le meurtre un mal, ou un crime, cesse alors d'être arbitraire et devient au contraire nécessaire. L'idiome des idées permet à Locke de définir en principe *toutes* les notions morales comme arbitraires, dépourvues de fondement dans la nature de l'homme. Tout le domaine des idées et des évaluations morales, en vérité le monde proprement humain tout entier, est de cette façon pour ainsi dire suspendu. De l'autre côté, l'idiome des droits lui permet à la fois de « renaturaliser » les éléments de la moralité traditionnelle qu'il souhaite conserver, et de « naturaliser » des éléments nouveaux qu'il désire promouvoir. On ne saurait imaginer conception des choses qui offre plus de commodité et de latitude à qui veut changer les objets de l'estime des hommes : le monde humain tout entier, comme une ville ouverte, sera docile à la volonté du réformateur.

C'est là une perspective que Hume juge impossible à envisager. Que certains puissent prétendre à une position si avantageuse, en vérité si contradictoire, l'indignerait plutôt, si quelque chose pouvait troubler son équanimité. L'idée du droit ne saurait échapper au sort commun des idées. Toutes les idées « appartiennent exclusivement à l'âme », de sorte qu'il est vain et violent de donner à l'une d'entre elles l'autorité de la nature. Mais s'il est arbitraire de distinguer entre des idées qu'on traite comme si elles étaient naturelles, ici celle des droits naturels de l'homme, et les autres idées simplement artificielles, il n'est pas non plus judicieux de souligner, en sens inverse, le caractère artificiel des idées en général. Toutes les idées appartiennent à un même monde, celui de l'« imagination », qui n'est en somme ni naturel ni artificiel, ou du moins qu'il ne sert à rien de considérer selon cette polarité. Il convient seulement de distinguer entre les idées de l'imagination

qui sont « utiles » et celles qui sont simplement « superstitieuses ».

Chez Locke, chez le réformateur, ou le révolutionnaire
moderne, le scepticisme des idées se combine avec le dogmatisme
des droits. Chez Hume, nous dirons : chez le conservateur
moderne, un scepticisme plus radical encore, puisqu'il n'épargne
même pas la notion des droits, conduit à un dogmatisme de la vie
ordinaire, ou des *common occurrences of life*, dont le nom usuel, et
pourtant abstrait, est « pragmatisme » ou « utilitarisme ». Faut-il
dire alors que la seule chose qui ait autorité dans le monde humain
tel que le décrit Hume, c'est ce qu'il appelle l'utilité ? Ce ne serait
pas exact. Hume admet que beaucoup de nos jugements moraux
n'ont pas de rapports, même indirects, avec l'utilité. Leur source
est simplement dans un *sentiment*, le sentiment moral, qui n'a rien
à voir avec la raison, utilitaire ou autre. Par exemple, la raison ne
voit rien dans l'inceste qui soit intrinsèquement condamnable — la
raison en tant que telle ne peut rien approuver ni condamner
moralement —, mais c'est un *fait*, une *matter of fact*, que les
hommes condamnent universellement l'inceste. La source de ce
sentiment moral est dans le *frame*, la constitution de notre nature
qui nous est inconnue[68]. Ainsi le principe d'organisation du
monde humain recommandé par le philosophe ne réside plus dans
les droits de l'homme tels qu'enracinés dans le face-à-face avec la
nature de l'individu affamé et travailleur, mais dans le fait du
sentiment moral dont on peut constater les manifestations régulières dans les sociétés humaines. C'est pourquoi le scepticisme
plus radical, en quelque sorte ultime, de Hume, conduit, ainsi que
nous l'annoncions, à un point de vue pratique beaucoup plus
conservateur que celui de Locke.

Il n'est pas douteux que Hume pousse à son terme la critique
lockéenne des idées, qu'il est pour autant plus radical et plus
cohérent que son prédécesseur. Dirons-nous alors que le conservateur moderne est la vérité du réformateur, ou du révolutionnaire, moderne ? L'hypothèse en tout cas n'est guère confirmée
par l'observation du développement des sociétés démocratiques
modernes. Le réformateur y déploie une activité incessante, le
principe des droits de l'homme y garde une incandescence intacte,

---

68. *Treatise, op. cit.*, III, 1, 1, p.176 ; *Enquiries, op. cit.*, § 132, 138, 234-246.

les parties les plus rebelles ou les plus secrètes de notre nature y sont tenues de recevoir l'évangile des droits, tandis que le conservateur est condamné à l'ironie impuissante, et qui mérite de l'être puisque, voulant moquer les projets du réformateur, il congratule la société présente, c'est-à-dire les résultats de la réforme précédente. En vérité, l'avantage théorique du conservateur moderne sur le réformateur moderne cache une faiblesse décisive.

Je l'ai dit plus haut, le langage des droits est le seul que puisse se parler à lui-même celui qui veut organiser le monde humain sans poser ou accepter au préalable, comme vraie ou autorisée, une certaine idée de la nature humaine, ou alors une certaine Loi, selon laquelle l'homme est tenu de conduire sa vie. Le principe des droits de l'homme est le seul principe réfléchi d'action d'un homme qui n'a pas de fins. Soumettre les droits de l'homme à la fatalité d'arbitraire qui pèse sur toutes les autres idées, c'est abolir la place de l'essence humaine que Locke préservait. Que l'idée des droits de l'homme soit une idée comme les autres, et le monde humain n'est plus qu'une plaine, ou un ciel interminable, parcouru de constellations toùjours changeantes mais au fond toujours identiques car toujours parfaitement plates, ces ensembles réglés et arbitraires d'idées morales que l'observateur — historien, sociologue, anthropologue, journaliste — peut inventorier et décrire indéfiniment, mais parmi lesquels l'homme réel ne peut trouver aucun principe d'action. Cette variété monotone et plate, c'est bien le monde du philosophe Hume.

Mais, dira-t-on, le « sentiment moral » ne fournit-il pas un principe d'action tout à fait satisfaisant ? Cela serait le cas en effet si ce principe pouvait être sincèrement *réfléchi* par l'homme agissant. Ce que celui-ci éprouve, dans son cœur ou son âme, comme un sentiment impérieux qui dicte le jugement et l'action, le philosophe, ou l'observateur, le voit dans sa vérité comme un pur fait que la raison ne peut justifier. Cet abîme entre le sentiment pratique et la raison théorique est plus et autre chose que la distance, impossible à réduire complètement en effet, entre l'engagement passionnel de l'homme agissant — citoyen, religieux, ou amoureux — et le point de vue détaché, ou autrement passionné, du philosophe antique. De celui-là à celui-ci, il y avait tant de chemins, tant de passages ! Le désir de justice du citoyen ou de l'homme religieux, l'*eros* de l'amant, étaient la condition de possibilité et le continuel feu nourricier de la philosophie. Rien de tel dans la philosophie du conservateur moderne, fondée sur le sens moral. Entre le point de vue du philosophe, ou de l'observateur, et le point de vue de l'agent, aucune communication, aucune médiation n'est possible. Dès l'instant où l'homme agissant s'efforce de réfléchir, de considérer dans la lumière de la raison le commandement ou l'évaluation que lui adresse le sentiment moral, il les voit comme de purs faits qui ne sauraient comporter ni obligation, ni validité, ni sens objectifs. Le mouvement de sa vie morale, au lieu d'être orienté, corrigé, soutenu, par les nouvelles lumières de la raison, est à l'instant privé de sens, paralysé, vaporisé. « Pourquoi fais-je ce que je fais ? Parce que le sentiment moral m'y incite. Le sentiment moral, c'est-à-dire un fait dépourvu de sens. Ce que je fais, je le fais donc pour rien, ou sans motif valable. » La vie réelle, sous toutes ses formes, est pure superstition. Le philosophe, ou chacun de nous quand il s'observe et devient conscient de soi, se délivre de cette superstition, mais la délivrance ne le fait point accéder à une vie plus haute ou plus vraie, elle lui permet simplement de constater le caractère nécessaire de la superstition. Et ce fatal secret qu'il a percé, il doit l'oublier aussitôt qu'il rentre dans la vie pour agir, puisqu'on ne peut agir humainement ou raisonnablement dans la conviction que tous les motifs de nos actions sont de purs faits que la raison humaine est incapable de justifier. Hume incarne ce moment si précocement crépusculaire où les Lumières, pour être allées jusqu'au bout de leur critique de la superstition, doivent enfin se ranger sous ses lois, en reconnaissant que toutes les idées, non seulement de l'autre monde mais encore de celui-ci, sont également superstitieuses, sont également superstition. Alors les Lumières ne sauvent leur honneur, à vrai dire leur raison d'être, qu'en proposant la distinction, sans doute utile, peut-être superstitieuse, entre la superstition utile et la superstition simplement superstitieuse.

XIX

Dans leur développement ultérieur, les Lumières européennes ont amalgamé le point de vue réformateur de Locke et le point de vue conservateur de Hume. Elles ont adopté le premier, celui du dogmatisme des droits, dans les sociétés sur lesquelles elles régnaient, ou du moins se trouvaient en position d'agir, et elles ont adopté le second, celui du scepticisme absolu et du caractère « de fait » des obligations et des évaluations, pour les sociétés qu'elles étaient en position de contempler seulement, ou sur lesquelles elles ne souhaitaient pas vraiment agir. Ne laissant pas une pierre debout chez lui quand il s'agit d'obtenir la reconnaissance et la garantie de ses droits, l'homme occidental est souvent merveilleusement complaisant lorsqu'il regarde les sociétés étrangères à son aire de vie : il se refuse même le droit de porter sur elles un jugement. Ainsi retrouvons-nous, par des voies différentes, l'observation déjà faite au chapitre 2, et constatons-nous à nouveau comment le dogmatisme libéral et le relativisme sociologique, ou anthropologique, se partagent notre âme.

Il faut d'ailleurs noter que le scepticisme des idées vient renforcer, à l'intérieur de l'aire occidentale, le dogmatisme des droits. Selon la doctrine rigoureuse de Hume, ce scepticisme vise et atteint aussi la notion des droits de l'homme. Mais, point de vue purement théorique, trop faible pour s'attaquer sincèrement au point de vue à la fois actif et réflexif qui affirme les droits, il est alors enrôlé au service de ce dernier pour réfuter, ou discréditer, les idées morales qui risqueraient d'entraver la réalisation toujours plus complète et étendue des droits de l'homme. Ainsi les idées morales léguées par la tradition se trouvent-elles dans une situation intenable. Déjà considérées comme antipathiques, voire haïssables, parce que certains des commandements qu'elles contiennent semblent contraires aux droits de l'homme, elles sont en outre privées de toute solidité par le scepticisme qui les déclare vaines et artificielles. Dogmatisme et scepticisme se réconcilient et se renforcent l'un l'autre dans une haine et un mépris irrésistibles de la Loi. Les commandements de celle-ci paraissent n'avoir d'autre contenu, d'autre intention, d'autre sens, que la violation des droits de l'homme. Et alors même que ceux-ci règnent de façon toujours plus impérieuse depuis deux siècles en Occident, on se donne l'impression qu'ils ont à livrer une lutte permanente, véritablement héroïque, contre une superstition perverse qui veut les opprimer et qui s'énonce effrontément dans les déclarations du pape. Dans les termes les plus généraux, elle est constituée par tout ce qui, dans la tradition morale et religieuse issue d'Athènes, de Rome et de Jérusalem, n'a pu être réinterprété selon la stricte doctrine des droits de l'homme. Heureusement, cette superstition est aussi faible qu'elle est perverse, d'où le grand nombre de héros. C'est aux États-Unis, où elle a eu le moins d'obstacles à surmonter, que la doctrine des droits de l'homme livre aujourd'hui les batailles les plus chaudes, les plus héroïques. C'est dans le Nouveau Monde que l'argument humien a le moins de chances d'être entendu, qu'on prête le moins attention à l'ensemble complexe d'idées formées sur l'expérience qui constitue l'atmosphère protectrice et nourricière de la vie humaine. Sur la table rase du continent, la revendication des droits s'emballe et s'exaspère ; des ouragans d'indignation stridente dispersent le *topsoil* déjà si mince de l'humaine tradition ; et d'une côte à l'autre, tous les constituants du monde humain sont attaqués au nom des droits de l'homme.

XX

Si impressionnante et influente que soit l'affirmation unilatérale des droits telle qu'elle s'impose aux États-Unis, signant en quelque sorte la victoire de Locke sur Hume, le dispositif moderne repose sur la tension, qui suppose un certain équilibre, entre l'affirmation des droits et la critique des idées. Le paysage conceptuel des Lumières s'organise autour de ces deux pôles : les droits de l'homme et les idées de l'entendement humain, celles-ci recevant ultérieurement d'autres noms tels que « idéologie », « valeurs », « culture ». Les droits et les idées : telle est la double détermination que suscite la récusation de l'essence humaine ; telle est la double détermination que produit l'analyse de la substance humaine. De quelque façon qu'elle fût conçue, celle-ci enveloppait et, pour ainsi dire, réalisait l'unité du phénomène humain : c'est une seule et même chose d'être une *substance* et *une* substance. La substance était synthèse et affirmation de la synthèse. L'analyse en termes de droits d'un côté, et d'idées de l'autre, est un démantèlement de cette synthèse, naturelle pour être réelle : la substance-homme, ou la nature de l'homme.

Ce démantèlement a un double aspect. Il consiste dans la division entre les droits et les idées d'une part, dans le déploiement de la pluralité des droits et des idées d'autre part. Les idées sont en nombre indéfini parce qu'elles n'ont pas leur modèle, et donc leurs limites, dans la nature, et qu'elles sont créées arbitrairement par l'entendement humain : l'homme moderne contemple avec un plaisir qu'il juge très vif ce qui lui apparaît comme l'inépuisable diversité des « valeurs » ou des « cultures ». Les droits aussi sont en nombre indéfini, ainsi qu'en témoigne leur multiplication continue au cours des deux derniers siècles. Il semble que quelque chose empêche de dire : *le* droit de l'homme, alors qu'il est, ou qu'il était, tout naturel de dire : *la* nature de l'homme. Les droits de l'homme gardent cependant quelque chose de plus synthétique que les idées de l'entendement humain. Aussi intempérants que nous soyons dans la définition et la revendication de « nouveaux droits », ils sont moins « indéfinis », moins « nombreux » que les idées. Ils gardent toujours quelque attache à ce qui était pour les premiers philosophes modernes *le* droit fondamental, le droit source des autres droits : le droit de conservation. Si *le* droit se pluralise irrésistiblement en *les* droits de l'homme, il garde en quelque façon, je le notais plus haut, la place de l'essence, ou de la substance. Sous le régime moderne, c'est-à-dire sous le régime de l'analyse, il est l'instance la plus synthétique, et donc la plus forte.

Mais le droit ne garde la place de la nature qu'en prenant la place de la nature. C'est pourquoi, d'ailleurs, il n'est peut-être pas très heureux que, pour désigner les philosophies des droits de l'homme, se soit accréditée l'expression de « droit naturel moderne ». En réalité, le substantif dévore ici l'adjectif qui est censé le qualifier : les droits de l'homme prennent la place de la nature de l'homme. Si le langage est resté équivoque, cela tient sans doute à la manière dont les droits se substituent à la nature. Ils se révèlent, et pour autant ils deviennent réels, dans une situation que les philosophes dont il s'agit ont appelée « l'état de nature ». Dans cet état, les « hommes » n'ont pas encore déployé leur humanité ; ils ignorent la religion, la politique, la société, la famille, ils ignorent les sciences et les arts, mais ils éprouvent le besoin de se conserver, et ils le peuvent en s'appropriant les fruits de la terre. C'est dans cet état préhumain que leurs droits, que les droits de l'homme se révèlent : droits à la vie, à la liberté, à la propriété. Les droits de l'homme se révèlent et deviennent réels alors que les farouches habitants de l'état de nature n'ont pas encore d'idées sur « l'homme », et pas même l'idée de « l'homme ». Leurs droits se révèlent et deviennent réels dans le rapport sans idée de soi à soi et avec la nature extérieure, rapport d'où naîtront, par hypothèse, l'idée des droits, celle du contrat, celle de l'homme même. Mais comment nommer ce rapport sans idée de soi à soi qui prévaut dans l'état de nature et qui définit ce dernier ? Comment, et de quel droit, donner un nom à ce rapport qui est sourd et aveugle puisqu'il est antérieur à la lumière proprement humaine de l'idée ? Nous savons que ce rapport, qui repose sur le sentiment d'être un soi, un *self*, Locke le nomme propriété de soi. Le propre de l'homme est d'être propriétaire de soi. Ou plutôt, être propriétaire de soi, c'est le noyau silencieux et opaque qui va se déployer dans l'efflorescence déclarative des droits ; celui qui déclare ses droits, c'est l'homme.

La notion d'état de nature a une telle importance dans l'histoire de l'esprit parce qu'elle révèle, et place au centre de l'interprétation de l'homme, une possibilité que la tradition, philosophique comme religieuse, avait ignorée, celle d'une réflexivité sans idée, sans lumière intellectuelle. Celle-ci est la condition de possibilité des droits de l'homme. Pour que l'humanité de l'homme puisse résider dans ses droits, il faut nécessairement qu'il soit l'auteur de toutes ses idées, qu'il n'ait pas « naturellement » des idées, ou, en langage technique, qu'il n'ait pas des « idées innées ». S'il en était autrement, si l'homme avait des idées dont il ne fût pas l'auteur, il devrait d'abord tirer au clair ce qu'elles contiennent, ou impliquent, de renseignements sur lui-même et sa condition. L'affirmation de ses droits serait subordonnée à la reconnaissance de l'ordre objectif de ses idées. L'homme pourrait certes avoir des droits, dans le cadre et sous la spécification de ses idées et de leur enseignement objectif, il ne pourrait y avoir « les droits de l'homme ».

XXI

Considérant les deux produits de l'analyse de la substance, à savoir les droits « naturels » et les idées « artificielles », nous ne cessons d'osciller, dans la définition de leur rapport, entre la contradiction et l'affinité. C'est que nous nous efforçons de rester fidèles à la complexité du phénomène. Mais ne serait-il pas possible de parvenir à un jugement univoque sur cette relation ?

J'ai déjà plusieurs fois souligné le contraste, propre à l'esprit des démocraties modernes, entre l'activisme réformateur sous la bannière de l'universalité des droits et la passivité scientifique au nom de la diversité des cultures. Il n'est pas douteux qu'il y a quelque bizarrerie, par exemple, à dénoncer le sort fait aux femmes en Occident au nom des droits de la personne, et à accepter celui qu'elles connaissent en terre d'islam au nom de la particularité souveraine de toute culture. Ceux qui protestent qu'une telle attitude enveloppe une contradiction logique et une faute morale également inadmissibles font assurément œuvre salutaire d'éducation civique. Mais ce qui est nettement choquant aux yeux de l'honnête citoyen perd de sa netteté à ceux du philosophe scrupuleux. À regret, avec répugnance, il discerne un point de profonde complicité entre les deux affirmations en litige : l'homme est l'être qui a des droits ; l'homme est un être de culture. Le démocrate vulgaire, qui crie ces deux slogans avec une égale force, exprime une vérité qu'il est bien incapable de comprendre.

Cette complicité va au-delà de celle, négative, que nous avons déjà relevée : les deux propositions sont également et simultanément issues du rejet de la définition « substantielle » de l'homme. Non seulement elles refusent la même thèse, elles affirment aussi la même thèse.

La doctrine des droits comme la théorie de la culture supposent également ce que la première nomme l'état de nature. L'être de culture qu'est, nous dit-on, l'homme, présuppose, pour pouvoir être spécifié selon telle détermination culturelle, un état préculturel qui certes n'est jamais actuel mais qui est cependant en quelque façon réel si l'acculturation doit avoir lieu. Dans les deux versions, l'homme passe de l'état de nature, ou préculturel, à l'état civil, ou à l'état culturel. De fait, quelle « création culturelle » plus impressionnante que le contrat social ? Si l'homme peut être, par le contrat social, le créateur conscient et souverain du régime juste qui respecte et protège ses droits, c'est, implicitement, qu'il est aussi le créateur, peut-être peu éclairé, peut-être corrompu, des régimes moins satisfaisants. Dès lors que le régime du contrat et les autres sont également le produit d'un tel acte créateur, un trait d'égalité est tiré entre tous les régimes qui deviennent les diverses cultures dont se compose la scène humaine. Les théoriciens des droits de l'homme, qui sont aussi ceux du contrat social, supposent et posent ce pouvoir créateur de la volonté humaine au nom duquel on définira bientôt l'homme comme un être de culture et, éventuellement, on se retournera contre les droits de l'homme et le contrat social. Dans ce contexte, Nietzsche appartient au même mouvement politique et spirituel que Hobbes, Locke et Rousseau[69].

Ainsi les deux propositions, l'homme est l'être qui a des droits, l'homme est un être de culture, condensent-elles l'une et l'autre le même mouvement de pensée, différemment spécifié. L'homme est d'abord présupposé dans son indétermination, dans son état d'humanité implicite, ou de réflexivité sans idée ; ensuite, il sort par lui-même de cette indétermination et se définit et se réalise lui-même explicitement. Dans la première version, il reconnaît et publie ses droits dont il organise la protection ; dans la seconde, il donne forme à son humanité en se rangeant sous une loi particulière, éventuellement peu respectueuse de ses droits. La particularité de la loi, non moins que la généralité ou l'universalité des droits, exprime le pouvoir général de l'homme sur sa propre humanité, et l'exprime de façon d'autant plus frappante qu'elle est plus singulière et contraignante. C'est peut-être pourquoi les démocrates avancés, en qui ce pouvoir suscite un enthousiasme particulier, et qui donc supportent impatiemment les moindres contraintes des régimes dont ils sont citoyens, ont fréquemment montré une faveur marquée aux régimes exotiques les plus sanglants. Par sa cruauté perfectionnée, le général Tapioca rend immédiatement sensible ce pouvoir de l'homme sur ses conditions d'existence, sa capacité d'être l'auteur de lui-même, qui motive à la maison la revendication incessante de droits toujours nouveaux.

69. Voir plus bas, au chapitre 6, § III.

Déjà Voltaire, indigné par le sort de Calas, considérait avec indulgence, et même bonhomie, les supplices japonais.

Qui jugerait indigne de la philosophie la référence à telle saillie du moqueur peut se tourner vers l'ennemi de Voltaire, vers le philosophe le plus profond de la démocratie moderne. Jean-Jacques Rousseau veut réaliser le corps politique le plus particulier possible par le moyen de la volonté la plus générale possible.

XXII

L'homme est l'être qui a des droits ; l'homme est un être de culture. Ces deux propositions sont nées de la dissolution de la notion de substance. En retour, elles condensent un mouvement de pensée dans le champ duquel la notion de substance ou de nature humaine apparaît comme encombrante et stérile, inutilisable et égarante. Ce mouvement est un va-et-vient de l'indétermination à la détermination. Quand la pensée descend vers l'indétermination, vers l'état de nature, vers la réflexivité sans idée, la notion de nature humaine lui apparaît comme beaucoup trop complète, riche, déterminée : elle entrave, elle arrête son mouvement. Quand la pensée monte vers la détermination, vers le droit spécifié et garanti, vers la culture réelle et donc particulière, la notion de nature humaine lui apparaît comme beaucoup trop vague et indéterminée : elle entrave et elle arrête son mouvement de la même façon. Ainsi, dans les deux directions, le recours à la notion de nature humaine paraît signifier un arrêt arbitraire du mouvement de la pensée.

C'est que la nature, ou la substance, humaine est une synthèse réelle — dans notre contexte, la synthèse du particulier et du général. La nature, qui est générale, n'est réelle que comme particulière. L'aspect de la particularité coexiste intimement et inséparablement avec l'aspect de la généralité. Après la dissolution de la substance, ces deux aspects deviennent deux moments qui ne peuvent coexister ; ils sont nécessairement successifs. Du reste, les deux moments ne sont pas identifiables de manière stable. L'état de nature ne peut être simplement posé comme le moment de la particularité, ou alors celui de la généralité. Les deux moments échangent leurs notes logiques[70]. Si l'état de nature est posé comme le moment de la particularité, le moment de l'individu naturel, l'état civil se détermine comme le moment de la généralité, celui de la loi, ou de la volonté, générale. Mais l'état de nature peut se définir comme la généralité de l'espèce ; alors l'état civil se détermine comme particularité, par exemple comme cette culture. Le premier enchaînement correspond au point de vue pratique, le second au point de vue théorique.

Si nous considérons ce second point de vue, nous comprenons que la séparation des deux moments ait des effets majeurs sur la perception du monde humain. En effet, après la dissolution de la substance, l'esprit, observant le phénomène humain, ne voit plus la *présence* de l'universel dans le particulier. Il voit le résultat d'un processus qu'il faut reconstituer, à savoir : l'enchaînement de causes par lequel l'universel implicite est devenu le particulier explicite et réel. Cet enchaînement est décrit de différentes façons par les diverses sciences humaines. Nous avons étudié au chapitre 2 le cas si intéressant de la sociologie. Le point de vue sociologique, qui reconnaît un processus où l'on voyait jadis une présence, ce point de vue est si prégnant qu'il peut, sans appareil scientifique, gouverner les réactions en apparence les plus spontanées de l'homme moderne. Devant un épisode, ou une conduite, qui eût suscité jadis l'exclamation : c'est encore un tour de l'humaine nature ! on dit aujourd'hui, avec une satisfaction perceptible : c'est un fait de société !

Faire intervenir, comme fondement et explication, la nature humaine, c'est court-circuiter le va-et-vient de l'indétermination à la détermination, c'est paralyser la pensée analytique propre à l'homme moderne, en la plaçant devant une réalité qui, conjoignant dans la présence l'universel et le particulier, est toujours trop et trop peu déterminée. La nature humaine n'est plus qu'un fait qui laisse l'esprit humain stupide et insatisfait[71].

Bien entendu, ainsi perçue, la notion de substance humaine est perçue dans le cadre de la pensée analytique des droits et des idées.

70. Voir plus haut, au chapitre 1, § v.
71. Kant écrit : « Ainsi, la substance, par exemple, si on laisse de côté la détermination sensible de la permanence, ne signifierait plus qu'un quelque chose qui peut être conçu comme sujet (sans être un prédicat de quelque autre chose). Or, de cette représentation je ne puis rien faire, puisqu'elle ne m'indique pas quelle détermination doit posséder la chose

Son pouvoir de synthèse a été délibérément et radicalement détruit. Peut-être une réélaboration de cette notion, qui retrouverait son sens originel, surmonterait-elle les objections de la pensée analytique, les obstacles de la perception moderne. Le fait est cependant que la philosophie moderne n'a jamais vraiment exploré cette voie. Elle a cherché la synthèse dans une tout autre direction.

XXIII

Je n'ai point en vue ici la philosophie de Kant. Celle-ci, il est vrai, est une réflexion extraordinairement méticuleuse sur le problème de la « synthèse »[72]. Elle n'est en somme, pourrait-on dire, que cela. Peut-être pour cette raison, il est difficile de dire si elle résout décisivement le problème, ou si elle l'aggrave vertigineusement. Son haut fait spéculatif, l'introduction du « transcendantal », ne consiste-t-il pas à trouver un nom pour la difficulté qui lui avait été léguée, et à répandre ensuite celle-ci dans toutes les articulations du *soi* humain ? Toutes les notions héritées, et conservées par Kant, sont subordonnées à la nouvelle polarité du transcendantal et de l'empirique. Ce qui était apparu sous le mode poétique et, si j'ose dire, pittoresque, de la polarité entre état de nature et état civil, entre la présupposition de l'humanité et la détermination de l'humanité, trouve son expression généralisée, radicalisée et déplacée dans la nouvelle polarité qui, touchant moins l'imagination, paraît plus rigoureuse. La notion de transcendantal, cherchant le salut dans l'élément de la profondeur, surmonte la difficulté, c'est-à-dire la dualité, héritée, en condensant les deux moments de la présupposition et de la détermination, et faisant alors surgir l'empirique, pur fait dépourvu d'aucun sens,

---

pour valoir comme telle à titre de premier sujet » (*Critique de la raison pure*, trad. citée, « Du schématisme des concepts purs de l'entendement », p. 156). Voir aussi, dans « les analogies de l'expérience », le « principe de la permanence de la substance » (*ibid.*, p. 177-182), et, dans les « paralogismes de la raison pure », le « paralogisme de la substantialité » (*ibid.*, p. 282-284).

72. Voir par exemple dans l'Analytique des principes de la *Critique de la raison pure*, le chapitre 2 : « Système de tous les principes de l'entendement pur », particulièrement les 2ᵉ et 3ᵉ sections.

puisque incapable d'universalité véritable[73]. Nous l'avons vu, à la coprésence réelle du particulier et de l'universel dans la substance, la première philosophie moderne avait substitué la succession des deux moments de la présupposition et de la détermination. À la recherche « métaphysique » de la cause de la substance, Kant substitue maintenant l'enquête sur les conditions de possibilité de l'expérience. L'homme moderne, ne l'étant plus « naturellement », doit faire « comme si » il était citoyen ; plus généralement et radicalement, il doit faire « comme si » il avait une expérience réelle. Il n'est pas vraiment citoyen puisque sa citoyenneté, loin d'être une expression, une fin de sa nature, n'est qu'un instrument, un moyen chargé de garantir ce qu'il a découvert comme sien dans l'état de nature, à savoir ses droits, les droits de l'homme ; et ses expériences « réelles » sont sans intérêt véritable, puisque la seule expérience désormais intéressante et véritable serait l'expérience des conditions de possibilité de l'expérience. Elle est aussi impossible, et plus impossible même que le retour à l'état de nature. Ou bien pourrait-on envisager comme possible une expérience de la totalité des conditions de possibilité de l'expérience, une expérience non certes de la totalité du cosmos qui, comme « synthèse successive », est indéfinie[74], mais néanmoins d'une synthèse objective . l'expérience du *monde* ? Il n'est point surprenant qu'une réflexion approfondie sur Kant ait accompagné le mouvement de pensée « synthétique » qui fut quelque temps appelé « existentialisme », et que je veux considérer ici.

Je ne puis proposer qu'un rappel très sommaire du dernier grand mouvement de la philosophie moderne. Celle-ci vivait malaisément avec la nécessité et l'impossibilité du « retour à l'état de nature ». L'existentialisme, dans sa force première, veut faire apparaître la racine commune de l'une et de l'autre. Il commence par entériner la dualité et la tension entre la présupposition et la détermination, entre l'humanité implicite et l'humanité explicite. Il part, si l'on veut, des acquis de la philosophie moderne. Mais là où les prédécesseurs s'embarrassaient, l'existentialisme trouve son assurance et prend son essor. L'homme reçoit injonction de comprendre que ce processus est ce qui le fait être ce qu'il est, ou

---

73. Voir les deux « Introductions » de la *Critique de la raison pure*.
74. Voir la première antinomie de la raison pure, *ibid.*, p. 338-343.

mieux, qu'il est vraiment, qu'il « existe » quand il est conscient de ce processus, quand il se confond avec ce processus devenu conscient. Le dispositif moderne présuppose l'humanité de l'homme ; mais cette humanité présupposée ne se présente jamais, n'est jamais présente à elle-même : elle n'est active que par le truchement et sous les espèces des droits que l'on proclame, de la culture dont on fait la théorie, des causalités cachées que découvrent les sciences humaines. Elle n'agit que sous une de ces trois définitions qui la présupposent mais ne la présentent pas, plus : qui l'empêchent d'être présente à elle-même. Derrière la scène de la civilisation perfectionnée, se dissimule toujours davantage la latence de l'humanité implicite et dormante. Pour pouvoir être libre, et puissante, et savante, l'humanité moderne s'organise sur l'oubli actif d'elle-même. Se définissant comme être-ayant-des-droits, ou comme être-de-culture, l'homme moderne est le parasite de son double caché, de celui qui est capable d'être cause de la culture, source unique de la diversité des droits, de celui qui, dépourvu d'essence, occupe le lieu de l'essence et en déploie l'efficace. Eh bien, c'est ce double implicite et dormant que l'existentialisme veut faire surgir à la lumière. Puisqu'il se présuppose au lieu de se poser et de s'affirmer, ou puisqu'il ne s'affirme qu'en se présupposant, l'homme moderne vit dans une structurelle mauvaise foi, une inauthenticité constitutive. Comme acteur ou observateur, citoyen ou savant, il mobilise l'objectivité emphatique des « droits de l'homme », de la « culture », des « causes sociales » ou « psychologiques » — de la « société » ou de l'« inconscient » —, autant de propositions parasites, autant de déguisements de la seule affirmation qui serait véridique ! Pour s'affirmer là où il se présupposait, le double implicite et dormant doit se saisir résolument de lui-même, et, libre de son passé, de son présent, de ses motifs, se projeter vers l'avenir.

Il ne saurait bien sûr être question de revenir à la bonne vieille « nature humaine ». Elle aussi tient sa partie dans le faisceau des illusions intéressées. Ce qu'il faut mobiliser pour une affirmation enfin véridique, ce ne saurait être l'essence, ou la substance, ancienne. L'équivoque de la première philosophie moderne, qui ne savait pas bien si elle posait l'inexistence, ou seulement l'inconnaissabilité de la nature de l'homme, interdit toute sincérité de la pensée : on congédie et on rappelle en même temps l'essence, ou la nature, humaine, qui ne peut plus être alors que pur fait dépourvu de sens, *frame* opaque et muet, cause vague, donc chère aux académiciens, s'ajoutant aux causes précises dont s'enquièrent les sciences humaines. L'essence humaine doit être rejetée résolument, avec les droits de l'homme et la culture. Le foyer implicite et dormant, dont la nature humaine — maintenue sous la forme résiduelle et mutilée de la « psychologie » —, les droits de l'homme et la culture ne sont que des objectivations menteuses, doit enfin devenir explicite, enfin trouver les mots et la présence.

La conscience moderne, il me semble que je n'ai fait ce livre que pour l'établir, la conscience moderne se donne à elle-même en deux temps : le temps de la présupposition de l'x, et le temps de l'objectivation de l'x. C'est de la prise de conscience violente de cette dualité, ou duplicité, que surgit le projet existentialiste. Il s'agit de ramener la dualité à l'unité, la duplicité à la sincérité ou à l'authenticité, par l'affirmation parfaitement résolue de l'x qui, cette fois, enfin, ne se confondra menteusement ni avec l'essence, ni avec les droits, ni avec la culture. Bien entendu, l'existentialisme ne saurait être un humanisme, puisque l'x est un *absconditus*, ou un *absconditum*, pour qui, ou pour quoi, être-homme n'est en somme que l'objectivation la plus plausible et par là même la plus trompeuse. Les auteurs existentialistes d'ailleurs, lorsqu'ils traitent de ce qui est au centre de leur propos et de leur souci, ne parlent pas de l'homme mais du *pour-soi*, ou de la *liberté*, ou du *Dasein*. Assurément, pour tel d'entre eux, chez qui le vieil homme reste tout à fait fringant sous l'obituaire, le *pour-soi* n'est qu'un personnage de plus, une piquante recrue sur le trottoir du vieux boulevard. Mais le plus sérieux de ces auteurs comprenait que si l'homme doit pouvoir un jour *être enfin*, il faut précisément qu'il n'y ait pas « l'homme », mais que le *Dasein* existe dans sa relation véridique, ou authentique, au *monde*, relation qui est la synthèse réelle. L'existentialisme trouve accès à la synthèse en élaborant les notions de *Dasein* et de monde, celles d'être-dans-le-monde et de transcendance-du-monde[75]. Le bon sens contemporain se moque

75.« *Die Frage erhebt sich : wie ist so etwas wie Welt in seiner Einheit mit dem Dasein ontologisch möglich ? In welcher Weise muss Welt* sein, *damit das Dasein als In-der-Welt-sein existieren kann ?* » (Heidegger, *Sein und Zeit*, § 69 c).

volontiers de ces notions, de ce langage. L'effort vers l'unité paraît toujours comique à la pluralité satisfaite. Mais dans ces notions, et dans les recherches qui leur sont liées, la conscience moderne fait son plus héroïque effort pour surmonter sa propre duplicité. Là réside la grandeur de Martin Heidegger.

Chapitre 5

Le triomphe de la volonté

I

Peut-être le lecteur est-il surpris que, dans cette description de la conscience moderne que nous nous efforçons d'élaborer, nous n'ayons consacré qu'un paragraphe à la Liberté[1]. Elle paraît constituer le lien entre la conscience commune et la vie politique d'un côté — l'histoire moderne n'est-elle pas l'histoire de la conquête de la liberté ? — et le travail philosophique de l'autre : la philosophie moderne, dans ses versions les plus différentes, n'est-elle pas toujours philosophie de la liberté, ne donne-t-elle pas à voir et à comprendre le passage de l'homme défini comme « nature » à l'homme défini comme « liberté » ? L'amplitude de compréhension du mot, la diversité de ses harmoniques, l'intensité des sentiments qu'il suscite sont autant de richesses dont il serait malavisé de se priver, simplement pour marquer son dédain, ou sa lassitude, à l'égard d'un vocable par ailleurs usé. C'est un motif plus sérieux, cependant, qui nous retient de placer cette notion au centre de notre étude.

Au moment même où la notion de liberté vient au premier rang dans la philosophie et la vie politiques, elle connaît une sorte de rupture interne. Jusqu'au XVIIe siècle, elle était inséparable d'une version ou l'autre du libre arbitre. Avec les penseurs qui fondent la liberté moderne, avec les théoriciens du libéralisme politique, la notion de liberté se détache complètement de celle de libre arbitre

1. Voir plus haut, chap. 2, § XI.

et, même, se retourne contre elle : Hobbes et Locke, non moins que Spinoza, affirment la nécessité des actes humains[2]. On donnerait une description non inexacte de ce qui s'est passé si l'on disait que les philosophes ont réfuté et nié la liberté au moment même où ils l'offraient à l'homme, ou la revendiquaient pour lui. Comment interpréter un phénomène aussi singulier ?

II

À partir d'une certaine date, et pour des raisons qu'il nous faudra élucider, la notion de libre arbitre est apparue comme affectée par une contradiction interne. Elle caractérise l'homme comme pourvu d'une nature libre ; elle caractérise sa nature comme douée ou capable de liberté. Dans une telle conception, la nature est le substantif, ou la substance, tandis que la liberté est une qualité, une puissance[3] de la substance, ou un prédicat du substantif. La nature enveloppe la liberté ; elle est plus forte qu'elle. Pour autant, elle la nie. La philosophie moderne, en niant le libre arbitre, nie cette négation et libère la liberté.

La doctrine du libre arbitre affirme bien la liberté humaine, mais jusqu'à un certain point seulement. L'homme est libre dans le cadre et par le moyen de sa nature ; il n'a pas le choix de ses fins, qui sont inscrites dans cette nature[4]. C'est dire, en sens inverse, que sa nature s'interpose entre lui et la liberté. Le propos de libérer la liberté conduit à exténuer la nature, à démanteler la substance, à abolir l'essence.

Mais est-ce la découverte de la contradiction contenue dans la notion de nature libre qui induit le projet moderne, ou n'est-ce pas plutôt le projet moderne qui fait surgir cette contradiction, en somme l'invente ? D'ailleurs, de quelle libération s'agit-il puisqu'elle commence par l'affirmation de la nécessité des actes humains ?

La tradition déjà contre-distinguait, dans certains contextes, la

---

2. Hobbes, *Leviathan*, chap. 21 ; voir aussi sa lettre au marquis de Newcastle : « De la liberté et de la nécessité » (*Œuvres*, 11/1, trad. F. Lessay, Paris, Vrin, 1993) ; Locke, *An Essay Concerning Human Understanding*, *op. cit.*, II, 21, § 8-18 ; Spinoza, *Éthique*, I, app. ; II, 35, scol. ; II, 48.
3. Saint Thomas, *Summa Theologiae*, Ia, Q. 83, art. 2.
4. Aristote, *Éthique à Nicomaque*, 1111 b, 1112 b.

nature et la liberté, sous son double aspect de volonté et de raison[5]. On pourrait dire que cette lézarde, en s'élargissant, a entraîné la chute du majestueux édifice. Du moins cette distinction rendait-elle possible l'attaque qui allait venir. Mais dans le contexte prémoderne, cette fissure ne pouvait s'agrandir jusqu'à la rupture. Quelque chose de plus fort que l'une ou l'autre tenait ensemble la nature et la liberté. La nature libre comme la nature non libre étaient deux modalités différentes de la même condition de créature. Ce n'est point alors la nature qui irritait la liberté, tout au contraire, mais plutôt la surnature, c'est-à-dire Dieu, le dispensateur souverain de la grâce. C'est dans le contexte de ses rapports avec la grâce qu'est exploré alors le sens de la liberté. Du reste, dans l'affrontement avec le Fort, la liberté gagna de la force ; dans l'escrime avec Celui-qui-sera-celui-qu'il-sera, elle aiguisa sa pointe. Un théologien dirait peut-être que, de sa longue étreinte avec la grâce, la liberté est sortie trop forte pour la nature. Mais ce sont pensées de théologien.

Quoi qu'il en soit, même si les causes ultimes de la rupture entre la liberté et la nature nous échappent, nous pouvons essayer de décrire ce qui s'est passé. Nous pouvons, en particulier, essayer de comprendre pourquoi l'affirmation de la liberté humaine a commencé par l'affirmation de la nécessité des actes humains.

Lorsque, par sa nature, l'homme est partie de la nature, ou de la création, sa liberté puise en celle-ci ses motifs ; du point de vue de la liberté, la nature est l'ensemble, ou la somme, des motifs possibles. La liberté dépend alors si étroitement du monde pour son exercice qu'on ne voit guère comment elle pourrait s'en émanciper, comment elle pourrait s'élever au-dessus de la nature : c'est par la nature qu'elle vit. Mais en tout corps, ce sont les articulations qui sont les parties relativement les plus faibles ; et dans ce grand corps de l'ordre humain, l'articulation entre la liberté et la nature est aussi un point de faiblesse relative. Cette articulation, considérée *sub specie naturae*, c'est la, ou plutôt les fins de l'homme ; considérée *sub specie libertatis*, c'est les motifs de la liberté humaine. La philosophie moderne fait porter son attaque décisive sur ces deux faces de la jointure. On sait combien de réfutations écrasantes, quels sarcasmes dévastateurs la philoso-

---

5. Saint Thomas, *Summa Theologiae*, Ia IIae, Q. 91, art. 2.

phie moderne a dirigés contre la notion de fin, ou de finalité. Moins apparent, mais non moins important, est le rejet de la notion de motif. Or le motif est congédié, que l'action humaine soit interprétée comme un comportement mécanique dépourvu de motif, ou que l'effet du motif soit considéré comme nécessaire. Affirmer la nécessité des actes humains, « motivés » ou non, c'est abolir par le fait même le rôle du motif dans l'action humaine ; c'est émanciper celle-ci de ses motifs qui la limitaient tout en l'actionnant ; c'est préparer une liberté plus libre, une liberté sans limites. Affirmer la nécessité des actes humains, c'est rendre possible l'affirmation d'une pure liberté ; pour autant, c'est affirmer celle-ci.

On pourrait présenter cela d'une autre façon. La notion de nature libre connote un équilibre exquis entre la nature et la liberté ; chacune détermine l'autre ; la liberté amplifie la nature, la nature donne l'être et la vie à la liberté. L'une comme l'autre sont essentiellement *finies*. Cet équilibre est par lui-même difficile à préserver. N'importe quelle occasion, sollicitant la liberté ou inquiétant la nature, peut le rompre. Telle situation peut rendre cette rupture définitive, irréparable. Dès lors que les deux éléments ne se limitent plus l'un l'autre en se déterminant l'un l'autre, ils s'illimitent, ils s'extrémisent l'un et l'autre : la nature devient substance infinie, la liberté devient liberté infinie.

Autre chose est à noter. La tradition égalait tranquillement le libre arbitre et la volonté. C'est la même faculté, la même *potentia* [6]. Mais cette même faculté ne fait pas la même chose : le libre arbitre choisit, ou élit ; la volonté veut. Vouloir n'est pas exactement choisir ; vouloir est plus fort que choisir, puisqu'on continue de vouloir après qu'on a choisi. Et puis choisir ne se saisit jamais bien soi-même ; on est toujours avant, ou après le choix ; l'instant, si c'est un instant, du choix échappe. Vouloir se connaît fort bien, et peut se dire à chaque instant. À moins que, s'ignorant lui-même, il soit un vouloir aveugle ; mais alors, plus fort que la liberté du libre arbitre, il inclut la nécessité. De toute façon, qui veut ne choisit pas, ou plus. Le libre arbitre a besoin du monde où sont ses motifs. La volonté

6. *Ibid.*, Ia, Q. 83, art. 4.

est volontiers tautologique : la volonté veut, et se veut elle-même. Elle peut vouloir se passer du monde.

La liberté comme libre arbitre s'accordait délicatement avec la nature ; la liberté comme volonté est trop forte pour la nature. C'est comme volonté que la liberté va rompre son mariage avec la nature, que la grâce avait béni, et troublé.

III

Il est certainement très difficile d'évaluer, de comprendre complètement la portée et le sens de cette émancipation de la volonté, de cette libération de la liberté. Si l'on en juge par le ton de la première philosophie politique moderne, ton d'ambition, de provocation et de prophétie, elle contenait une promesse infinie. En dégageant la volonté de la nature, sa volonté de sa nature, l'homme se promet quelque chose d'inouï. Quoi ? Et pourquoi ? Encore une fois, c'est très difficile à cerner précisément. Mais la remarque suivante peut nous mettre sur la voie.

La philosophie grecque n'avait pas de plus grand éloge à décerner à un régime politique que de dire qu'il était « selon la nature », même si, et parce qu'il était en pratique impossible qu'un régime réel fût complètement, ou parfaitement, « selon la nature ». Aristote comme Platon auraient jugé absurde, ou inintelligible, qu'on dît d'un régime politique qu'il était « la nature en elle-même et pour elle-même », ou qu'il était « la nature réalisée ». Mais lisons ce qu'écrit Hegel aux premières lignes du § 258 des *Principes de la philosophie du droit* :

> L'État, comme réalité en acte de la volonté substantielle, réalité que celle-ci trouve dans la conscience particulière de soi élevée jusqu'à sa généralité, est le rationnel en soi et pour soi. Cette unité substantielle est un but propre absolu, immobile, dans lequel la liberté parvient à son droit suprême, comme ce but final a le droit suprême vis-à-vis des individus, dont le plus haut devoir est d'être membres de l'État [7].

Ce qui rend ce texte si extraordinaire, et si important pour notre recherche, c'est que ce que Hegel appelle l'État réconcilie en lui

---

7. Trad. A. Kaan modifiée, Paris, Gallimard, 1940.

toutes les oppositions traditionnellement constitutives du monde humain — entre le particulier et le général, entre le droit et le devoir, entre la chose et la conscience, entre le mouvement et le repos —, et qu'il accomplit cette réconciliation en tant qu'il est réalisation de la volonté, volonté réalisée.

La nature, qui est la norme ou le modèle, n'est jamais « réalisée », puisque c'est la nature de la nature que d'être au-delà des prises humaines. Qui cherche la nature s'éloigne de soi. C'est cet éloignement et cette hauteur de la nature qui ouvrent à l'homme l'espace entre sa réalité et sa finalité, et donc la possibilité de vouloir. Mais si je considère le vouloir dans sa réalité, voulant quelque chose et nécessairement aussi voulant vouloir, si je considère la volonté séparément de la « nature » ou du « monde », alors les paroles de Hegel que nous venons de citer sont moins étonnantes, moins exorbitantes qu'il nous paraissait d'abord. Elles disent seulement, mais avec l'exhaustivité qui fait la force de Hegel, ce que la volonté dit d'elle-même, ce qu'elle veut d'elle-même et, d'abord, qu'elle se veut elle-même. Elles explicitent la promesse infinie que contient la réalité de la volonté. La volonté ne peut que vouloir sa réalisation, et, en tant qu'elle se réalise et devient réalité, elle ne cesse point de la vouloir, accomplissant ainsi l'unité du mouvement et du repos. Ce que cette volonté réalise est nécessairement rationnel, puisque ne peut être vraiment voulu par une volonté que ce qui peut être voulu par une autre, et même par toute autre volonté, que ce qui est universalisable, et, en tant que réalisé, universel. Et « l'État » est nécessairement tout cela puisqu'il n'est rien d'autre que le cadre et l'effet de l'activité de la volonté. Il est ce que veut la volonté pour pouvoir se réaliser elle-même. Toute la philosophie politique moderne, qui fonde l'ordre politique légitime sur la volonté de l'individu humain, pense d'ailleurs comme Hegel. Ou plutôt celui-ci, conformément à l'interprétation qu'il donne lui-même de son œuvre, explicite complètement le sens de la philosophie politique moderne, ce que celle-ci veut dire, au double sens de l'expression.

Une fois que l'institutionnalisation de la volonté humaine, comme volonté raisonnable de chacun, est véritablement engagée, inscrite dans les institutions politiques — cette étape décisive est accomplie avec la Révolution française —, l'ordre politique est dès lors intrinsèquement satisfaisant, comme Hegel encore le souligna. Il peut y avoir une divergence d'appréciation, et donc une différence de satisfaction, entre ceux qui considèrent que ce que veut la volonté raisonnable est d'ores et déjà réalisé — le parti de l'ordre, ou du *statu quo*, la droite —, et ceux qui estiment que cela n'est encore réalisé qu'imparfaitement, qu'il faut donc accomplir des réformes importantes, voire une révolution qui sera le dernier effort de la réalisation — le parti du mouvement, du progrès, la gauche ; mais pour l'essentiel, s'il considère les institutions de la démocratie moderne en tant qu'elles réalisent le principe de la volonté raisonnable, l'homme moderne, celui du moins qui est raisonnable, est nécessairement satisfait. Il ne désire, politiquement, rien d'autre que ce qu'il a. De fait, que puis-je vouloir d'autre que ce que je veux ? Puisque la démocratie moderne est le régime fondé sur la volonté humaine, comment celle-ci pourrait-elle vouloir autre chose que cette démocratie ? En voulant la démocratie, la volonté se veut elle-même.

IV

Dans un langage très différent de celui de Hegel, Tocqueville nous introduit à des pensées voisines, lorsqu'il déploie devant nos yeux l'irrésistibilité de la démocratie. Cette caractérisation a un double aspect. Elle signifie d'une part que les peuples modernes, les peuples démocratiques, ne consentiront jamais à un autre régime social que celui fondé sur l'égalité des individus, que tout retour à l'« aristocratie » est désormais impossible : aucune différence de condition ne peut survivre longtemps, moins encore revivre, dès lors qu'il est généralement admis qu'il n'y a d'obéissance légitime que celle à laquelle on a préalablement consenti. Et une fois que le principe de la volonté, ou du consentement, a été dégagé et reconnu, comment consentir à un régime qui ne soit pas fondé sur le consentement ? Comment consentir à ne pas consentir ? Comment à la fois vouloir et ne pas vouloir ? Mais l'irrésistibilité signifie d'autre part que la démocratie est destinée à étendre indéfiniment son pouvoir sur l'homme démocratique : de plus en plus d'actions, de plus en plus de sentiments, de plus en plus de pensées, de plus en plus de « contenus de vie » viennent irrésistiblement se ranger sous la souveraineté de la démocratie. C'est en Amérique, on le sait, que Tocqueville a découvert la portée de l'idée, c'est-à-dire de la volonté démocratique. « Ainsi, aux États-Unis, le principe générateur de la république [la souveraineté du peuple] est le même qui règle la plupart des actions humaines[8]. » Le principe du consentement, mis en œuvre par la volonté de l'individu, pénètre et recompose les relations qui semblaient jusque-là invariablement inscrites dans l'ordre éternel de la nature humaine, par exemple, et éminemment, les relations entre parents et enfants, et entre l'homme et la femme, ou dans l'ordre éternel du monde, par exemple, et éminemment, celles qui constituent la religion.

Dès lors pour Tocqueville, à la différence des philosophes grecs, la démocratie et l'aristocratie ne sont pas deux régimes politiques toujours et également possibles dans le cadre d'un ordre naturel qui comprend encore d'autres régimes aussi, ou plus, légitimes ; il s'agit des deux grands régimes successifs de la vie humaine dont il dit : « Ce sont comme deux humanités distinctes[9]. » Le régime de la volonté triomphe de tous les autres régimes et leur succède. Il semble être alors plus et autre chose qu'un régime politique inédit, fût-il particulièrement satisfaisant : il fait advenir, nous dit Tocqueville, une « humanité nouvelle ».

Dès lors que la liberté a été dégagée du libre arbitre, que la volonté s'est émancipée de la nature, celle-ci évidemment ne peut plus valoir comme le cadre compréhensif dans lequel on loge et interprète les choses humaines. L'apparition du régime de la volonté rejette tous les autres régimes dans un « avant » que l'on peut considérer d'un point de vue décisivement supérieur. Que cet « avant » soit conçu comme ordre de la nature et de la force, ou alors de la tradition et de la religion, il désigne l'époque où l'humanité était encore « mineure ». Certes, lorsque les philosophes grecs dégagèrent la notion de « nature », de *phusis*, constituant ainsi la philosophie elle-même, ils s'arrachèrent et nous arrachèrent décisivement à l'empire de la tradition et de la religion, ramenées ainsi au niveau de la « convention », à l'empire du *nomos*. *Phusis* et *nomos* sont bien deux pôles opposés. Mais une

---

8. *De la démocratie en Amérique*, t. I, 2ᵉ partie, chap. 10.
9. *Ibid.*, t. II, dernier chapitre.

fois que la volonté s'est émancipée, cette polarité s'estompe : la nature et la tradition, ou la convention, viennent à se ressembler comme deux ordres où la volonté humaine est également, quoique différemment, assujettie. Le monde de la philosophie classique, celui de la « nature hiérarchisée », et donc de l'inégalité et de la force, et les divers mondes traditionnels ne forment plus qu'un seul « monde ancien ».

Ce monde ancien peut être caractérisé selon l'un ou l'autre des pôles qu'il accueille ensemble et paraît réconcilier ou confondre. On peut le désigner comme le monde de la nature, de la substance, auquel succède celui de la volonté, du sujet. Mais, en sens inverse, on peut considérer que l'idée apparemment universelle de nature, et donc de philosophie, n'est au fond qu'une expression de la particularité des Grecs, une de leurs « institutions singulières », le *logos* une expression de leur *muthos*, l'idée de *phusis* une conséquence de leur *nomos*. En pratique, les deux thèses sont souvent présentes ensemble dans le même exposé sans que l'auteur en marque la moindre gêne. C'est que la nouvelle opposition a privé de toute virulence l'opposition première et a, partant, rendu ses deux pôles interchangeables. L'apparition de la volonté fait pâlir le prestige libérateur de l'ancienne nature et obscurcit ainsi le sens originel de la philosophie.

Quoi qu'il en soit, une fois que l'on a vu, ou fait, apparaître ces deux « humanités distinctes » que sont l'« aristocratie » et la « démocratie », la nécessité d'un lien, ou d'un élément commun qui, en quelque sorte, les fasse tenir ensemble, vient au premier plan. L'élément qui pénètre l'une et l'autre humanité, qui circule de l'une à l'autre, l'élément dans lequel seulement l'homme peut encore vivre et se penser une fois que sa volonté s'est élevée au-dessus de sa nature, nous comprenons que c'est l'Histoire. L'homme est un « être historique » parce que, ou si, sa volonté est plus forte que sa nature.

Ainsi retrouvons-nous dans un autre contexte ce que nous disions au chapitre premier, que l'idée de l'Histoire trouve son motif et son fondement dans une polarité entre le Nouveau et l'Ancien que la vieille nature n'est plus de force à réduire. Mais il n'est pas encore temps de nouer les fils des deux développements. Remarquons du moins derechef que la question de la classification des régimes politiques n'est nullement une question formelle, mais qu'elle donne accès à l'essentiel. Et de même que l'absence de place pour le régime anglais dans la classification nouvelle de Montesquieu avait donné le branle à nos premières recherches, nous pouvons ici commencer notre enquête concernant le régime de la volonté moderne en nous appuyant sur ce fait puissamment significatif : la démocratie ancienne entre, la démocratie moderne n'entre pas, dans une classification des régimes politiques.

v

Pour commencer à nous rendre sensibles à la portée de cette différence, écoutons successivement Aristote et Rousseau. Aristote écrit :

> La raison pour laquelle il existe plusieurs sortes de régime politique est que toute cité renferme une pluralité d'éléments [c'est-à-dire : les familles, les riches, les pauvres, les différentes professions, les inégalités de naissance et de vertu, etc.] [...] On voit clairement, par suite, qu'il doit exister nécessairement plusieurs types de régime politique différant spécifiquement les uns des autres puisque les parties dont ils se composent diffèrent aussi spécifiquement entre elles [10].

On ne saurait guère avoir plus de complaisance pour la pluralité et la diversité des éléments de la cité, comme pour la pluralité et la diversité conséquentes des régimes politiques dont plusieurs sont légitimes. Et c'est sans revenir sur cette généreuse appréciation qu'Aristote remarque ensuite, comme un fait météorologique, que cette diversité tend à cristalliser en deux grandes tendances : « On estime d'ordinaire qu'il existe deux types principaux de régime : de même que, pour les vents, on parle des vents du nord et des vents du midi, les autres étant considérés comme des déviations des précédents, ainsi on ramène les divers régimes à deux formes, gouvernement populaire et oligarchie [11]. » Pour Aristote, le problème politique est naturellement susceptible de plusieurs bonnes — quoique inégalement bonnes — solutions. Rousseau nous fait

10. *Politique*, 1289 b 27-1290 a 7, trad. J. Tricot modifiée, Paris, Vrin, 1962.
11. *Ibid.*, 1290 a 13-16.

pressentir l'intransigeance et l'univocité de la démocratie moderne par la manière dont il caractérise l'acte de volonté qu'est le contrat social, principe et source de cette démocratie :

> Les clauses de ce contrat sont tellement déterminées par la nature de l'acte que la moindre modification les rendrait vaines et de nul effet [12].

Ainsi, pour Rousseau, le problème politique est-il susceptible d'une seule bonne solution : la volonté ne peut que vouloir, et elle ne peut vouloir que ce qu'elle veut.

La liste bigarrée, dressée par Aristote, des éléments constitutifs de la cité, et donc de la démocratie grecque, prouve que la cité, et donc la démocratie grecque, est foncièrement pluraliste. En revanche, les formules de Rousseau l'établissent, la démocratie moderne est et se veut moniste puisqu'elle ne reconnaît qu'un seul élément constituant légitime : la volonté individuelle. L'intensité et l'étrangeté du contraste sont soulignées par le fait que le seul élément retenu par Rousseau est absent du catalogue aristotélicien. Comment deux philosophes, tenus l'un et l'autre pour suprêmement compétents, peuvent-ils poser le problème politique en des termes si différents ? Il nous faut considérer de plus près la démarche d'Aristote.

VI

À la question : qu'est-ce que la cité ? ou : qu'est-ce qui fait l'identité de la cité ? Aristote répond : c'est sa constitution, ou son gouvernement, c'est son régime politique — sa *politeia*. Or, qu'est-ce qu'un régime politique ? C'est une certaine interprétation de la justice ; c'est la conclusion d'un débat, à la fois explicite et implicite, qui prend place, ou qui pourrait prendre place, à l'intérieur de la cité, et portant sur ce qui est juste et ce qui est injuste. Pratiquement, ainsi que la citation produite plus haut l'indique, dans la cité réelle, le débat prend place entre l'oligarque et le démocrate. Au lieu de construire la légitimité politique, le

---

12. *Du contrat social*, I, 6.

juste politique, à partir d'un état *prépolitique* — « l'état de nature » — ainsi que le feront les doctrines modernes du contrat social, l'enquête d'Aristote part des opinions sur la justice telles qu'elles sont formulées dans la cité réelle, sur la place publique : elle prend au sérieux le point de vue du citoyen sur la chose politique [13]. Je ne peux suivre ici l'analyse aristotélicienne, si subtile, telle qu'elle est déployée au livre III de la *Politique*. Je dois me borner à quelques remarques.

Aristote écrit : « Les uns et les autres touchent dans une certaine mesure à ce qui est juste, mais jusqu'à un certain point seulement ; ils n'expriment pas le juste au sens complet et absolu [14]. » Ainsi, dans les deux partis, *tous* ont un rapport réel et positif à la justice, mais aucun partisan ne comprend *toute* la justice. Or, toute opinion sur la justice est nécessairement une opinion sur la nature et sur la fin, sur la raison d'être de la cité. Toute *opinion* politique est une opinion *politique* : elle concerne le Tout, elle met le citoyen en rapport passionnel et intellectuel avec le Tout. On pourrait dire : le citoyen ne peut s'abstenir de penser, et de penser politiquement. Ainsi les oligarques, fondant leur droit à gouverner sur leur supériorité en richesses, supposent ou impliquent que la cité est une sorte de société commerciale à responsabilité limitée, une *joint-stock company* dirions-nous, où les titres politiques de chacun sont proportionnels à sa fortune : à chacun selon son capital. Quant aux démocrates, qui invoquent l'égale liberté de tous les citoyens et se contentent de ce principe purement formel, ils privent la cité de tout but substantiel ; ils la réduisent à une sorte d'alliance défensive contre toute injustice [15] : être citoyen se ramène à n'être pas opprimé. En réalité, la cité, Aristote corrige ainsi les uns et les autres, a pour raison d'être de « rendre les citoyens bons et justes [16] ».

Bien entendu chacun, même le plus décidé à faire crédit à Aristote, sourit à ces derniers mots. Mais un instant de réflexion efface ce sourire courtisan qui accueille toute mention de la

---

13. Voir Leo Strauss, *La Cité et l'Homme* [1964], trad. O. Sedeyn, Paris, Agora, 1987, chap. 1.
14. *Politique*, 1280 a 9-11.
15. *Ibid.*, 1280 a 34-35.
16. *Ibid.*, 1280 b 12.

vertu [17]. Si l'on veut pouvoir juger de ce qui est juste dans la cité, et donc de ce qu'est une cité juste — et qui ne le voudrait, ne serait-ce que pour savoir s'il est lésé, ou non, par l'organisation effective du régime dans lequel il vit ? —, il est nécessaire de connaître la raison d'être de la cité. Et quelle autre fin pourrait avoir la cité que de produire, c'est-à-dire d'éduquer des citoyens « bons et justes » et, par là même, heureux ? Voudrait-on qu'elle les préférât méchants, injustes et malheureux ? Certes, la nature de cette bonté et de cette justice reste encore indéterminée ici, mais nous commençons à avoir le pressentiment, et donc le désir, d'une justice qui échappe à la partialité des partis.

Si la vraie finalité de la cité est le bonheur et la vertu, elle doit être gouvernée par ceux qui contribuent le plus à ces objectifs, par les « vertueux », ceux qui accomplissent de « belles actions [18] ». Mais alors elle exclura de ses honneurs, donc, en fait, d'elle-même la grande masse des citoyens [19]. La cité ne sera plus qu'une petite partie d'elle-même : la vraie cité ne sera plus qu'une petite partie de la cité réelle. Si la cité est gouvernée exclusivement par sa fin, alors ce n'est plus *la* cité qui est ainsi gouvernée. C'est dans ce contexte, me semble-t-il, que se pose pour Aristote le problème de la démocratie. Les revendications du nombre, ou des pauvres, ne sont pas plus fondées que les revendications des riches, et elles le sont assurément moins que celles des vertueux. Mais si la cité qu'ils réclament n'est pas vraiment une cité, celle qui les exclut n'est pas non plus vraiment une cité. Pour que la cité en soit vraiment une, il faut que le grand nombre ait part à la cité, c'est-à-dire à certaines magistratures, en particulier judiciaires. C'est afin de résoudre ce problème de composition du tout et des parties qu'Aristote avance ou entérine des arguments démocratiques. Pour condenser à la fois la netteté et les limites du moment démocratique de la pensée d'Aristote, on pourrait peut-être dire : les revendications de la multitude sont justifiées dans la mesure où

17. Montesquieu écrit : « L'ambition dans l'oisiveté, la bassesse dans l'orgueil, le désir de s'enrichir sans travail, l'aversion pour la vérité, la flatterie, la trahison, la perfidie, l'abandon de tous ses engagements, le mépris des devoirs du citoyen, la crainte de la vertu du prince, l'espérance de ses faiblesses, et plus que tout cela, le ridicule perpétuel jeté sur la vertu, forment, je crois, le caractère du plus grand nombre des courtisans, marqué dans tous les lieux et dans tous les temps » (*De l'esprit des lois*, III, 5).
18. *Politique*, 1281 a 1-10.
19. *Ibid.*, 1281 a 28-30.

elles sont satisfaites, c'est-à-dire dans la mesure où la multitude participe réellement à la richesse et à la vertu de la cité.

Mais nous savons que pour nous former une idée complète du problème de la justice, nous devons tenir compte non seulement de l'opinion des démocrates, mais aussi de celle des oligarques. Nous dirons donc que le juste est à la fois une sorte d'égalité (selon l'opinion des démocrates) et une sorte d'inégalité (selon l'opinion des oligarques). Or, quelle sorte d'égalité ou quelle sorte d'inégalité constitue un titre à participer au pouvoir politique ? Ainsi qu'Aristote le souligne avec quelque solennité, « il y a là une difficulté qui requiert l'intervention de la philosophie politique[20] ».

Si les fonctions publiques, au moins celles qui sont éminentes, doivent être distribuées en fonction d'une certaine supériorité, ou inégalité, la question est : d'une supériorité, ou inégalité en quoi ? On ne peut répondre : d'une supériorité quelconque. En effet, on ne donnerait pas la meilleure flûte à celui qui est le mieux né, ou le plus riche, mais à celui qui joue le mieux de cet instrument. Donner la meilleure flûte au plus riche par exemple, ce serait supposer que n'importe quel bien est comparable, ou commensurable, avec n'importe quel autre bien ; or cette commensuration est impossible[21]. Donc, « il est évident que, dans le domaine politique aussi, c'est avec raison qu'on ne dispute pas les postes officiels en vertu de n'importe quelle inégalité [...] mais ce doit être en s'appuyant uniquement sur la possession des éléments composant la cité qu'on doit prétendre au pouvoir[22] ».

Nous connaissons ces éléments qui sont par exemple la naissance, la liberté, la richesse, la vertu, la valeur militaire. Et donc nobles, hommes libres, riches revendiquent légitimement une part des honneurs ; font de même les justes et les courageux. Mais nous sommes devenus sensibles au problème de la commensurabilité des biens. Comment les biens simplement nécessaires à la vie de la cité, les richesses et la liberté par exemple, peuvent-ils être comparés, trouver une mesure commune avec les biens qui contribuent directement et positivement à la fin de la cité, comme la vertu ? Une supériorité en richesses ou en

20. *Ibid.*, 1282 b 22-23.
21. *Ibid.*, 1283 a 3-10.
22. *Ibid.*, 1283 a 10-15.

vertu appelle une supériorité correspondante dans l'ordre politique, car richesses et vertu sont des éléments de l'ordre politique. Mais que signifie « correspondante » ? Quelle quantité de vertu égale quelle quantité de richesses[23] ? On est tenté de dire que la richesse n'est pas plus commensurable avec la vertu qu'avec l'art de la flûte, sinon en ce sens que richesse et vertu, à la différence de l'art de la flûte, entrent directement dans la composition de la cité, sont l'une et l'autre des éléments politiques de celle-ci.

Le problème est insoluble théoriquement. Il faut pourtant le résoudre si la cité doit exister. Il est en pratique résolu puisque les cités existent. Qu'est-ce à dire ?

Aristote avance simultanément deux propositions. D'une part, « toute revendication d'honneurs politiques est exposée à des contestations[24] » ; d'autre part, « dans chaque régime politique, la question de décider qui doit gouverner est hors de contestation[25] ». Ainsi un régime politique se définit-il par la façon dont il tranche pratiquement et autoritairement la question — l'« aporie » — de la justice des honneurs politiques, que la théorie ne peut résoudre. Le problème politique se définit alors par la tension, qui ne peut jamais être complètement surmontée, entre le jugement, ou la décision, incontestable, la *krisis*, caractéristique active et forme même de tout régime réel, et l'*aporia* insoluble qu'est la question de la justice ou du bien.

Tout régime politique, en tant que *ce* régime politique, impose une solution à un problème insoluble. Il met autoritairement un terme au dialogue interminable sur la justice, sur la commensurabilité ou l'incommensurabilité des biens. Il ordonne une certaine équivalence entre la vertu, la richesse et la liberté, un certain prix relatif, si l'on veut, des différents éléments de la cité. En ce sens, la pratique politique, parce qu'elle est contrainte d'imposer, ou d'accepter, des comparaisons, ou des équivalences, certes approximatives, entre les biens, accomplit ce que la théorie politique est incapable de concevoir, puisque celle-ci dévoile nécessairement l'impossibilité de telles comparaisons. Mais cette

---

23. Voir Harry V. Jaffa, « Aristotle », in *History of Political Philosophy*, éd. Leo Strauss et Joseph Cropsey, 2ᵉ éd., Chicago, Rand McNally, 1972, p. 110-112.
24. *Politique*, 1283 b 13-14.
25. *Ibid.*, 1283 b 4-5.

supériorité de la pratique sur la théorie, dans la doctrine politique
d'Aristote, ne doit pas être interprétée comme une manifestation
de l'« empirisme » du philosophe. Contrairement à la science
politique moderne, selon laquelle la réalité est exactement et précisément ce qu'elle est, tandis que la science est « approximative »,
dans le meilleur des cas « asymptotique », pour la science
politique aristotélicienne, c'est la science qui est exacte et la
réalité qui est approximative, puisqu'elle est travail d'approximation.

Il y a donc ici une indétermination réelle, qu'aucune science ne
peut abolir. Et celui qui veut composer l'ordre politique, ou
influer sur sa composition, est contraint, pour maîtriser autant
qu'il est possible cette indétermination, de dire et de faire plus
qu'il ne sait, ou autre chose que ce qu'il sait. Pathétiquement
interprétée, cette situation fait apparaître l'homme comme « créateur arbitraire de ses valeurs ». Mais en vérité, pourquoi imaginer
l'homme devant l'abîme, Caspar Friedrich ? Nul besoin de faire la
grosse voix, Zarathoustra ! L'indétermination n'est pas un abîme ;
c'est la complexité prometteuse du bien. L'homme politique
ressemble plutôt au peintre qui a posé le chevalet près de la
guinguette, et se demande comment il va accorder le vert acide de
l'herbe et le rouge tourmentant de la jupe.

Précisément, comment Aristote enseigne-t-il aux hommes politiques l'art de la composition ? Comment enseigne-t-il aux cités
réelles l'art d'opérer l'impossible et nécessaire commensuration de
la façon la moins inexacte possible ?

Puisqu'on ne peut guère réfuter les revendications excessives,
donc injustes, fondées sur tel élément de la cité, en faisant
directement appel à un autre élément — les divers éléments, ou
biens, n'ont pas de mesure commune —, on va critiquer chaque
revendication par elle-même. Par exemple, aux oligarques qui
fondent leurs revendications politiques sur leur supériorité de
richesses, on fera remarquer qu'ils peuvent être surpassés en
richesses soit par un « super-riche », soit par la multitude elle-
même. Les vertueux sont exposés à une objection du même type.
Quant aux démocrates, qui ne veulent considérer que la qualité
d'homme libre, on attirera leur attention sur le fait que l'argument
de la « naissance libre » est un argument fondé sur la « naissance »
non moins que sur la « liberté », et qu'il est, en somme,

comparable à celui des nobles [26] : les pauvres aussi se sont donné la peine de naître.

Ainsi, si les revendications se fondant sur la possession d'un élément constitutif de la cité sont toutes en quelque façon justifiées, elles n'en sont pas moins également toutes susceptibles d'être réfutées par le principe même qu'elles invoquent. Chaque prétendant est alors conduit par la prudence et, au fond, par la logique, à modérer ses prétentions. En avançant sa revendication, chacun propose une certaine équivalence entre son bien propre et les biens des autres, une certaine mesure relative des biens constitutifs de la cité, et, en général, elle ne lui est pas défavorable. Devant reconnaître que cette équivalence est moins certaine qu'il lui avait d'abord semblé, il modère sa revendication, il révise à la baisse la mesure relative de son bien propre. Le résultat de la modération ainsi induite de chacun est la commensuration pratique de biens incommensurables théoriquement.

Les compromis que concède la prudence n'ont de commun que le nom avec ceux que la lâcheté se laisse arracher. Ceux-ci sortent d'un cœur faible ; ceux-là naissent d'un jugement de l'intelligence. Dans l'acte de prudence vraie, je mets sincèrement en doute la première approximation, la première équivalence que j'avais avancée. La critique, peut-être l'opposition que j'ai suscitées me font reconsidérer ce qui m'était d'abord apparu comme la meilleure composition du bien politique. J'avais conçu pour mon parti, mes enfants, pour moi-même, la place correspondant à la vérité de ses principes, l'illustration de leur lignage, l'étendue de mes mérites ; je reconnais maintenant que la vérité de cette première composition n'est pas certaine, en tout cas n'est pas prouvable, et qu'il me faut réviser mon jugement. On dira que dans la plupart des compromis, même honorables, le motif de la modération nouvelle est la nécessité, ou la commodité, rarement, sinon jamais, un changement intellectuel. Cela est peut-être vrai dans les compromis ordinaires que l'on fait pour ainsi dire sans y penser, comme de laisser passer, à un carrefour, l'automobiliste venant de droite. Dès lors que l'enjeu est important, le compromis exige une élaboration intellectuelle et se conclut par un jugement

26. *Ibid.*, 1283 a 33-34.

de même source. D'ailleurs, ni la commodité ni même la nécessité ne se laissent reconnaître si facilement. Qu'il s'agisse dans un tel compromis de mon parti, de ma famille, ou de moi, je rabats de mes prétentions afin que notre ou mon bien soit mieux compatible avec le bien des autres, c'est-à-dire avec les autres biens ; grâce à cette modération, la somme des biens auxquels mon parti, ma famille, moi-même auront part sera accrue. Concevoir un compromis, c'est d'abord résoudre intellectuellement un problème difficile de composition, en élaborant, puis proposant une nouvelle équivalence qui mesure une part plus petite d'une somme de biens plus grande.

Nous voyons ainsi se préciser la signification humaine du pouvoir politique.

Le pouvoir politique est l'élément qui permet à chaque bien d'exister, de perdurer et de s'affirmer dans le monde humain, et en même temps d'entrer en communication, de « vivre ensemble » avec les autres biens. Il faut s'arrêter sur ces deux caractéristiques qui paraissent contradictoires, mais dont la coprésence fait précisément le secret du pouvoir. Le véritable *arcanum imperii*, si on le cherche, c'est en somme ceci : le pouvoir politique permet aux différents biens de communiquer et de vivre ensemble dans le monde humain, et simultanément il permet à chaque bien d'échapper à la commensuration qui se ferait au profit des autres. Dans le premier registre, le registre « ouvert », ou « offensif », il met en lumière, il offre au regard, il élargit le monde humain, et son expression primordiale est la conquête franche, militaire ; dans le second registre, « fermé », ou « défensif », il est l'opacité protectrice du bien, la porte close et la muraille des cyprès.

Le pouvoir est éminemment dangereux parce que la nécessité où il se trouve de trancher l'*aporia* et d'exercer la *krisis* lui offre la tentation d'imposer les équivalences les plus partiales, celles où le bien choisi est si pauvre et si inférieur que tout l'édifice du bien humain s'effondre, jusqu'à dresser la satisfaction idéologique d'une poignée de fanatiques en équivalent de la vie de races ou de classes d'hommes. Et le pouvoir est éminemment bienfaisant puisque, grâce à lui, grâce à la participation des différents biens à une même organisation de pouvoir, à un même régime, à une même cité, l'homme peut trouver à sa portée, autour de lui, tous les biens humains, selon la composition spécifique de ce régime, de cette cité : il peut vivre en autarcie[27].

L'homme d'État a donc une tâche particulièrement noble et délicate. Il doit accorder à chaque bien son dû, conformément à la dignité intrinsèque de ce bien telle qu'il l'évalue, et pour ce jugement, il mobilise un principe d'appréciation personnel et privé, d'ordre philosophique ou religieux par exemple. Mais il doit le faire de façon que la mesure commune, l'intégration de tous les biens dans l'unité de la même cité, soit possible. Il est maintenant dans son rôle spécifiquement politique, ou d'État : sa tâche est de préserver et de promouvoir le bien commun[28].

Le bien commun n'est pas un bien séparable des différents biens, des différents éléments qui constituent la cité. Il n'est pas non plus une sorte de dénominateur commun, à la différence de ce bien, la conservation de soi, que les philosophes modernes mettront au principe des droits de l'homme. Il est le bien à la fois suprême et ministériel par l'intermédiaire duquel les différents biens communiquent, puisqu'ils ne peuvent communiquer directement les uns avec les autres, étant incommensurables. Il est le bien sans lequel les autres biens ne pourraient être présents ensemble, c'est-à-dire ne pourraient être présents du tout dans le monde humain.

On voit pourquoi l'individu avec sa volonté n'apparaît pas comme tel, comme thème, dans la *Politique* d'Aristote. Les vrais éléments de la cité, ce sont les buts, ou les motifs de l'action des individus, c'est-à-dire les biens. Le « pluralisme », ou, si l'on veut, le « libéralisme » d'Aristote ne réside pas dans la reconnaissance des droits égaux des libres individus, mais dans l'affirmation de la présence simultanée de biens divers et inégaux dans la même cité, et dans la recommandation que participent, inégalement bien sûr, au gouvernement, ou aux magistratures, les groupes particulièrement attachés à ces divers biens et donc particulièrement aptes à les produire ou, du moins, à les préserver.

L'élément constituant de la cité, ce n'est pas la volonté, mais les différents biens que la volonté peut vouloir.

27. *Ibid.*, 1252 b 29-30 ; 1253 a 1.
28. *Ibid.*, 1282 b 14-18 ; 1284 b 6.

VII

La revendication politique, je l'ai souligné, est toujours prise au sérieux par Aristote. C'est qu'en en traitant, il traite de groupes humains et de leur bien ; il manie des « masses spirituelles » et des « contenus de vie ». Or si, franchissant les siècles d'un bond léger, nous nous tournons vers le grand critique moderne d'Aristote, nous constatons que Thomas Hobbes traite, au contraire, la revendication politique avec dérision, comme une expression de la vanité individuelle. Cette différence nous donne accès à la différence de la politique moderne.

Pour Aristote, je le rappelle, les diverses revendications politiques sont à la fois fondées et contestables, puisque le bien humain est complexe, incertain et divers ; c'est parce qu'elles sont à la fois l'un et l'autre que leurs divers partisans peuvent coexister dans la même cité. Pour Hobbes, au contraire, le fait que toutes les revendications soient exposées à des objections est le signe qu'aucune n'est justifiée. Là où Aristote discerne les commencements d'un dialogue sur la justice digne de la plus sérieuse attention du philosophe, Hobbes voit une scène de comédie : chaque candidat au pouvoir bombant le torse et vantant son mérite sans égal. Peut-être faudrait-il dire, de tragicomédie : le plus faible peut toujours tuer le plus fort, par ruse ou en s'alliant à d'autres, réfutant par là même ses prétentions à la supériorité. Dans tout débat politique, il s'agit ultimement de la vanité, de la *vainglory* de *one man* qu'il n'y a aucune raison de préférer à celle de *another man*[29]. La revendication politique est par Hobbes « individualisée » et « psychologisée ». Là où les Grecs considéraient la parole publique du citoyen, l'Anglais dévoile la passion privée de l'individu.

Pourquoi Hobbes traite-t-il avec tant de dédain toute revendication de pouvoir, et même toute affirmation de supériorité, jusqu'à voir dans les propositions générales d'Aristote sur l'inégalité humaine la manifestation de la vanité personnelle du sage précepteur d'Alexandre[30] ? Pourquoi interrompt-il aussitôt, avant

---

29. *Leviathan*, chap. 13 *in princ.*
30. *Ibid.*, chap. 15.

même qu'il ait commencé, le dialogue sur la justice, ou le bien, qu'Aristote décrivait avec tant de soin et analysait avec tant de subtilité dans le livre III de la *Politique*, et où il voyait le ressort de la vie comme de la philosophie politique ? Cette brutalité annonce la grossièreté délibérée de Locke ramenant la question du souverain bien à celle d'un choix entre des pommes et des prunes[31]. Pourquoi ce sarcasme jeté par la philosophie moderne sur la question même de la philosophie, sur la question qui est la philosophie même ?

Il faut admettre que quelque chose, aux yeux de Hobbes et de ses successeurs, rend ce dialogue sur la justice simplement impossible. Je disais plus haut que la tâche de l'homme d'État était d'assurer le mieux possible la commensuration et l'intégration des différents biens dans l'unité de la même cité. Mais que faire dès lors que la cité se dédouble, qu'il n'y a plus une, mais deux cités, la cité humaine et la cité de Dieu ? Ce qui interrompt, en vérité interdit, le dialogue politique et philosophique sur la justice, c'est l'irruption des revendications religieuses, en tout cas de certaines revendications religieuses. De fait, les prétentions de l'Église catholique, mais aussi des différentes sectes protestantes, qui se proclament à l'envi les plus saintes, ou les seules saintes, sont par définition absolument incommensurables à toute autre revendication, comme le salut éternel est incommensurable au salut temporel, comme l'éternité est incommensurable au temps.

Aristote avait bien envisagé le cas d'une supériorité absolument disproportionnée, le cas du groupe ou de l'homme « tellement supérieur aux autres que sa vertu excède celle de tous les autres réunis[32] ». Il proposait alors, comme seule solution conforme à la justice, de lui confier tout le pouvoir, mais non sans avoir envisagé avec compréhension la solution de l'ostracisme[33]. Le Moyen Âge, qui vit refleurir Aristote, rencontra naturellement, si j'ose dire, ces deux solutions. L'Église catholique, conformément à l'idée qu'elle se faisait d'elle-même, de sa vertu et de sa mission, se jugea fondée à bénéficier de la première solution, et prétendit, en tant que *vera perfectaque respublica*, sinon à tout le pouvoir, du moins à la *plenitudo potestatis*. Les adversaires de son pouvoir temporel, tel

---

31. Voir plus haut, chap. 4, § IX.
32. *Politique*, 1288 a 15-19.
33. *Ibid.*, 1284 a 3-b 34.

Dante, employèrent toutes les ressources de leur imagination pour élaborer la formule d'ostracisme la plus honorable et la plus rigoureuse, en constituant le monde humain tout entier en autarcie, corps politique universel se suffisant à lui-même sous le pouvoir de l'Empereur. Aristote n'était ainsi d'aucun secours, ou pire : on ne peut certes dire que l'on est mis en mesure de résoudre un problème quand le principe de la solution peut engendrer deux solutions strictement contradictoires avec une égale plausibilité et légitimité, quand les prémisses adoptées impliquent deux conclusions contradictoires. Il apparut nécessaire de rompre complètement avec Aristote. En changeant radicalement les termes du problème, Hobbes allait trouver la solution simple et univoque sur laquelle nous vivons encore.

Puisque, dans le monde chrétien, parmi les candidats au pouvoir, il y a au moins un candidat qui est toujours « hors jeu », un joueur qui a toujours l'atout dans son jeu, un interlocuteur qui emprunte ses paroles à Dieu même, la configuration du pouvoir ne peut plus naître, comme dans la cité d'Aristote, du jeu naturel de la communauté politique, du dialogue spontané, puis élaboré, sur la justice et le bien. Le pouvoir doit être créé *ab integro*, il doit être fabriqué artificiellement, c'est-à-dire volontairement : par l'acte purement volontaire qu'est le Contrat. Désormais le pouvoir, ou l'État, et la société seront extérieurs l'un à l'autre, ou du moins séparés l'un de l'autre.

Pour que cette étonnante opération soit concevable et praticable, il faut d'abord que *toutes* les revendications de pouvoir, pas seulement les revendications d'origine religieuse, soient radicalement disqualifiées. Or toutes le seront, y compris celles d'origine religieuse, si apparaît, c'est-à-dire si l'on construit un pouvoir qui ne traîne avec lui aucun motif intéressé, un pouvoir qui n'a en principe aucun enracinement social ou religieux, un *pouvoir pur* qui n'a de contenu que lui-même et de cause que la pure volonté. Le pouvoir créé par le Contrat n'exprime ni ne sert la prétention des prêtres, ni celle des nobles, ni celle des riches, ni celle des pauvres, ni celle des sages ; il résulte de la volonté de tout homme en tant qu'homme, de la pureté et de l'universalité de celle-ci. Ainsi seulement peut-il être souverain ou absolu : son titre est sans commune mesure, strictement incommensurable avec toutes les autres prétentions politiques puisque sa loi de construction en fait le seul pouvoir proprement voulu, c'est-à-dire *autorisé*.

Mais un pouvoir peut-il être purement voulu, voulu seulement pour lui-même ? Le Contrat n'est-il pas enclenché par des motifs qui n'ont rien de « pur » ? La volonté qui veut le pouvoir absolu ou souverain de l'État moderne attend de celui-ci qu'il protège la vie de tous. Plus précisément, chaque volonté est mise en action par le désir de protection de chaque individu. En ce sens, cette volonté veut autre chose encore que le pouvoir de l'État, elle veut un bien, un bien qui n'est pas le bien commun, mais qui est le dénominateur commun et la condition de possibilité de tous les biens que peuvent désirer les individus : la conservation de la vie et l'intégrité des membres. Tout individu désire ce bien et veut le moyen de le protéger. Le bien est particulier, mais le moyen est nécessairement général : chacun n'est protégé que si tous le sont. Voulant ce moyen général, la volonté, à la différence du désir qui la meut, est générale, ou désintéressée, ou pure. Le pouvoir pur est bien l'œuvre de la pure volonté.

Cette création, pour être volontaire, n'est pas fortuite, ni arbitraire : la volonté est motivée naturellement par la situation insupportable qui prévaut dans l'état de nature, c'est-à-dire dans la société privée d'un État souverain. La guerre de toutes les prétentions, la guerre de toutes les opinions, bref, la guerre de tous contre tous est, aux yeux de Hobbes, la vérité du dialogue sur la justice et le bien. À ce point, une digression s'impose.

VIII

La différence que nous cherchons à cerner entre le point de vue politique de Hobbes et celui d'Aristote est au fond celle qui sépare la philosophie moderne en général de la philosophie antique, celle qui sépare par exemple la démarche, ou plutôt la méthode, de Descartes, de la démarche d'Aristote ou de Platon.

Descartes, Aristote et Platon partent également du point établi par Socrate : toutes les opinions humaines demandant à être examinées, et pour autant sont contestables, ou douteuses[34]. Mais

---

34. Platon, *Apologie de Socrate*, 21c-22e ; Aristote, *Métaphysique*, 993a 30-b20.

les philosophes grecs considèrent que aussi incertaines qu'elles soient, les opinions sont le seul moyen que nous ayons d'aller vers la vérité. C'est par le dialogue des opinions, par la dialectique, que l'on peut s'élever au-dessus de ce que chacune d'elles a de partiel et, pour autant, de faux. Aristote nous offre un admirable exemple de cette démarche dans le livre III de la *Politique*[35]. Descartes, en revanche, estime que, puisque toutes les opinions sont douteuses, il faut aller jusqu'au bout de ce doute et même au-delà, et poser ou « feindre » que toutes les opinions sont fausses :

> Je pensai qu'il fallait que [...] je rejetasse, comme absolument faux, tout ce en quoi je pourrais imaginer le moindre doute, afin de voir s'il ne resterait point, après cela, quelque chose en ma créance, qui fût entièrement indubitable[36].

Comme on sait, le *je pense, donc je suis* fournit la première proposition « entièrement indubitable » à partir de laquelle on peut construire l'édifice du savoir rigoureusement vrai.

Le geste par lequel Hobbes congédie avec dérision, comme autant de manifestations de *vainglory*, les revendications de supériorité contestables, et elles le sont toutes, doit être rapproché du doute « hyperbolique » de Descartes qui rejette toutes les opinions douteuses, et elles le sont toutes, comme absolument fausses. Dans les deux cas, la volonté du philosophe, coupant court à ce qui eût été chez son prédécesseur grec une longue analyse, un long et complexe débat dialectique, vient au premier plan d'abrupte façon : ce qui se présentait comme un clair-obscur, il décide de n'y voir que ténèbres, ce qui était mal ordonné, il décide de n'y voir que chaos[37]. Et, nous l'avons déjà suggéré, ce que Hobbes appelle « la guerre de tous contre tous » est en somme la peinture « hyperbolique » de la confrontation des opinions. L'expérience négative de la guerre ou des ténèbres conduit dans les deux cas à la première expérience positive, qui est dans les deux cas

---

35. Voir plus haut, § VI. Cf. Platon, *République*, 509 e-511 e.
36. *Discours de la méthode*, 4ᵉ partie, *in princ.* ; voir aussi la deuxième des *Méditations*, premier paragraphe.
37. Péguy saisit ce point avec beaucoup d'acuité, il me semble, lorsqu'à propos de Descartes il écrit : « Et peut-être sa plus grande invention et sa nouveauté et son plus grand coup de génie et de force est-il d'avoir conduit sa pensée délibérément comme une action » (*Note sur M. Bergson et la philosophie bergsonienne*, in *Œuvres en prose, 1909-1914*, Paris, Gallimard, 1961, p. 1336).

celle de la simple vie, ou de la simple existence : du fait brut de l'existence, avec les conséquences qu'il contient implicitement. Là est le point de départ de l'affirmation et de la construction du nouvel ordre, celui du savoir certain, celui de la souveraineté absolue.

Aussi décisive et fondatrice que soit la démarche de Hobbes pour le développement de la politique moderne, c'est Descartes qui a conquis l'honneur d'être le héros de la pensée moderne, et donc, par excellence, le héros moderne[38]. C'est qu'il est lui-même la matière de son livre et l'objet de son expérience. Sans que rien l'y oblige, délibérément, il se place dans une situation extrême, dans la pire situation où l'esprit humain puisse se trouver : celle d'un doute général et absolu. On se souvient des comparaisons impressionnantes dont il use pour la décrire : il est désormais « comme un homme qui marche seul et dans les ténèbres[39] », ou, avec l'anxiété de la première personne, « comme si tout à coup j'étais tombé dans une eau très profonde[40] ». Il choisit et décide de se placer lui-même, sans nécessité, dans ce que les politiques appellent l'« état d'urgence », ou l'« état d'exception », auquel ces derniers ne recourent généralement que sous la pression de la nécessité. Or, selon les mots du grand théoricien de l'état d'exception, qui se considérait d'ailleurs comme un disciple de Hobbes : « Est souverain celui qui décide de l'état d'exception[41]. » Descartes est souverain, et souverain absolu, de son expérience du doute.

De fait, je ne connais pas de texte où l'auteur donne autant le sentiment de son assurance et de sa certitude que celui où Descartes rapporte l'épreuve du doute suprême :

Je supposerai donc qu'il y a, non point un vrai Dieu, qui est la souveraine source de vérité, mais un certain mauvais génie, non moins rusé et trompeur que puissant, qui a employé toute son industrie à me tromper. Je penserai que le ciel, l'air, la terre, les couleurs, les figures, les sons et toutes les choses extérieures que

---

38. Hegel, *Vorlesungen über die Geschichte der Philosophie*, t. II, Hambourg, Felix Meiner Verlag, 1986, p. 88-89 ; *Encyclopédie*, § 64, 76.
39. *Discours*, 2ᵉ partie.
40. « Méditation seconde », *in princ.*
41. « *Souverän ist, wer über den Ausnahmezustand entscheidet.* » C'est la première phrase de la première *Politische Theologie* de Carl Schmitt (1922).

nous voyons ne sont que des illusions et tromperies, dont il se sert pour surprendre ma crédulité. Je me considérerai moi-même comme n'ayant point de mains, point d'yeux, point de chair, point de sang, comme n'ayant aucun sens, mais croyant faussement avoir toutes ces choses. Je demeurerai obstinément attaché à cette pensée ; et si, par ce moyen, il n'est pas en mon pouvoir de parvenir à la connaissance d'aucune vérité, à tout le moins il est en ma puissance de suspendre mon jugement. C'est pourquoi je prendrai garde soigneusement de ne point recevoir en ma croyance aucune fausseté, et préparerai si bien mon esprit à toutes les ruses de ce grand trompeur, que, pour puissant et rusé qu'il soit, il ne me pourra jamais rien imposer [42].

L'expérience du doute volontaire n'est point d'abord celle de la recherche de la vérité, d'une première vérité, quoiqu'elle soit aussi cela ; elle est d'abord l'expérience de la souveraineté de la volonté sur les conditions de l'expérience humaine. Chaque extension du doute est extension de l'empire de la volonté, jusqu'au point où celle-ci est capable de l'emporter sur un malin génie « pour puissant et rusé qu'il soit », c'est-à-dire de l'empêcher d'égarer le jugement. Rien dans l'expérience humaine, réelle ou même seulement possible, n'est capable d'en imposer à la volonté. Celle-ci est absolument souveraine. Partant, c'est l'exercice de la volonté dans le doute qui devient l'expérience décisive pour l'homme.

On dira que tout ceci est aussi vieux que la philosophie, aussi vieux en tout cas que le scepticisme. Mais précisément, il ne s'agit nullement ici de scepticisme. Il s'agit même du contraire. Le philosophe du doute hyperbolique est le moins sceptique des philosophes.

S'il ne s'agissait que de « chercher la vérité » et de « bien conduire sa raison », on pourrait tout simplement partir de l'idée de Dieu qui, selon le langage technique qu'utilise Descartes, contient tant de « réalité objective » qu'« il n'y en a point qui soit de soi plus vraie, ni qui puisse être moins soupçonnée d'erreur et de fausseté », à tel point qu'« encore que peut-être l'on puisse feindre qu'un tel être n'existe point, on ne peut pas feindre néanmoins que son idée ne me représente rien de réel ». Avec l'idée de Dieu, il est impossible de « feindre » ; elle est « la plus

---

42. « Méditation première », vers la fin.

vraie, la plus claire et la plus distincte de toutes celles qui sont en mon esprit[43] ».

Descartes doute, ou « feint » de douter, de ce que le sens commun tient pour le plus évident, comme l'existence du corps propre — de cette main qui trace le mot main —, et considère comme presque évidente l'existence de Dieu[44], jusqu'à mettre en doute son propre doute et la possibilité, ici, de la « feinte » : l'idée qui représente la plus riche réalité — l'idée de Dieu — est aussi pour nous la plus claire. C'est la conjonction de la souveraineté de la volonté humaine et de la disponibilité de l'idée de Dieu qui définit la position de Descartes et fait de lui, en effet, le vrai père des Lumières : par cette conjonction, il met l'homme en état de ne jamais rien rencontrer d'obscur. Chaque aspect de l'expérience qui présente quelque opacité est suspendu comme douteux, puis éclairé comme certain ; chaque chose est réduite à sa part de clarté. La lumière naturelle, dont la volonté dispose, devient coextensive à l'expérience humaine. Ou plutôt il n'y a plus qu'une seule expérience, qui est le substitut de toutes les autres, même et d'abord du doute, celle que fait l'esprit de sa propre lumière.

Mais nous nous éloignons. Revenons, et fixons bien ce point : l'enquête menée par Descartes et Hobbes obéit à un rythme ignoré de la philosophie classique ; en commençant résolument par la négation, la volonté se donne un avantage qu'elle ne perdra plus.

IX

Pour revenir plus particulièrement à Hobbes, il tombe sous le sens que si toutes les revendications politiques sont également illégitimes, elles ne sont alors que des revendications de pouvoir. Si réclamer le pouvoir, ou du pouvoir, au nom de la religion, ou de la vertu, ou de la richesse, ou de la liberté, se réduit également à une manifestation de *vain glory*, alors l'invocation de la religion,

---

43. « Méditation troisième ». Partir tout uniment de l'idée de Dieu, c'est ce que fera Spinoza.

44. Les théologiens les plus autorisés en soulignaient au contraire le caractère non évident. Voir saint Thomas, *Summa Theologiae*, Ia, Q. 2, art. 1 ; *Summa contra Gentiles*, livre I, chap. 10 et 11.

de la vertu, de la richesse, de la liberté, est une vaine apparence, un déguisement du désir de pouvoir. Ce qu'ils veulent en réalité, tous tant qu'ils sont, ce n'est pas du pouvoir pour..., ou le pouvoir de..., mais le pouvoir pour le pouvoir. Cette conclusion, à son tour, rejaillit sur ses prémisses et les renforce : si tous ne veulent que le pouvoir pour le pouvoir, alors leurs motifs affichés se valent, et ils ne valent rien. Bref, le ressort de la vie humaine est le désir de pouvoir ; chaque homme est un quantum de pouvoir[45].

Il serait oiseux de chercher à comparer cette « conception du pouvoir » à celle d'Aristote. Pour ce dernier, il n'y a pas « le pouvoir », ni comme institution ni comme passion. Ainsi que j'ai essayé de l'exposer plus haut en analysant certains aspects du livre III de la *Politique*, ce que nous appelons le pouvoir est, aux yeux d'Aristote, une articulation du monde humain qui surmonte et préserve l'incommensurabilité des divers biens, partant, l'indétermination dangereuse et généreuse du bien. La manière dont cela est accompli, c'est à chaque fois ce que les Grecs appellent le régime *(politeia)*. C'est pourquoi leur instrument conceptuel pour penser la politique n'est pas le pouvoir, mais le régime. Une fois devenu passion de l'individu, passion d'être le premier et passion d'acquérir les moyens de satisfaire ses désirs futurs, quels qu'ils puissent être, le pouvoir trouve son nom mais perd son ampleur et sa noble ambiguïté. Cette terrible simplification en fait un principe d'explication fort commode des conduites humaines, et donc un principe de construction d'institutions nouvelles très prometteur. Après tout, les formes politiques les plus satisfaisantes ne sont pas nécessairement celles qui reflètent le mieux la voûte étoilée.

Lorsque ce qui était articulation du monde devient passion de l'âme, matière de la « psychologie », on assiste à un double processus, ou à deux processus successifs. D'abord, la finesse de l'analyse psychologique subit paradoxalement une diminution marquée. Aussi merveilleusement humain que soit Hobbes, sa compréhension de notre nature n'est pas vraiment servie par sa réduction des désirs humains au désir de pouvoir. De simplification en simplification, de Hobbes à Locke puis aux utilitaristes, l'explication de la conduite humaine sera de plus en plus abstraite et mécanique. Une telle dégradation et un tel obscurcissement de

---

45. Voir plus haut, au chap. 4, § II.

l'image de l'homme, de sa conscience de soi, finirent par susciter une réaction chez des natures sensibles qui, comme Rousseau ou Nietzsche, s'efforceront de recouvrer la complexité humaine perdue. Le cas si intéressant de Rousseau a été lumineusement étudié par Allan Bloom [46]. Quant à Nietzsche, pris dans la logique polémique et réactive qu'il sut par ailleurs si bien démasquer, il corrigea Hobbes en l'exagérant et en le généralisant : c'est sous la rubrique de la « volonté de puissance » qu'il essaya de ressaisir l'ampleur et les nuances du monde humain. Pourtant, l'ingrat n'avait pas assez de sarcasmes pour les « idées anglaises ».

Nous tenons là peut-être, sur l'exemple de Nietzsche, une explication du désordre intellectuel si particulier au XIXe siècle, des raisons pour lesquelles il fut « l'époque des conceptions du monde ». L'ample phénoménologie grecque, reprise, confirmée, critiquée, complétée, modifiée et obscurcie par la tradition chrétienne, avait été enfin réduite par les Lumières à cette psychologie que nous appelons donc la psychologie anglaise. Celle-ci était évidemment intenable, pour les raisons que nous venons de dire. Mais elle était aussi extraordinairement difficile à remplacer, puisque toute l'histoire morale de l'Occident, dans la complexité de ses affinités et oppositions, culminait dans cette malingre. Pour échapper à son emprise, il eût fallu au moins en débrouiller avec grand soin et à grand effort, avec impartialité surtout, l'exacte généalogie. On ne prit pas ce chemin qui partait en arrière ; on regardait vers l'avant, on était plein d'espoir. La psychologie était abstraite ? Précisément, le siècle avait vu jaillir la source inépuisable du concret : *die Weltgeschichte*. Sans faire de manières, on prit les grands moyens ; on fit entrer l'histoire du monde dans cette psychologie. Marx, anglais et optimiste, ne tenta même pas de revoir celle-ci : l'histoire est une gigantomachie d'intérêts. Nietzsche, il est vrai, proposa une généalogie, ou plusieurs. Hélas, il négligea celle du « point de vue historique » auquel il resta aussi soumis qu'homme de son siècle. C'était refuser la difficulté. Il étendit donc l'abstraite psychologie hobbesienne du pouvoir à tous les aspects du phénomène humain concret, à la diversité « historique » des « cultures » et des

---

46. Allan Bloom, « L'éducation de l'homme démocratique : Émile », *Commentaire*, hiver 1978 et printemps 1979. Voir aussi, du même auteur, le chapitre I, 1 intitulé « Rousseau », in *Love and Friendship*, New York, Simon & Schuster, 1993.

religions. Son génie tira de cet exercice contre nature des lueurs fulgurantes, mais on ne pouvait s'y fier. Quelles que fussent la délicatesse du détail et la variété du coloris, il s'agissait toujours de rattacher l'un à l'autre, et même de faire coïncider, un schéma psychologique abstrait, résidu de nombreux siècles de distillations contradictoires, et l'ensemble du phénomène humain, condensé et réduit à l'Histoire. Les deux choses étaient pourtant sans rapport, puisqu'elles n'appartenaient pas à un Tout qui leur fût commun, étant chacune un résidu ou un distillat du même Tout humain. Pouvoir toujours mettre en rapport deux choses sans rapport, quelles qu'elles soient, c'est en cela précisément que consiste une « vision du monde ». Or, dans l'élément de la lumière cartésienne, tout peut être mis en rapport avec tout puisque, quel que soit l'être, il s'agit toujours de la pensée. Le maître du soupçon dépendait encore du moins sceptique des philosophes que, toujours ingrat, il jugeait « superficiel ».

Mais quel malin génie nous a entraînés à une nouvelle digression ? Il faut revenir à la conception hobbesienne du pouvoir, qui recèle un des grands secrets de la statique et de la dynamique politiques modernes.

X

Les prétentions au pouvoir, une fois qu'elles ont été soumises au plus grand pouvoir que les hommes puissent imaginer, au pouvoir absolu seul légitime, au Souverain, subissent une mutation bien remarquable : elles sont toutes justifiées. L'accusation et la réprobation générales deviennent excuse et approbation non moins générales. Définir l'homme comme désir de pouvoir, c'est simultanément l'accuser et le justifier. Voyons de plus près ce mystère politique et moral qui est la clef de tant de choses.

Si l'homme est naturellement, et donc nécessairement, avide de pouvoir, les titres de supériorité qu'il invoque sont nécessairement oiseux, sans valeur, et ne peuvent légitimer aucun pouvoir ; mais le pouvoir pur, le pouvoir légitime, le pouvoir de l'État impartial une fois fondé, alors les désirs de pouvoir sont libres et justifiés — dans les limites autorisées par le pouvoir souverain — précisément parce qu'ils sont nécessaires. Les hommes continueront —

qui pourrait le leur reprocher ? — de vouloir être le plus riche, le plus vertueux, le plus savant, et en ce sens le plus puissant, mais le souverain est là pour veiller à ce que leurs ambitions n'aient pas d'effets politiques directs. Par exemple, à la différence de ce que pensait Aristote, être riche n'est plus en soi un titre à participer au pouvoir : le riche est soumis comme le pauvre à la souveraineté. Mais le riche est maintenant plus libre que jamais de devenir toujours plus riche.

La solution aristotélicienne, nous pouvons dire : la solution classique, du problème politique *répète* en quelque façon les termes du problème : chaque partie du Tout doit participer au Tout. Le problème politique étant un problème de composition des « contenus de vie » non moins que des groupes, plusieurs solutions sont concevables et légitimes. On pourrait dire qu'il y a plusieurs régimes légitimes parce que le problème est « plus fort » que ses solutions. Le problème du bien, de la commensuration des biens, est « plus fort » que l'homme, au moins dans sa capacité politique. La solution aristotélicienne, ou classique, répète le problème parce qu'Aristote maintient contre toutes les tentations sa position héroïquement modérée : toutes les opinions politiques sont simultanément et inséparablement justifiées et contestables. La solution hobbesienne, nous pouvons dire : la solution moderne, consiste à séparer radicalement ces deux aspects, l'affirmation et la négation, et à attribuer à chacun un « moment » différent. Étant radicalement séparées, la négation et l'affirmation ne se modèrent plus l'une l'autre, n'ont plus à trouver leur réconciliation à un niveau supérieur, celui de la justice politique complète précisément, mais chacune s'extrémise, de sorte que les revendications humaines, après avoir, dans le premier moment, été considérées comme toutes absolument injustifiées en tant que revendications de pouvoir, se trouvent dans le second moment toutes justifiées en tant que libertés, ou revendications de liberté. Cette séparation et cette montée aux extrêmes de la négation et de l'affirmation impliquent et sous-tendent la séparation entre l'État et la société.

Le lecteur attentif a remarqué une incertitude sur le nombre des « moments ». Il y en a en réalité trois : d'abord l'affirmation illimitée des revendications de pouvoir dans l'« état de nature » ; ensuite la négation absolue de ces revendications par le souverain ;

enfin l'affirmation sans limite intrinsèque de la liberté de chacun. Le deuxième et le troisième moment sont visibles, institutionnalisés — soit l'État et la société ; le premier, celui de la nature, qui conditionne pourtant les deux autres, reste en somme invisible puisqu'il se mêle et se confond avec le troisième.

XI

L'État rend réelle et efficace la souveraineté de la volonté. La volonté accède à la souveraineté dans et par la séparation et la succession des deux moments dégagés par Hobbes : l'interdiction générale, puis l'autorisation générale. L'interdiction générale consiste à rejeter tous les biens humains, tous les « contenus de vie », hors du domaine politique, c'est-à-dire public ; l'autorisation générale consiste à ouvrir à tous les biens humains, à tous les « contenus de vie », l'espace libre et inviolable de ce qui est désigné comme « privé ». La séparation de l'État et de la société, puissant engin de la liberté moderne, est suspendue à ce double acte de volonté. Le régime moderne, plus qu'aucun autre, est *cosa mentale*.

XII

Le penseur qui a été le plus sensible à l'étrangeté de cette décision spirituelle, de cette négation-affirmation suscitant et maintenant la séparation entre l'État et la société, c'est celui qu'il est convenu d'appeler « le jeune Marx ». Parce que Marx était le plus naturellement aristotélicien des philosophes modernes, il a compris mieux qu'aucun quel bouleversement était impliqué par la fin de l'inscription politique, par la privatisation de ce qu'il appelait « les éléments matériels et spirituels qui forment le contenu de la vie » des individus[47]. Il a vu que l'élévation politique — *die politische Erhebung* — de l'homme au-dessus de ses contenus de vie à la fois « annulait » et « présupposait » la religion, la propriété, la *Bildung*, la profession et la naissance — bref, les parties du corps politique selon Aristote, en y ajoutant

47. *La Question juive*, trad. M. Simon, Paris, Aubier-Montaigne, 1971, p. 116.

maintenant la religion[48]. Il a reconnu dans l'« émancipation politique » caractéristique de la démocratie moderne un progrès considérable ; mais la libération définitive, l'« émancipation humaine » achevée impliquerait la réunion de la volonté souveraine et des contenus de vie. Bien entendu, la perspective de cette réunion était une « illusion révolutionnaire » de Marx puisque la souveraineté de la volonté, condition de l'émancipation humaine comme de l'élévation politique, présuppose précisément la séparation. Mais on pourrait dire aussi bien que, dans cette illusion même, Marx était fidèle à l'esprit de la philosophie classique et, pour autant, « conservateur », puisqu'il n'imaginait pas que cette séparation pût être tenable ou durable. Il n'imaginait pas que la volonté pût vivre indéfiniment séparée de ses motifs, c'est-à-dire du « monde » : elle allait se créer un nouveau monde social après avoir anéanti l'« ancien monde » des motifs qui l'aliénaient. Marx se jette dans la contradiction pour échapper à la contradiction dans laquelle il voit mieux que personne que nous sommes jetés.

Ou bien l'illusion révolutionnaire de Marx résiderait-elle non dans le projet de surmonter, mais dans le sentiment même de percevoir une telle contradiction ? Après tout, contrairement à ses prévisions, mais conformément à celles de Tocqueville, le dispositif politique de la séparation s'est révélé fort durable, et même, je le notais au début de ce chapitre, pour ainsi dire irrésistible. Dira-t-on que l'homme ne saurait renoncer à la souveraineté de sa volonté, une fois qu'il est parvenu à l'institutionnaliser dans une forme politique viable ? Qu'il ne peut vouloir cesser de vouloir ? Mais précisément, si cette forme est viable, si elle est si puissante, n'est-ce pas que la nature sociale et la volonté démocratique ne sont pas si contradictoires que le pense Marx, et avec lui, mais dans une perspective tout autre, les auteurs réactionnaires ? Qu'il est naturel que la démocratie nous soit devenue naturelle ? Eh bien non ! nous ne nous en tirerons pas à si bon compte — le bon compte du bon sens —, puisque Tocqueville lui-même perçoit et décrit la vie de la démocratie comme une révolution continuée, comme un travail indéfini sur la nature humaine : l'hypothèse démocratique, celle de la souveraineté de la volonté, induit, pour être « vérifiée », la recomposition continuée et indéfinie de tous

48. *Ibid*, p. 70.

les contenus de vie de l'homme ancien, qui devient jour après jour, toujours plus, l'homme démocratique.

XIII

Avant la séparation de l'État et de la société, les biens humains connaissaient une inscription politique directe : ils trouvaient expression dans la loi qui ordonnait ce qui est bon. Après la séparation, les biens cessent de faire partie de la loi, qui se borne maintenant en principe à garantir la liberté ; ils deviennent la matière des droits : les hommes ont le droit de les rechercher librement. Par exemple, à la religion « autoritaire », dont les dogmes et commandements étaient une partie de la loi politique, succède la liberté religieuse, la liberté de conscience. Les premiers Modernes ont séparé la loi et le bien parce qu'ils étaient parvenus à la conclusion que l'inscription des fins de l'homme dans la loi n'était plus possible. Les hommes s'en faisaient des idées trop incompatibles ; ces désaccords dégénéraient aisément ; il importait d'abord d'éviter la guerre civile qui est le plus grand des maux. Cette inscription n'était d'ailleurs pas souhaitable, car un bien ne peut être un bien pour l'homme s'il n'est pas trouvé, et donc d'abord cherché librement. La loi nouvelle, la loi libérale, au lieu de le conduire autoritairement vers le bien, lui permet de chercher librement son bien ; elle garantit son droit à la « recherche du bonheur », en interdisant à quiconque de prescrire la forme de cette recherche et d'entraver ainsi cette liberté.

Certains, au moins, des premiers Modernes, comme Milton[49], espérèrent que les hommes obtiendraient de plus en plus et toujours mieux ce à quoi ils se reconnaissaient mutuellement le droit, que l'éternelle, puisque naturelle, recherche du bien et de la vérité serait d'autant plus fervente qu'elle pourrait être enfin parfaitement sincère. Lessing encore exprima avec éloquence ce noble espoir[50]. L'effet a-t-il répondu à leur attente ? Quelle a été, quelle est l'action de la liberté sur les contenus de vie ainsi libérés ? La question est délicate, mais mérite assurément examen. Dès la

---

49. Voir en particulier son *Areopagitica* [1644].
50. *Die Erziehung des Menschengeschlechts* [1780], § 80-85.

seconde moitié du XVIIIᵉ siècle, Rousseau, peu suspect de complaisance pour l'Ancien Régime, s'inquiète des effets de l'« esprit philosophique » sur la tonalité des âmes que cet esprit est en train de modifier[51]. Au début du XIXᵉ siècle, Tocqueville détaille avec anxiété les transformations de la vie intellectuelle et morale accomplies par la démocratie[52]. Deux générations plus tard, Nietzsche trace le portrait lugubre du « dernier homme » qui croit avoir « inventé le bonheur »[53]. Chacun de nous fait ses propres observations. Je me bornerai à une remarque.

L'homme de la démocratie moderne a le sentiment très vif que personne n'a le droit de l'empêcher de chercher son bien selon l'idée qu'il s'en forme souverainement. En même temps, il pense sincèrement qu'il n'a nul droit de contraindre son voisin à mener cette recherche comme il le fait lui-même, à évaluer comme lui les choses du monde, à penser comme il pense. Mon voisin est aussi libre que je le suis moi-même ; je veux sa liberté du même mouvement que je veux la mienne. C'est ainsi que celui qui était mon prochain devient mon égal, et que nous nous reconnaissons l'un l'autre comme également humains. Cette reconnaissance réciproque enlève de son urgence à la connaissance du bien — s'il existe — commun aux deux libertés qui ainsi se reconnaissent et se respectent. La revendication subjective de mon égal fait passer au second plan, si elle ne l'annule pas complètement, la revendication objective du bien, je veux dire : l'appel que le bien, quel qu'il soit et, d'abord, s'il existe, adresse, objet de désir, à tout homme en tant qu'homme. Plus nous reconnaissons et plus nous affirmons l'égalité et la ressemblance des hommes, plus la liberté de mon égal prend d'autorité à mes yeux. Dès lors, si mon bien ne peut être loi pour lui, restera-t-il une exigence bien impérieuse pour moi ? Il n'est plus précisément que *mon* bien. Pourquoi n'abandonnerais-je pas, ou du moins ne traiterais-je pas avec légèreté ce dont mon voisin, mon égal, mon semblable, *a le droit* de faire fi ? Le droit pour chacun de chercher son bien devient le droit, c'est-à-dire l'autorisation de ne pas le chercher. Par des voies subtiles et

51. *Émile*, livre IV, in *Œuvres complètes*, éd. citée, t. IV, p. 632-635. Voir aussi *Rousseau juge de Jean-Jacques*, Dialogue troisième, *ibid.*, t. I, p. 964-972.

52. C'est en somme le thème unique de la seconde partie de *La Démocratie en Amérique*.

53. *Ainsi parlait Zarathoustra*, 1ʳᵉ partie, § 5. Voir le commentaire de M. Heidegger dans *Qu'appelle-t-on penser ?* Paris, P.U.F., 1973, 1ʳᵉ partie, § 6 à 8.

indirectes mais de manière pour ainsi dire irrésistible, cette autorisation ressemble de plus en plus à une suggestion, bientôt à une injonction, dont elle a, en tout cas, les effets. La loi nouvelle permet d'abord d'être indifférent à tous les biens qui font l'objet de la quête humaine, et même à la vérité qui est le premier des biens ; peu à peu elle l'ordonne : comment penser qu'est vraiment dommageable, mauvais pour l'homme, ce que la loi, *naturellement* majestueuse, autorise ?

Il semble que la compréhension moderne, ou libérale, de la loi soit ici en défaut. Essayons du moins de cerner la difficulté en considérant un instant la conception grecque.

Selon celle-ci, la loi n'était pas séparée de la nature. Certes, la philosophie grecque avait dégagé la notion de nature en faisant ressortir la polarité, et donc, en quelque manière, l'exclusion réciproque de la nature et de la loi. Mais si la nature était le seul objet du philosophe dans son exercice propre, et continuait de le guider dans son office d'arbitre impartial, de conseiller ou de critique de la cité, elle n'était pour ainsi dire jamais donnée telle quelle dans le monde humain. Elle n'y apparaissait, n'y était active, qu'avec l'aide et sous la modification de la loi. Celle-ci, expression du régime, formulait de façon autoritaire, dans le registre de la *krisis*, le prix relatif des différents biens naturellement désirés par l'homme. Reprenant la comparaison du tableau, et expliquant l'imitation à l'aide de l'imitation, nous pourrions dire : la cité est une imitation de la nature, dont la loi est le peintre [54]. Quel que soit le régime, le citoyen vit sous une loi qui réalise sa nature en la modifiant : il vit sous une certaine confusion de la nature et de la loi.

On dira que, une fois dégagée dans sa pureté, la notion de nature devait éveiller l'impatient désir d'un régime politique qui fût tout entier « selon la nature », ou qui ne fût que « nature », et donc d'une loi capable de faire advenir la nature dans son intégrité et sa pureté. Mais la philosophie elle-même, qui avait découvert la distinction de la nature et de la loi, conseilla persuasivement, par la voix de Platon et d'Aristote, de consentir à leur confusion, au moins dans certaines limites, pour le bien de la nature humaine. À partir d'une certaine date cependant, cette voix cessa d'être

---

54. Voir plus haut au § VI.

persuasive, soit que les hommes ne fussent plus capables de l'entendre et de la comprendre — mais il faudrait alors que leur nature eût changé —, soit plutôt qu'elle ait été couverte par une autre voix, puissante et séduisante, celle de la philosophie moderne qui, confrontée à une situation inédite, travailla obstinément à démêler complètement cette confusion. J'ai, dans ce livre, indiqué les éléments de la situation nouvelle qui ont incité à la séparation toujours plus rigoureuse de la nature et de la loi. Alors la pure nature cessa d'être le secret, inaccessible au vulgaire, du philosophe, pour devenir l'horizon de la quête collective. Et pour qu'elle fût libre de la loi, et la loi libre d'elle, la nature changea de compréhension : désormais, elle ignorerait les fins ; elle serait une nature sans finalité. Cette nouvelle nature entraînait et supposait une nouvelle loi, à ce point détachée de la nature humaine, à ce point souveraine et artificielle, qu'elle laisse la nature tout à fait libre d'être elle-même, rien qu'elle-même, sans modification.

Cependant, l'expérience de la démocratie moderne, l'apparition d'un homme démocratique caractérisé par une domestication sans précédent de sa nature, suggère que cette perspective n'a pas été confirmée par l'expérience, du moins telle qu'elle a été faite jusqu'à ce jour. La loi est toujours active ; à partir du moment où le lieu de la loi est occupé, son effet doit être rempli : elle modifie la nature. La loi qui autorise ne produit pas moins d'effets que la loi qui interdit, même si ce ne sont pas les mêmes. En ce sens, l'autorisation elle aussi est autoritaire.

XIV

L'expérience de la démocratie moderne nous présente une étrange contradiction : l'homme démocratique est le plus libre qui ait jamais vécu, et il est en même temps le plus domestiqué. On dira que la difficulté est vite éclaircie : on ne peut lui laisser, il ne peut se laisser tant de liberté que parce qu'il est tellement domestiqué. Oui, mais le chien dont le loup envie d'abord le bonheur n'ignore pas le collier dont il est attaché ; pourquoi l'homme moderne est-il si sûr d'être toujours plus libre s'il est en réalité toujours plus soumis ?

Il semble qu'ici les paradoxes s'enchaînent, que nous soyons

sans cesse renvoyés du pour au contre, sans possibilité de parvenir
à une appréciation stable de la condition moderne. D'une part, en
effet, la volonté, pour laisser la nature complètement libre, doit
s'élever au-dessus de toutes les déterminations naturelles, et donc
se définir et s'affirmer toujours davantage comme pure volonté.
Mais alors, propre de l'homme, elle détermine d'autant plus celui-
ci, et donc la nature de celui-ci. Sans aucun doute : plus la volonté
se libère de la nature et la libère, plus elle la soumet. Mais si la
détermination volontaire l'emporte désormais à ce point sur la
détermination naturelle, il n'est guère judicieux de parler de
domestication puisque l'humanité de l'homme réside maintenant
bien davantage dans sa volonté que dans sa nature. Et si nous
disons, comme nous le pouvons, qu'il réalise son humanité en
surmontant sa nature, ne retrouvons-nous pas la notion immémo-
riale du progrès moral de l'homme, liant par-dessus les siècles les
Anciens et les Modernes ?

En réalité, la notion classique du perfectionnement moral
suppose la victoire de la partie supérieure *de la nature humaine*
sur sa partie inférieure, l'instauration, ou la restauration, de
l'ordre naturel de l'âme [55]. Ce dont il s'agit ici, c'est de la victoire
de la loi, ou de la volonté, ou de la liberté, sur la nature en tant que
telle, haute comme basse, y compris donc sur le libre arbitre
comme faculté naturelle de l'homme.

Jadis, la complexité du phénomène humain était dévoilée et
maîtrisée par l'exploration et l'affirmation de l'âme, substance
englobante pourvue d'un ordre naturel. Désormais, l'exigence
phénoménologique s'estompe, avec sa possibilité. Il s'agit moins
de décrire et d'analyser le monde moral que de concevoir la
possibilité d'une pure loi, si complètement détachée de la nature,
haute non moins que basse, que l'articulation interne de celle-ci
perd beaucoup de son intérêt : la loi nouvelle la considère d'aussi
haut que le souverain absolu les relations de ses sujets entre eux,
tant qu'ils lui rendent leurs respects.

---

55. Voir Platon, *Gorgias*, 503 d-505 d, 506 c-508 e, ou *Protagoras*, 313 a-314 b.

CHAPITRE 6

La fin de la nature

I

Au commencement, le monde était informe et vide, sans lois, ni arts, ni sciences, et l'esprit de l'homme flottait au-dessus des ténèbres.

Telles sont, en somme, les premières paroles que l'homme se dit à lui-même lorsque, rejetant la loi chrétienne comme la nature païenne, il décide de ne recevoir son humanité que de lui-même, qu'il entreprend d'être l'auteur de sa propre genèse. De celle-ci, Hobbes, Locke et Rousseau nous donnent trois versions que nous pouvons considérer synoptiquement : elles annoncent la même nouvelle.

Dans son état originel, l'homme — donnons-lui ce nom auquel nous sommes habitués — est essentiellement indéterminé ; il est un x perfectible qui veut se conserver. Individu corporel, quantité de pouvoir, le désir de conservation est son impulsion primordiale, comme le principe d'inertie pour la matière brute. Un tel atome ne peut être animé que de l'égoïsme le plus clos. Les atomes cependant sont plusieurs ; ils se heurtent sans cesse l'un l'autre autant par hasard que par nécessité ; chaque égoïsme est ennemi de tous les autres et, partant, de lui-même. Afin de surmonter la misère, ou la guerre, où il est jeté, il doit construire un artifice qui, pour le protéger, protège également tous les autres. Le désir le plus intéressé ne peut se satisfaire que par le moyen le plus désintéressé : État impartial, volonté générale[1]. Ainsi la nature individuelle, se transcendant elle-même, appelle et suscite la loi générale.

C'est pour sauver sa particularité que l'homme invente la généralité. C'est pour préserver son être physique qu'il crée son être moral[2]. Un adepte de la tradition dirait que le moyen, l'humanité proprement dite, l'emporte infiniment en dignité sur la fin, la survie animale. En tout cas, l'x indéterminé veut seulement ne pas périr, et, pour cela, il invente le travail, la propriété, la loi, les arts et les sciences. Il découvre alors qu'il est devenu un homme.

Son être moral, c'est principalement la loi, ou la volonté, générale. Cette instance n'a d'autre auteur, ni d'autre destinataire que l'homme. Elle est la parole intérieure par laquelle l'homme se définit lui-même. Cette parole est un commandement que l'homme s'adresse à lui-même ; il est à la fois souverain, ou législateur, et sujet : il devient l'homme qu'il est en se donnant la loi à laquelle il obéit, en obéissant à la loi qu'il se donne. Le monde humain prend forme humaine parce que l'homme se donne à lui-même sa loi. Et il voit, ou il croit, que cela est bon.

Une telle idée est incompréhensible aux chrétiens comme aux juifs. Pour les uns et les autres, Dieu est le seul auteur de la loi. Elle eût été incompréhensible aux Grecs. Dans la démocratie grecque, chaque citoyen peut bien être, à son tour et tour à tour, commandant et commandé, *arkhôn* et *arkhomenos*, il ne saurait être l'un et l'autre en même temps ; il ne saurait se commander à lui-même[3]. Même un champion aussi résolu de l'État moderne que Bodin recule encore devant une telle possibilité, et la rejette explicitement : c'est parce qu'on ne peut se commander à soi-même que la souveraineté de la république doit être investie dans un monarque[4].

On dira que l'idée n'a pourtant rien de bouleversant, qu'elle est simple, plausible et même nécessaire. Quand le corps politique, par le moyen de quelque institution que ce soit, élabore et promulgue les lois auxquelles ses membres vont obéir, on peut

1. Voir plus haut, chap. 5, § VII.
2. Voir *Du contrat social*, livre I, chap. 6, 8.
3. Voir *Politique*, 1277 b 7-32.
4. Voir *Les Six Livres de la République* [1576], livre VI, chap. 4.

bien dire que l'homme s'y commande à lui-même, plus ou moins, ou plus ou moins purement, selon le régime. Est-ce si sûr ? Certes, par l'institution politique, l'homme se gouverne lui-même : il est son propre pasteur, succédant, ou se substituant au pasteur divin, même si, longtemps encore, les souvenirs du gouvernement des dieux, les interdits divins, entravent la liberté et donc la prudence du gouvernement humain, ainsi que l'éprouvèrent les généraux des Arginuses [5]. Et dès lors, va-t-on dire, le politique est la vérité de l'ordre humain, la démocratie la vérité du politique, et l'obéissance à la loi qu'on s'est donnée, la vérité de la démocratie. Mais sommes-nous bien avisés de dévaler ainsi la pente du plausible ?

Admettons, suivant les indications d'Aristote, que la cité grecque, particulièrement sous sa forme démocratique, ait mis en œuvre et, partant, révélé l'aptitude de l'homme à se rendre présents et disponibles les biens humains par ses propres forces, à vivre en autarcie, qu'elle ait pour autant révélé l'autonomie humaine. Elle a du même coup manifesté les fins de la nature et donc les limites du commandement humain comme divin. En manifestant les articulations de l'ordre humain, elle s'est révélée comme cité naturelle. La philosophie l'a révélée comme telle. Ce que cherche la philosophie, ce que cherchait Socrate, échappe au commandement : quelle est la nature des diverses classes de choses ou d'êtres ? L'essentiel, qui est l'essence, échappe au commandement, parce que l'essentiel, ou l'essence, est ce qui ne change pas. La philosophie enseigne les limites de la loi, humaine comme divine, partant, les limites de l'ordre politique puisque celui-ci n'est pas concevable sans la loi.

Certes, la loi et le commandement ne se recouvrent pas. La loi est nécessairement commandement ; la réciproque n'est pas vraie [6]. La cause première du commandement réside dans une double différence interne à la nature : celle entre les parties hautes et les parties basses de l'âme ; celle entre les hommes qui sont faits pour commander et ceux qui sont naturellement esclaves [7]. Cette double différence naturelle est la condition de possibilité de la loi.

Ainsi, l'obéissance de soi à soi, forme même de la démocratie

5. Voir Montaigne, *Essais*, livre I, chap. 3.
6. Voir *Politique*, 1287 b 16 et suiv. ; 1292 a 33 et suiv.
7. *Ibid.*, 1254 a 17-1255 a 2.

moderne, ne se situe pas dans le prolongement de l'autarcie grecque. Elle suppose une ampleur, une portée du commandement de la loi que les Grecs avaient exclues, un caractère pour ainsi dire miraculeux de celui-ci ; elle suppose en somme un renversement du point de vue grec : la cause première, la vérité et la légitimité du commandement résident non point dans la nature mais dans la loi. Si nous comparons sous ce rapport le *Contrat social,* mais aussi le *Léviathan* et le *Second Traité* d'un côté avec la *Politique* de l'autre, nous pouvons dire que les Modernes ramènent l'âge mythologique des volontés fondatrices.

II

Cette mythologie, comme les autres, se signale par d'étranges, au vrai de monstrueuses disproportions entre les éléments de l'action humaine, en particulier, nous l'avons vu, entre la fin et les moyens[8]. Il en résulte une grande incertitude sur les motifs des acteurs. L'imagination morale la plus exercée ne peut parvenir à concevoir ce qui se passe dans l'esprit d'un contractant. En tant que porteur de la volonté générale, chacun ne pense pourtant qu'à soi[9]. L'individu n'a et ne doit avoir aucune idée du Tout qu'il est en train de former avec les autres individus, dont l'esprit est tout aussi vierge que le sien.

Bien sûr, on peut dire que, le « contrat social » ne retraçant pas un processus « réel », son incohérence descriptive, ou phénoménologique, est de peu d'importance ; que ses trois versions synoptiques ont chacune leurs forces et leurs faiblesses, leurs aspects plausibles et invraisemblables ; que l'essentiel est la présentation stylisée, symbolique, voire allégorique, du consentement comme principe de la légitimité moderne. Après tout, le fait massif de l'histoire des deux derniers siècles n'est-il pas le développement d'institutions démocratiques qui, si elles ne correspondent exactement à aucune des trois versions du contrat, en actualisent passablement le sens commun ?

Une telle exégèse est assurément consolante. Mais la légitimité

---

8. Voir plus haut le début du paragraphe I.
9. Voir *Du contrat social,* livre II, chap. 4. Cf. *Manuscrit de Genève,* in *Œuvres complètes, op. cit.,* t. III, p. 306.

moderne, qui se veut essentiellement et même exclusivement fondée sur la raison, peut-elle se contenter de telles approximations ? En vérité, nous nous heurtons là à un chiasme singulier, qui renverse toutes nos idées du vraisemblable, ou du plausible. Le « meilleur régime » d'Aristote n'est sans doute pas réalisable, il est en tout cas pensable : la pensée dépasse le réel mais l'une et l'autre sont sur le même gradient du Bien. Le régime fondé sur la nature, c'est celui-là qui n'existe pas. Le régime moderne légitime existe bien, puisque nos sociétés sont effectivement « fondées sur le contrat », mais il n'est pas pensable ; la philosophie politique moderne ne peut penser en rigueur ce qui est au centre de ce qu'elle affirme ; plus précisément : le contrat fondateur n'est pas pensable, puisqu'on ne peut devenir partie d'un Tout sans penser ce Tout, sans avoir l'idée de ce Tout, et qu'une telle idée est la négation du contrat. Le régime fondé sur la raison, c'est celui-là qui n'est pas pensable.

Le fait apparaîtra moins étrange si nous apprenons à distinguer les deux éléments dont la confusion fait la force et l'opacité de la légitimité moderne.

Le premier élément, l'idée de cette loi générale, de ce commandement radicalement supérieur à la nature — partie constitutive et essentielle de la doctrine du contrat —, nous avons vu, dès le commencement de cette recherche, qu'il n'était pas une invention arbitraire de la philosophie moderne, mais plutôt, élaboré par elle, la somme et le produit de toute notre histoire dans ce que celle-ci a de plus central, de plus fatal : cette loi est le secret ressort de l'« astre ascétique » que nous habitons.

Quant à la notion de contrat proprement dite, aussi vieille que l'humanité, en tout cas que le droit romain, elle est par elle-même tout à fait distincte ; elle ne prend son ampleur fondatrice et créatrice spécifiquement moderne que parce qu'elle vient s'amalgamer à cette notion de loi générale, née de l'action et de l'usure réciproques de la cité et de l'Église.

Il est à remarquer que la notion de contrat fut abandonnée par la philosophie politique dès après que Rousseau l'eut poussée jusqu'à ses dernières limites, en condensant en elle la généralité extrême et la particularité extrême. Aucun autre esprit n'osa plus après lui embrasser une telle contradiction, ou n'en fut capable. On pouvait chercher l'issue dans deux directions :

soit du côté de la pure particularité, qui permettrait peut-être de réconcilier d'une façon inédite la volonté et la nature ; soit du côté de la pure généralité, ce qui exigerait de rompre enfin toute attache, aussi ténue et accordée à contrecœur qu'elle fût, de la loi avec la nature. La première voie sera choisie par Nietzsche.

III

On peut résumer la critique nietzschéenne du contrat de la façon suivante.

Si l'homme moderne veut fonder l'ordre politique sur sa volonté, et il le veut, alors il suppose, ou implique, que l'homme est en son fond volonté, que la « nature » de l'homme est d'être volonté. Si l'homme est en son fond volonté, si la nature de l'homme est d'être volonté, alors tout ce qu'il a été jusqu'à présent, tout ce qu'il est aujourd'hui, tout ce qu'il sera demain est un effet, ou un résultat, de sa volonté.

Or il est manifeste, d'ores et déjà, que l'homme a été des choses très différentes : il a été grec, il a été juif, il a été chrétien, il a été bouddhiste. Il est donc manifeste que la volonté peut vouloir des choses très différentes, qu'il y a dans la volonté un principe de création et de différenciation d'une prodigieuse ampleur et complexité. Il est alors ridiculement superficiel, quand la volonté apparaît chose si profonde et si mystérieuse, de dire simplement, comme font les démocrates modernes : nous allons fonder l'ordre politique sur la volonté raisonnable de chacun.

D'ailleurs, les démocrates se contredisent eux-mêmes, ou ne savent pas ce qu'ils veulent, ou ne savent pas vraiment vouloir, puisqu'ils revendiquent le plus souvent un régime représentatif. Qu'est-ce, en effet, que construire un régime représentatif, sinon donner à sa volonté la béquille d'une autre volonté ? On veut bien vouloir, mais à condition que la majorité du peuple le veuille aussi ! Et les chefs eux-mêmes, les membres du « gouvernement représentatif », voyez comme ils se cachent derrière la « volonté du peuple » ! Ils ne veulent rien par eux-mêmes ; leur seul désir, leur seule volonté, c'est de traduire, de servir, d'exprimer, de représenter, de réaliser la volonté du peuple. Aussi, tandis que l'humanité moderne est prise dans le cercle représentatif, où il n'est question que de volonté, mais c'est toujours la volonté de l'autre, et personne n'a le courage de vouloir lui-même, seul, quel soulagement, quelle satisfaction, quel bonheur quand enfin un vrai maître, c'est-à-dire un homme qui sait et veut vouloir seul, quand enfin un vrai maître apparaît :

> Quel bienfait, pour ces Européens du troupeau, quelle délivrance d'un joug qui devenait insupportable, que, malgré tout, l'apparition d'un maître absolu : l'effet que produisit celle de Napoléon en est le dernier grand témoignage : l'histoire de ses répercussions est presque exactement l'histoire du plus haut bonheur qu'ait connu ce siècle dans ses hommes et ses moments les plus précieux [10].

Nietzsche et le démocrate partagent en quelque façon le même point de vue : l'homme est volonté. Mais le démocrate en conclut que chaque volonté doit se rendre compatible avec toutes les autres, c'est-à-dire se généraliser, s'universaliser, que donc les volontés doivent être égales ou, du moins, au principe de droits égaux. Nietzsche conclut au contraire à l'inégalité. Il y a toutes sortes de volonté, toutes sortes d'intensités et de qualités de volonté, il y a en particulier — ici la nature revient et se venge — la volonté noble et la volonté basse, ou ressentiment. La volonté est particulière comme le commandement qu'elle exerce. Elle est en somme la chose *la plus particulière*.

IV

On pourrait objecter à notre chronologie que, après Rousseau, la référence au contrat social n'a pas disparu, qu'elle a même été préservée par un auteur aussi considérable que Kant. En réalité, la notion de contrat social perd chez Kant toute valeur essentielle. Elle n'est plus qu'allégorique et vaguement utilitaire : elle incite les législateurs à respecter la volonté générale, ou ce qui peut

10. Nietzsche, *Par-delà le bien et le mal*, trad. A. Meyer et R. Guast, Paris, Hachette-Pluriel, § 199.

passer pour elle[11]. Comment, du reste, jouerait-elle un rôle réel dans la pensée fondamentale de Kant, puisqu'elle confond de façon violente précisément ce que l'œuvre de ce dernier parvient pour la première fois à distinguer et séparer rigoureusement ?

Je l'ai remarqué plus haut, le rôle fondateur et créateur du contrat social tenait à ce qu'il confondait l'extrême particularité et l'extrême généralité, faisant naître celle-ci de celle-là. L'homme ne se créait lui-même qu'en réalisant l'impossible : il formait un nouveau Tout en ne pensant qu'à soi. Kant surmonte ces contradictions. Il libère la généralité de toute attache à la particularité ; et l'homme peut de nouveau penser à l'autre homme lorsqu'il pense à soi, il le doit même, puisque le Tout véritable dont il fait partie n'est plus une circonscription arbitraire ou contingente, mais la totalité des hommes, ou plutôt des « natures raisonnables ».

La Loi, telle qu'elle avait été dégagée par Montesquieu et Rousseau, gardait un point d'ancrage paradoxal dans la nature. Selon l'épigramme du premier, on s'en souvient, c'est la frustration même de leur nature qui donne aux moines l'amour de la règle qui les opprime, seule chose qui leur reste à aimer. Et nous avons vu que le second oscillait entre l'horreur de la loi cruelle et une sorte de jubilation devant cette cruauté même[12]. Ni Montesquieu ni Rousseau ne parviennent à répondre nettement et plausiblement à la question : comment l'homme peut-il trouver dans sa nature un motif d'obéir à une loi ennemie de cette nature ? Kant répond à la question en traçant la ligne de crête d'où l'on domine, parce qu'on les comprend, les oscillations et les paradoxes de ses grands prédécesseurs.

La solution de Kant est lumineuse et émouvante : la Loi peut être, en elle-même et par elle-même, un motif de l'action humaine ; elle en est même le motif par excellence. Nul besoin de mettre ingénieusement la nature en contradiction avec elle-même puisque, séparée de la nature et parce qu'elle en est ainsi

---

11. Voir Kant, le Corollaire concluant *Sur l'expression courante : il se peut que ce soit juste en théorie mais en pratique cela ne vaut rien*, in *Théorie et pratique. Droit de mentir*, trad. L. Guillermit, Paris, Vrin, 1967, p. 38-43 ; et aussi, dans la *Doctrine du droit*, trad. A. Philonenko, Paris, Vrin, 1971, la Remarque du § 46, ainsi que la Remarque générale A, p. 201-205.

12. Voir, plus haut, au chapitre premier, le paragraphe XI.

séparée, la Loi est le pur motif de l'action humaine, suscitant en l'homme un sentiment distinct de tous les autres, le *respect* :

> Donc le respect pour la loi morale est un sentiment qui est produit par un principe intellectuel, et ce sentiment est le seul que nous connaissons parfaitement *a priori*, et dont nous pouvons apercevoir la nécessité [...]. Ce sentiment (sous le nom de sentiment moral) est donc exclusivement produit par la raison. Il ne sert ni à juger les actions ni à fonder la loi morale objective, mais simplement comme mobile à faire une maxime de cette loi en elle-même. Mais quel nom s'adapterait mieux à ce sentiment singulier, qui ne peut être comparé à aucun sentiment pathologique [c'est-à-dire à aucun sentiment de notre nature] ? Il est d'une nature si particulière, qu'il paraît être exclusivement aux ordres de la raison et même de la raison pure pratique [13].

Le sentiment du respect surmonte les affects de la nature parce qu'il conjugue les deux tendances qui définissent et organisent celle-ci. Par nature, les hommes sont attirés par certaines choses, par les choses bonnes. C'est dans la lumière de ce désir que les Anciens interprétèrent le monde humain. Mais par nature aussi, les hommes sont repoussés par d'autres choses, celles qui sont mauvaises, et c'est comme fuite, ou crainte, du mal que les Modernes analysent l'action humaine. Eh bien, le respect est ce sentiment singulier qui combine et fond ensemble les affects naturellement contraires de l'attraction et de la crainte.

Seul le phénomène de la Loi, et du respect qui lui est lié, peut donner sens et contenu à la notion moderne de création de soi par soi que les doctrines du contrat social impliquent si irrésistiblement et formulent si contradictoirement. Ce n'est que parce qu'il peut obéir à la Loi par pur respect de la Loi que l'homme est cause libre de ses actions et qu'il jouit donc de l'autonomie. L'autonomie de la volonté, dit Kant, est le principe unique de toutes les lois morales et des devoirs qui y sont conformes [14]. Seul le phénomène de la Loi, et du respect qui lui est lié, établit, manifeste et rend effectif le fait que la raison pure suffit à elle seule à déterminer la volonté. Ainsi la Loi réalise-t-elle en nous l'analogie d'un pouvoir divin de création :

---

13. Kant, *Critique de la raison pratique*, trad. F. Picavet, Paris, P.U.F., 1966, p. 77 et 80.
14. *Ibid.*, p. 33.

Car en fait, la loi morale nous transporte, d'une manière idéale, dans une nature où la raison pure, si elle était accompagnée d'un pouvoir physique proportionné à elle-même, produirait le souverain bien [...] [15].

Kant porte à la lumière de la raison, et révèle comme Raison, le Phénomène que traduisait et obscurcissait la mythologie des Lumières.

v

Les théoriciens du contrat social faisaient sortir la généralité de la particularité, le désintéressement de l'égoïsme rigoureux, l'État impartial ou la volonté générale du désir de conservation de l'individu. Kant montre que le phénomène de la vie morale suppose, ou implique, un rapport immédiat à la généralité, ou à l'universalité, en vérité qu'il consiste en un tel rapport. Par là même, il fait apparaître comme confuse, violente et intenable la théorie du contrat social. Elle ne sera plus jamais sérieusement reprise. On est tenté de dire qu'avec la philosophie morale de Kant, l'homme moderne est parvenu à la clarté sur l'objet de son long désir, sur ce qu'il cherchait depuis les origines du mouvement moderne. Il peut enfin véritablement *penser* ce que jusque-là il pouvait seulement vouloir : il peut penser qu'il n'est ni une créature de Dieu ni une partie de la Nature, qu'il est en somme né de lui-même, enfant de sa propre liberté. Capable d'appréhender exactement le phénomène de la Loi et du respect, l'homme moderne tient également à distance le salut chrétien et le bonheur païen : il est parvenu à la conscience claire et définitive de soi.

Une difficulté subsiste cependant. Ce Tout particulier sur lequel l'individu du contrat social devait d'abord fermer les yeux s'il voulait donner effet à son égoïsme désintéressé et produire ainsi la volonté générale, ce Tout particulier — la cité — est méconnu aussi par la conscience morale qu'explicite Kant. Pour agir moralement, l'homme doit agir de telle manière qu'il puisse vouloir que la maxime de son action devienne une loi universelle,

15. *Ibid.*, p. 43.

et soit ainsi la maxime de tous les êtres raisonnables[16]. En tant que conscience morale, il ne distingue tout simplement pas le corps politique particulier auquel il appartient. En deçà comme au-delà des Pyrénées, en deçà comme au-delà du Rhin, la même loi exige le même respect. On ne voit pas comment, sans recourir à des hypothèses complémentaires arbitraires, on pourrait faire apparaître un lien positif entre la pure généralité de la loi et la particularité d'un corps politique. De même que les théoriciens du contrat social passaient de l'individu au corps par un saut arbitraire, de même, semble-t-il, Kant ne peut passer de l'universalité de la nature raisonnable à la particularité du corps politique que par un saut de sens contraire, mais également arbitraire.

Cette difficulté « selon l'extension » n'est que l'expression d'une difficulté « selon la compréhension » qui nous conduit au cœur de la doctrine morale kantienne.

Kant, on le sait, envisage sérieusement la possibilité qu'aucun acte parfait d'obéissance à la loi par pur respect pour la loi, qu'aucun acte parfait de bonne volonté n'ait jamais été accompli. Or, si l'homme a — on peut presque dire : naturellement[17] — le respect de la loi, on ne comprend pas qu'il ne la respecte pas toujours. Précisément parce que la liberté et, donc, la loi sont radicalement séparées de la nature, on ne parvient pas à concevoir quel pouvoir celle-ci pourrait exercer sur celles-là de manière à empêcher l'homme de leur obéir régulièrement et parfaitement. On ne peut envisager ici la faute morale comme une usurpation des parties basses de la nature sur les parties hautes, usurpation fomentée par un obscurcissement intellectuel, ainsi que le fait la philosophie morale antique, largement entérinée sur ce point par la théologie morale catholique — qui mentionne en outre la « blessure » infligée à notre nature par le péché originel. La nature ne saurait fournir l'élément, ou le

---

16. Voir Kant, *Fondements de la métaphysique des mœurs*, trad. V. Delbos, Paris, Delagrave, 1966, p. 136.

17. « Et ce même bonheur, conformément à notre nature (si l'on veut bien d'une manière générale nommer ainsi ce qui nous est inné) en tant qu'êtres doués de raison et de liberté, n'est pas, tant s'en faut, la première des choses, ni un objet inconditionné de nos maximes ; mais cet objet, au contraire, consiste dans *la dignité d'être heureux*, c'est l'accord de toutes nos maximes avec la loi morale » (*La Religion dans les limites de la simple raison*, trad. J. Gibelin, Paris, Vrin, 1983, p. 87-88, note 1).

moyen, de communication entre les deux termes en conflit, puisqu'elle est l'un d'eux, et seulement l'un d'eux.

Kant s'efforce de résoudre la difficulté en invoquant ce qu'il appelle le « mal radical ». Celui-ci réside avant tout dans le renversement de l'ordre juste des motifs. Au lieu de se conformer strictement à la loi comme motif suffisant de ses actions, l'homme recherche d'autres motifs tirés de l'amour de soi et laisse la loi tomber au niveau d'un moyen [18]. Cette faute, dont la raison est le siège et l'auteur, est extrêmement difficile à comprendre :

> Quant à l'origine rationnelle de ce désaccord en notre arbitre, c'est-à-dire de cette manière de recueillir en ses maximes des motifs subordonnés en les plaçant au premier rang, donc quant à l'origine rationnelle de ce penchant au mal, elle demeure pour nous insondable parce qu'elle doit nous être imputée, et que par suite, ce fondement suprême de toutes les maximes exigerait à son tour l'admission d'une mauvaise maxime. Le mal n'a pu provenir que du mal moral (non des simples bornes de notre nature) et pourtant notre disposition primitive est une disposition au bien (et nul autre que l'homme lui-même n'a pu la corrompre, si cette corruption doit lui être imputée) ; il n'existe donc pas pour nous de raison compréhensible pour savoir d'où le mal moral aurait pu tout d'abord nous venir [19].

Le mal radical est insondable, comprenons-nous, parce qu'il est issu d'un acte libre et que, en somme, étant premier, on ne saurait l'expliquer puisque c'est lui qui explique. Mais derechef : pourquoi la raison pure pratique se détournerait-elle du seul motif qui lui soit suffisant ?

À la suite du passage que nous venons de citer, Kant ajoute que cette incompréhensibilité est « exprimée » dans les caractères du récit biblique de la chute. Kant, qui a donné le sens rationnel de la mythologie des Lumières, doit-il donc, pour trouver la cohérence de sa philosophie morale, revenir à la dogmatique chrétienne ? On le sait, la Bible ici n'est nullement considérée dans une perspective dogmatique, comme Parole divine objectivement révélée, mais simplement comme une suite d'« histoires » dont nous importe seulement le sens pratique, la capacité à nous rendre meilleurs,

18. *Ibid.*, p. 88 en haut, et p. 84.
19. *Ibid.*, p. 85.

comme un répertoire d'images expressives, suggestives et édifiantes. Selon Kant, le récit de la chute nous rend moins opaque le caractère du mal moral, mais c'est la doctrine du mal radical qui donne le sens véritable et rationnel du récit.

Avons-nous vraiment progressé ? Si l'explication rationnelle ici est incompréhensible, si la raison ici ne se comprend pas elle-même, on ne voit vraiment pas quel secours attendre d'une religion à laquelle on a au préalable refusé toute autorité suprarationnelle ! Au lieu de la raison et de la religion s'éclairant mutuellement — l'une apportant le dessin et l'autre la couleur, si je peux dire —, nous n'avons peut-être en fait que la juxtaposition stérile d'une religion qui a renoncé à la vérité et d'une raison incapable de clarté.

On peut alors se demander si le dogme, ou le mystère, chrétien du péché, originel ou actuel, n'est pas paradoxalement plus clair que la doctrine kantienne du mal radical. Quelle que soit l'interprétation que, théologien autorisé ou laïc aventureux, nous proposions de ce mystère, celui-ci suppose nécessairement une certaine situation humaine : le site du péché se confond avec l'action humaine par excellence, celle qui consiste à délibérer à propos de soi-même — *deliberare de seipso*. La complexité et l'indétermination du bien que l'on recherche parce qu'on le désire — matière de la délibération — se simplifie et se cristallise dans une opposition qui est l'occasion et l'enjeu de la première décision[20], de la décision, si je puis dire, décisive, comme de toutes les autres : chacun, Satan, Adam, tout homme, au commencement comme à chaque instant de son action, a à choisir entre un bien moindre et fini, mais infiniment proche, soi-même, et un bien infini, mais éloigné et exigeant, Dieu rendu présent par sa loi ou par sa grâce. On s'en voudrait de rien dire ici qui retranche de la juste horreur qu'on doit avoir pour le péché, mais, en somme, devant un tel choix, l'hésitation est permise. Elle est permise au moins en ce sens que, s'il y a délibération, il y a sujet, ou motif, de délibérer. Du reste, Dieu ne peut nous interdire d'actions — par exemple, manger du fruit de l'arbre de la connaissance — que celles que notre nature nous permet, et même nous sollicite, d'accomplir, ou l'interdiction serait sans objet. C'est comme des

---

20. Voir saint Thomas, *Summa Theologiae*, Ia IIae, Q.89, art.6, Resp.

natures attirées et perplexes que nous vivons, délibérons et errons
dans l'élément du bien. L'homme est un animal rationnel, et le
péché est un raisonnement mal conclu.

Mais la raison kantienne ne délibère pas, elle légifère. Elle se
donne à elle-même la loi ; elle ne reconnaît rien au-dessus d'elle,
sinon elle ne serait point autonome ; son motif suffisant, le
respect, est sans rapport avec les motifs qui émeuvent la nature au-
dessous d'elle. Comment préférerait-elle jamais ceux-là à celui-ci ?

Dans une note curieuse de l'ouvrage sur lequel prend appui
notre recherche, Kant s'efforce d'obliger la philosophie morale
traditionnelle à avouer l'incompréhensibilité que reconnaît sa
doctrine nouvelle :

> C'est une hypothèse tout à fait commune en philosophie morale
> que l'on peut bien facilement expliquer l'existence du mal moral
> dans l'homme d'une part par la force des mobiles de la sensibilité et,
> d'autre part, par l'impuissance du motif de la raison (le respect de la
> loi) c'est-à-dire par *faiblesse*. Mais alors le bien moral en l'homme
> (en sa disposition morale) devrait s'expliquer plus facilement
> encore ; car l'intelligibilité de l'un ne peut se concevoir sans celle de
> l'autre. Or, le pouvoir qu'a la raison de triompher par la seule Idée
> d'une loi de tous les mobiles qui s'opposent à elle, est absolument
> inexplicable ; aussi est-il également incompréhensible que les
> mobiles de la sensibilité puissent triompher d'une raison qui
> ordonne avec une semblable autorité. Si chaque homme en effet se
> conduisait conformément à la prescription de la loi, on dirait que
> tout se passe suivant l'ordre naturel et il ne viendrait à l'esprit de
> personne d'en demander même la cause [21].

Il est curieux de voir Kant paraître rétracter le centre même de
sa doctrine morale et feindre de ne pas comprendre comment la
raison a le pouvoir de commander, alors que toute sa philosophie
ne vise en somme qu'à l'établir. Mais il ne déclare inintelligible ce
qu'il a montré être suprêmement intelligible — le pouvoir
législateur de la raison — que pour pouvoir dire également
inintelligible ce qui, dans les termes de sa philosophie et pour la
première fois dans l'histoire de la pensée, est strictement impossible à concevoir : le pouvoir des motifs intéressés, ou naturels, sur

---

21. *La Religion dans les limites...*, op. cit., p. 97, note 1.

la raison. La dernière phrase de la note, dans son ingénieuse naïveté, contient l'aveu : il ne viendrait à l'esprit de personne de demander même la cause de l'obéissance générale à la loi générale, parce que chacun percevrait le pouvoir législateur de la raison que Kant a, le premier, établi.

VI

Cependant, la réalisation effective de la loi ne signifierait-elle pas la réalisation du contraire de la loi, puisque la loi ne vaut comme loi que séparée de toute réalité, de toute « nature » ? Hegel a profondément analysé comment, dans ce qu'il appelle la vision morale du monde, chaque moment se transforme en son contraire[22]. Il ne s'agit point pour moi ici de reprendre, ou d'entériner, la critique hégélienne de Kant, moins encore — spectacle ridicule ! — de proposer une nouvelle critique. Mais les remarques précédentes nous incitent à poser de façon plus pressante la question qui nous occupe : Kant parvient-il à penser le phénomène humain en l'articulant autour d'une loi pure, c'est-à-dire radicalement séparée de la nature ? Et s'il n'y parvient pas, n'est-ce pas tout le régime moderne, avec sa conscience de soi, qui garde quelque chose d'essentiellement impensable, ou d'encore impensé ?

Si le paragraphe précédent a quelque validité, on est tenté de conclure que le phénomène du respect ne suffit pas à rendre compte du Phénomène humain, que « quelque chose » fait tenir ensemble et communiquer, en chaque individu, la nature et la loi, et qu'on est ainsi ramené à une version ou l'autre de la définition traditionnelle de l'homme comme substance — seule manière de rendre intelligible le pouvoir de la « nature » sur la « liberté ». Une telle conclusion serait cependant hâtive et pusillanime. Elle ne s'impose à nous que si nous voulons superposer le phénomène du respect, plus généralement la doctrine kantienne de la loi morale, aux délimitations traditionnelles de notre expérience, au lieu d'y voir le motif impérieux de nous risquer à remanier celles-ci.

Il est vrai que Kant lui-même paraît adopter la voie paresseuse.

---

22. Voir *La Phénoménologie de l'Esprit*, VI, C, a et b.

Pour rendre sa nouvelle compréhension de l'homme compatible avec les cadres naturels ou traditionnels de l'expérience, il invoque le progrès indéfini de l'individu vers la sainteté du vouloir, le progrès indéfini du corps politique vers le régime républicain, le progrès indéfini de l'ordre international vers la paix perpétuelle. Il va même jusqu'à évoquer le progrès irrésistible de la nature vers le règne du droit[23] ! La notion de progrès indéfini ne recule les limites de l'ontologie traditionnelle que pour en confirmer et subvertir le principe, puisqu'elle préserve et confirme le gradient du Bien, tout en privant le Bien de son rôle primordial dans le monde humain. Kant n'a recours à cet hybride infécond, oserait-on dire, que parce qu'il recule devant le dernier effort que son œuvre a rendu possible. Car si la Raison est vraiment législatrice, si par elle l'humanité se donne la Loi, on vérifiera sans doute que la Loi est effectivement obéie, et la Raison effectivement réalisée, pourvu seulement que l'on se donne le cadre adéquat pour interpréter le phénomène humain. Mais quel cadre ? Il est clair maintenant que ni l'individu, ni le corps politique, ni la somme des corps politiques, ni même l'Humanité en progrès indéfini dans l'Histoire ne conviennent. Si la raison et la loi sont essentiellement distinctes de la nature, elles ne peuvent devenir effectives en « améliorant » cette nature, en rendant l'homme « plus rationnel », ou « plus moral » : ce serait « améliorer » l'état de la substance humaine, et donc rétablir la substance dans son pouvoir. Tout le labeur de la philosophie moderne serait perdu. Mais si ni l'individu, ni la cité, ni l'humanité ne sont un cadre adéquat, l'effectuation du phénomène dégagé par Kant nous fait sortir du monde normalement reconnaissable comme humain. L'existentialisme, nous l'avons noté, a cherché avec un sérieux impressionnant ce que pourrait être le nouveau nom de l'homme comme liberté s'effectuant elle-même. Hegel avait préféré constater, ou décider, que ce monde-ci, en tant que l'État, était déjà la réalisation elle-même, adressant en somme à Kant le reproche que Montesquieu avait adressé à un autre vieux républicain : qu'il n'a cherché la Raison qu'après l'avoir méconnue et qu'il a bâti Chalcédoine,

---

23. « Ici il faut donc dire : la nature *veut* de manière irrésistible que le pouvoir suprême revienne finalement au droit » (*Projet de paix perpétuelle*, 1ᵉʳ supplément, trad. J. Gibelin, Paris, Vrin, 1984, p. 46). Le texte de Kant est particulièrement énergique : « *Hier heißt es also : Die Natur* will *unwiderstehlich, daß das Recht zuletzt die Obergewalt erhalte.* »

ayant le rivage de Byzance devant les yeux. Dans les deux cas, disparaît le respect, par l'homme, de la loi.

Il semble que, si Kant a dégagé le phénomène de l'expérience moderne, ce phénomène nous oblige à sortir du monde où cette expérience est possible.

VII

Au point où nous sommes parvenus, nous ne trouvons plus de chemin. Il faut nous arrêter et tenter d'embrasser du regard le paysage parcouru par notre recherche.

On ne fait que reprendre ce qu'elle dit d'elle-même, si l'on caractérise la conscience de soi moderne par la volonté de découvrir et de dire la « vérité effective » sur l'homme et sur le monde, volonté « réaliste » qu'elle oppose victorieusement au désir « idéaliste » qui inspire la construction de « principautés imaginaires » dans des « arrière-mondes ». Le désir idéaliste trouve son expression noble dans les « bons régimes » conçus par les philosophes grecs, en particulier dans la République de Platon, son expression basse dans la religion, particulièrement dans la religion chrétienne, ce « platonisme pour le peuple ». La religion chrétienne a ceci d'essentiellement corrupteur qu'elle divise l'homme en ajoutant aux motifs naturels, ou rationnels — aux motifs proprement humains —, d'autres motifs qui se prétendent surnaturels, ou supérieurs à la raison. L'homme ainsi forcé de « voir double » ne sait plus s'orienter rationnellement dans le monde[24]. Bref, c'est trop de deux mondes, « il n'en fallait qu'un[25] ».

La critique de la religion est aisément persuasive : il y aura toujours des *unpleasing priests*[26]. Mais comment retrouver, ou reconstruire, l'unité du monde humain, comment édifier la cité réunie, où l'homme, devenu majeur, ne cherchera ses motifs qu'en lui-même, c'est-à-dire en sa propre raison? C'est le mérite extraordinaire de Kant que d'être parvenu à montrer comment, à quelles conditions, un tel accomplissement était possible, non en

24. Voir Hobbes, *Leviathan*, chap. 29.
25. Voir, plus haut, au chapitre premier la note 31.
26. Voir Hobbes, *Leviathan*, chap. 12 à la fin.

inventant arbitrairement un homme imaginaire — habitant complaisant de l'état de nature qui fonde l'état social dès que le philosophe veut bien en reconnaître la nécessité, ou « homme nouveau » apporté par l'avenir —, mais en analysant le phénomène moral, le rapport de l'homme à la loi morale. Or, par un étrange renversement, et par une ironie vexante, à l'instant même où, par le ministère de Kant, nous atteignons notre majorité, nous subissons de son fait une division plus rigoureuse et plus infranchissable qu'aucune de celles que l'homme avait jusque-là subies. C'est maintenant notre nature et notre liberté qui sont implacablement séparées, sans lien humain concevable pour les réunir ou, au moins, les rapprocher. C'est maintenant la Raison, ou la Liberté, humaine elle-même qui devient une « principauté imaginaire » sans rapport avec les besoins et désirs de l'humaine nature, sans rapport avec la vérité effective de notre condition. La loi de la raison est plus radicalement, plus hautainement séparée de notre nature que ne l'était la grâce divine dans l'ancienne théologie. En vérité, il est plus difficile à l'homme d'entrer dans le royaume de Kant qu'à un chameau de passer par le trou de l'aiguille !

On dira que Kant, après les avoir ainsi séparées, s'efforce très sincèrement et très sérieusement de rapprocher la nature et la loi, soit en tirant des conclusions consolantes de l'observation empirique de l'histoire empirique[27], soit, plus profondément, en dégageant les « postulats de la raison pratique », en particulier celui de l'existence de Dieu : puisque c'est un devoir pour nous de supposer la possibilité de l'harmonie ultime entre la nature et la loi, entre le bonheur et la moralité, c'en est un aussi d'admettre l'existence de Dieu. Cette harmonie n'est en effet possible que sous la condition de l'existence de Dieu[28].

Mais si nous pouvons et devons espérer la réconciliation en et par Dieu de la nature et de la loi, du bonheur et de la vertu, alors, semble-t-il, la foi ou l'espérance en Dieu, et non plus le respect devant la loi, devient le premier motif de la raison pure pratique.

27. C'est ainsi, on le sait, que l'intérêt pris par ses contemporains au cours de la Révolution française lui semble une preuve convaincante de la « disposition morale » de l'humanité. Et l'observation empirique soutient, ou ne contredit pas, l'idée du « progrès indéfini ». Voir, plus haut, § VI.
28. Voir *Critique de la raison pratique*, chapitre 5 du livre II de la première partie.

On le sait, Kant rejette cette conclusion[29]. Il va même jusqu'à écrire, introduisant la distinction entre nécessité morale subjective et nécessité morale objective, et après avoir souligné qu'« il est moralement nécessaire d'admettre l'existence de Dieu », il va donc jusqu'à écrire : « Ce ne peut être un devoir d'admettre l'existence d'une chose (puisque cela concerne simplement l'usage théorique de la raison)[30]. » Cette allusion à la *Critique de la raison pure* nous le rappelle : si notre intention était de réfuter la philosophie morale de Kant, il faudrait réfuter l'ensemble de sa philosophie, et donc, en particulier, la *Critique de la raison pure* ! Nous devons rejeter une présomption ridicule, mais nous ne pouvons renoncer à faire usage de notre raison. Kant affirme ici que c'est un devoir pour nous de croire à l'existence d'une chose dont il nous est interdit d'affirmer l'existence. Il nous ordonne un acte de l'esprit dont il soustrait la première condition, qui en est aussi la première expression. Il nous enjoint comme un devoir d'être très rigoureusement insincère. Non seulement la séparation entre la nature et la liberté ne nous délivre pas de la division entre ce monde et l'autre, mais la division pénètre au cœur de l'acte humain, de l'acte de raison le plus élémentaire — le jugement portant sur l'existence d'une chose —, et le plus haut — puisque cette chose est Dieu.

VIII

La loi morale selon Kant est purement formelle. Elle ne vaut pour chacun que si elle peut valoir pour tous, et c'est cette généralité, ou généralisabilité, qui la définit. On dirait volontiers que, ainsi réduite au noyau du commandement universalisable, elle condense ce qui est proprement moral dans toute moralité, qu'elle isole et consolide la forme universelle de la moralité en la séparant de ses contenus particuliers et changeants, qu'elle définit la première, et la seule, moralité vraiment universelle, rationnelle et humaine. Et on ne peut dire que tous les hommes se trouvent

---

29. « Il ne faut pas [...] entendre par là qu'il soit nécessaire d'admettre l'existence de Dieu, comme *un fondement de toute obligation en général* (car ce fondement repose, comme cela a été suffisamment démontré, exclusivement sur l'autonomie de la raison même) » (*ibid.*, p. 135).
30. *Ibid.*

alors dans la situation des moines de Montesquieu, et n'aiment la loi que pour autant qu'elle opprime leur nature, puisqu'ils aiment la loi pour elle-même, seulement pour elle-même, ou plutôt, sans l'aimer, parce qu'elle n'est pas aimable, ils la respectent. Aucun affect issu de leur nature ne les lie à cette loi complètement détachée de la nature.

Mais si la loi morale, en elle-même et par elle-même, dans sa définition statique pour ainsi dire, est complètement détachée de la nature, celle-ci fait reconnaître sa présence lorsque la loi est à l'œuvre dans l'acte moral effectif. Lorsque l'agent moral généralise la maxime de son action pour voir si elle est conforme à la loi universelle, et pour la rendre telle, il fait une expérience mentale, formule une hypothèse sur le comportement réel des autres hommes, partant, sur les caractéristiques de leur nature, et bien sûr il prend en considération ce qu'il sait de sa propre nature. Kant l'expose avec candeur et en détail dans la deuxième section des *Fondements de la métaphysique des mœurs*. Après avoir énoncé l'impératif du devoir dans les termes les plus formels et les plus universels[31], il donne quatre exemples dans lesquels il rend en quelque sorte opérationnelle la loi universelle. À chaque fois, les commentateurs l'ont souvent relevé, il justifie la loi par des considérations intégralement empiriques sur la constitution de la nature humaine, considérations parfois plus étroitement et opaquement empiriques que celles mises ordinairement en avant par la moralité traditionnelle. Par exemple, quant à l'interdiction du suicide, là où celle-ci posait que ce qui avait été donné par Dieu ne pouvait être repris que par Lui, il invoque « le sentiment dont la fonction spéciale est de pousser au développement de la vie[32] ». Et à l'homme qui préfère l'oisiveté amusante à l'exercice de ses dons naturels, Kant objecte qu'« en tant qu'être raisonnable, il veut nécessairement que toutes les facultés soient développées en lui parce qu'elles lui sont utiles et qu'elles lui sont données pour toutes sortes de fins possibles[33] ». C'est à peu près ce que disaient les Grecs et, plus généralement, les moralistes du temps de la « minorité » humaine.

---

31. « Agis comme si la maxime de ton action devait être érigée par ta volonté en *loi universelle de la nature* » (*op. cit.*, p. 137).
32. *Ibid.*, p. 138-139.
33. *Ibid.*, p. 140-141.

Simultanément, cette loi morale universelle, qui n'a d'effectivité et d'ailleurs de plausibilité que par une réalité naturelle dont elle ne veut rien savoir, va à l'encontre de toute moralité quand cette réalité l'obligerait à concéder une exception à sa règle : il faut dire la vérité même si je livre ainsi un innocent aux sbires d'un tyran[34]. Pour affirmer et justifier la loi générale dans sa mise en œuvre pratique, Kant tantôt s'appuie sur les tendances naturelles de l'homme (contrairement au principe de la loi), tantôt refuse brutalement de les prendre en compte (et il violente alors notre sens spontané de la moralité). Cette remarque est décisive, car elle signale que l'analyse kantienne de la moralité, comme la construction par Montesquieu de l'idée de vertu, comme les descriptions de l'état de nature par les théoriciens du contrat social, comporte un artifice essentiel : elle donne et refuse accès au Phénomène, sous son aspect de loi ou sous son aspect de nature, avec un souverain arbitraire, en fonction du seul objectif d'élaborer complètement l'idée pure de la loi.

Mais si l'idée de la loi est un tel artifice, alors le respect pour la loi ne saurait être ce pur phénomène que nous voyions en lui. Ce que Kant appelle le respect ne surmonte pas, par une synthèse radicalement originale et supérieure à ses éléments constituants, les deux tendances fondamentales de l'attraction et de la répulsion, de la « suite » et de la « fuite »[35], qui divisent et organisent la nature, et même la définissent dans son rapport à l'homme. Le respect de la loi n'est pas un pur motif effectivement détaché de la nature ; il est un artefact élaboré par Kant, le plus ingénieux et le plus plausible conçu par un esprit humain, le plus noble aussi, pour persuader l'homme qu'il peut être, qu'il est le fils de sa propre raison, qu'aucun contact avec la nature païenne n'a souillée.

On peut dire, il est vrai, que l'inculpation d'artifice est très injuste, que Kant donne simplement effet à une possibilité inscrite dans la définition de l'homme comme nature rationnelle, mieux, qu'il conduit celle-ci à son terme logique. De fait, si l'homme est ainsi défini, alors la raison est naturellement le premier principe

34. Voir *Sur un prétendu droit de mentir par humanité* [1797], in *Théorie et pratique, op. cit.* ; et *Doctrine de la vertu*, trad. A. Philonenko, Paris, Vrin, 1968, livre I, section II, § 9, « Du mensonge ».
35. Voir Montaigne, *Essais*, livre III, chap. 8.

des actes humains[36] ; et l'homme commande à ses actes par sa
raison pratique : *imperare est rationis*[37]. Il semble naturel, prenant
acte de ces constatations, d'en tirer les propositions décisives : la
règle des actes humains est la raison qui leur commande ; elle leur
commande selon une loi dont la définition est d'être ce pur
commandement de la raison. La morale kantienne ne fait en ce
sens que tirer les conséquences de la définition de l'homme
élaborée par les Grecs et entérinée par les chrétiens, sans ajouter
d'hypothèse adventice. Précisément : elle exclut arbitrairement de
sa considération des éléments complémentaires sans lesquels le
phénomène moral ne peut pas être fidèlement décrit. On peut bien
accepter de prendre pour point de départ l'équation qui égale
l'homme et la raison. Mais comment prouverons-nous jamais que
la raison pratique peut être pure, qu'elle suffit à elle seule à
déterminer la volonté, si nous définissons la raison pratique
précisément par cette capacité, si nous présupposons qu'il y a
quelque chose comme une raison pure pratique ? Parce que la loi
est la *ratio cognoscendi* de la liberté, qu'elle nous la fait connaître ?
Mais si la loi est notre artefact, et non point un fait de la raison ?
En réalité, cette équation est obscure et confuse. La raison
pratique nous présente immédiatement cette détermination
impure : elle considère toutes choses, y compris et d'abord les
actions humaines, sous le rapport du bien et de son contraire, de
sorte que les préceptes de la raison, quels qu'ils puissent être,
doivent être fondés sur ce principe naturel de « suite » et de
« fuite » : il faut faire le bien (ou : le bien est ce qu'il faut faire) ; il
faut éviter le mal (ou : le mal est ce qu'il faut éviter)[38]. Une note
de Kant souligne, pour s'en plaindre, l'ambiguïté du bien[39]. Mais
cette double ambiguïté est le premier phénomène humain ; elle
caractérise l'expérience humaine du phénomène moral. La tâche

36. Saint Thomas, *Summa Theologiae*, Ia IIae, Q. 90, art. 1.
37. *Ibid.*, Ia IIae, Q. 17, art. 1.
38. « [...] *bonum est primum quod cadit in apprehensione practicae rationis, quae
ordinatur ad opus : omne enim agens agit propter finem, qui habet rationem boni. Et ideo
primum principium in ratione practica est quod fundatur supra rationem boni, quae est,
Bonum est quod omnia appetunt. Hoc est ergo primum praeceptum legis, quod bonum est
faciendum et prosequendum, et malum vitandum. Et super hoc fundantur omnia alia
praecepta legis naturae* [...] » (*ibid.*, Ia IIae, Q. 94, art. 2).
39. « En outre, l'expression *sub ratione boni* est, elle aussi, ambiguë, car elle signifie
tout aussi bien : nous nous représentons quelque chose comme bon, lorsque et *parce que*
nous le désirons (voulons), que : nous désirons quelque chose, parce que nous nous le
représentons comme *bon* ; de sorte que c'est, ou bien le désir qui est le principe déterminant

de la raison est peut-être d'explorer cette complexité, au lieu de construire un artefact qui exclue les deux ambiguïtés et surmonte la division de la tendance humaine, au lieu d'élaborer et de poser une loi qui condense toute la moralité et rejette dans les ténèbres extérieures et inférieures de la « nature », ou de l'« amour de soi », ou du « bonheur personnel » [40], le monde des biens et des maux où nous avons pourtant la vie et l'être.

En vérité, la raison humaine est non moins délibérative que législatrice, ou impérative. *Rationis est imperare*, mais aussi : *rationis est deliberare*. Et elle ne commande aux actions que parce qu'elle délibère dans et sur un monde qu'elle considère *sub ratione boni*.

Assurément le monde du bien, celui des biens et des maux, est riche d'incertitudes et de complexités. En particulier, les biens proprement humains sont exposés à la revendication, à la surenchère des biens surhumains que promet la religion, surenchère qui intimide la raison et écrase la volonté, repoussant ainsi sans cesse l'homme dans cet état de minorité dont il cherche à sortir. Mais s'efforcer, comme Kant s'y emploie avec autant de passion et plus de rigueur qu'aucun autre philosophe moderne avant lui, s'efforcer, pour neutraliser cette revendication et interdire cette surenchère, d'arracher la vie humaine à l'élément et à la question du bien, c'est arracher l'homme au monde proprement humain. Dans l'état de minorité, l'homme vivait entre deux mondes, et il pensait parfois que c'était un de trop. Grâce au labeur de la philosophie moderne, il a accédé à l'autonomie, il a congédié l'autre monde, mais il a perdu celui-ci.

IX

Le lecteur qui m'a suivi jusqu'ici, et qui peut-être même est prêt à admettre que la description kantienne du monde humain peut

---

du concept de l'objet comme d'un bien, ou le concept du bien qui est le principe déterminant du désir (de la volonté) ; et alors, dans le premier cas, l'expression *sub ratione boni* signifierait que nous voulons quelque chose *sous l'idée* du bien ; dans le second cas, que nous le voulons *en conséquence* de cette idée qui, comme principe déterminant du vouloir, doit le précéder » (*Critique de la raison pratique, op. cit.*, p. 61 note 1).

40. *Ibid.*, p. 20 et suiv.

être contestée, ce lecteur rejette sans doute l'idée que la loi morale, telle qu'élaborée par Kant, serait au fond un artefact sans appui suffisant dans le phénomène humain, et produit dans le cadre d'un projet, d'un projet « intéressé », c'est-à-dire d'un projet qui ne se confondrait pas avec la recherche de la vérité.

Peu d'hommes furent aussi dévoués que Kant à la recherche de la vérité ; moins encore mirent en œuvre pour cette recherche des facultés comparables aux siennes. Si donc nous avons le sentiment qu'il s'est éloigné de la vérité et nous en éloigne, et que cet éloignement est proportionnel à sa ferveur morale et à sa puissance intellectuelle, nous éprouvons par là même le désir impérieux de comprendre cet éloignement. Ou bien serions-nous capables d'enregistrer, comme un *factum brutum*, que « Kant s'est trompé », et puis de passer outre, comme si de rien n'était ?

Si nous voulons prendre une vue d'ensemble de notre recherche, si, nous retournant sur le chemin parcouru, nous tentons de ressaisir le mouvement de notre réflexion, nous retrouvons, comme un appui et une lumière, la formule de Nietzsche que nous avons plusieurs fois déjà mentionnée ; et nous redisons que la conscience moderne interprète la Terre où nous vivons comme l'« astre ascétique ». Cette définition est la meilleure, car elle contient l'ambiguïté qui nous pousse en avant, elle désigne la force propulsive qui rend notre histoire semblable à un fleuve qui veut *en finir — einem Strom ähnlich der* ans Ende *will*[41]. La loi, la dure loi, sous laquelle roule cet astre, est d'une part ce que l'homme moderne veut fuir : elle est ce qui est commun à la vertu païenne et à la vertu chrétienne, elle est la forme et la fatalité du passé que laisse derrière lui le progrès de la liberté moderne, de la liberté anglaise prônée par Montesquieu. Mais elle est aussi, cette loi, cette dure loi, ce que l'homme moderne veut enfin réaliser, le vierge enfantement de soi par soi annoncé par Kant, la raison émancipée de la nature comme de Dieu ; elle est, cette loi qu'il se donne à lui-même, l'organe même de sa nouvelle liberté. Et la place centrale de Rousseau dans et pour la conscience moderne tient d'abord à ceci, qu'il embrasse les deux faces de la loi et les deux affects qu'elle suscite : il la fuit et il la cherche avec une passion presque égale. La loi l'affole.

---

41. Nietzsche, *Der Wille zur Macht*, Vorrede § 2, Stuttgart, Kröner, 1964.

J'ai longuement étudié au chapitre premier comment Montesquieu dégageait la notion de « vertu », et aussi comment son analyse prolongeait et raffinait l'élaboration implicite accomplie par les masses politiques et spirituelles de l'Europe chrétienne qui, travaillant l'une sur l'autre, s'érodent réciproquement. Progressivement, au conflit franc et ouvert entre le corps politique profane et l'Église, entre la magnanimité civique et l'humilité chrétienne, succède l'élaboration d'une sorte de dénominateur commun aux deux types de vertu, qui incorpore et entérine la critique que chacune fait de l'autre : la « vertu » est alors séparée de son motif spécifique, civique ou chrétien[42].

Il me semble que la loi kantienne est une autre version, une autre élaboration, un autre résultat de ce processus, de cette dialectique des deux masses spirituelles. Ou peut-être est-elle le même résultat, différemment regardé : la loi est regardée avec respect. Le vertueux selon Kant est en un sens parfaitement humble : son respect pour la loi « terrasse la présomption[43] » par laquelle chacun tend à être satisfait de soi, et à vouloir satisfaire ses désirs ; en même temps, comme le magnanime, il est parfaitement supérieur à ses conditions d'existence, à ses « circonstances », et ne dépend que de sa propre raison. En respectant la loi dont sa liberté est l'auteur, l'homme kantien est en un sens inférieur à cette liberté, mais il est décisivement supérieur à sa nature. Il reconnaît humblement — respectueusement — sa propre souveraineté.

Le travail accompli par Kant sur les deux mouvements de l'âme humaine, ou les deux vertus, est différent de celui accompli par Montesquieu. Quelle que soit l'ingéniosité de ce dernier, quel que soit son esprit, il produit la figure de la « vertu » au moyen d'une sorte de superposition géométrique, ou de calcul arithmétique (nous avons vu qu'il s'agit de dégager une sorte de dénominateur commun) : c'est une caricature destinée à produire une impression d'étrangeté inhumaine, et susceptible d'être résumée par une épigramme. En revanche, Kant invente effectivement une nouvelle notion morale en réinterprétant l'expérience humaine, ou certains aspects de celle-ci. On peut même dire que « la morale de Kant » est la seule doctrine morale nouvelle depuis les Grecs et les

---

42. Voir plus haut, au chapitre premier, § VIII à XI.
43. *Critique de la raison pratique, op. cit.*, p. 77.

chrétiens. Il est entré dans le métabolisme intime produit par la rencontre des deux vertus avec une profondeur et une sincérité inaccessibles à Montesquieu, puisque ce dernier était nettement, sinon franchement, du côté de l'une d'elles : il était du côté de la magnanimité d'Épaminondas. Rousseau avait ouvert les yeux de Kant sur la dignité des humbles vies.

En quoi consistait la magnanimité païenne ? Le magnanime se sait capable des plus grandes actions et digne des plus grands honneurs, dont cependant il ne fait pas grand cas parce qu'il est supérieur aux honneurs qu'il mérite. Modéré dans le triomphe, il n'est pas découragé dans l'infortune : il est supérieur au sort. Oubliant aisément les bienfaits reçus, qui signalent sa dépendance, il est volontiers bienfaisant, quoiqu'il méprise la plupart des hommes et use, dans ses relations avec eux, de l'ironie, afin de voiler sa supériorité. Ce qui fait l'unité des différents traits que je viens d'emprunter au portrait canonique dessiné par Aristote[44], c'est que le magnanime se suffit essentiellement et réellement à lui-même : il n'a vraiment besoin de personne. C'est évidemment sur ce point que porte la critique chrétienne. On peut remarquer que saint Thomas, s'il donne une interprétation qu'on dira pleine de générosité chrétienne, sinon de magnanimité, des différents traits relevés par Aristote, et souligne que *magnanimitas et humilitas non sunt contraria quamvis in contraria tendere videantur*, précise un peu plus loin, après avoir rappelé que, selon Aristote, le magnanime n'a besoin de personne, que l'homme est un être essentiellement indigent, ou nécessiteux, et que tout homme a besoin d'abord du secours de Dieu, ensuite de celui des autres hommes[45]. En vérité, l'humilité chrétienne coupe, si je puis dire, à angle droit la magnanimité antique, puisqu'elle consiste à reconnaître l'essentielle dépendance humaine : chacun doit savoir avec netteté et sentir avec intensité qu'il a reçu et continue de recevoir sa vie et son être d'un autre que lui. On peut imaginer toutes sortes d'honorables formules de compromis entre les deux vertus, entre les deux moralités, ou directions du cœur, que ces vertus résument — celle proposée par saint Thomas est à la fois la plus modeste et la plus généreuse —, il ne saurait y avoir de

---

44. *Éthique à Nicomaque*, 1123 b-1125 a 17.
45. *Summa Theologiae*, IIa IIae, Q. 129, art. 3 et 6.

combinaison qui préserve le propre, ou la pointe, de chacune. Dès lors, leur rapport, s'il n'est pas la guerre, est nécessairement un travail de l'une sur l'autre. Et certains des grands phénomènes, peut-être les principaux, de la conscience européenne moderne sont les produits de ce travail, aussi divers soient-ils que, par exemple, la figure de Hamlet et, donc, la morale de Kant.

Le magnanime signale et, pour ainsi dire, incorpore la haute puissance de la nature. Son comportement si singulier et si choquant aux yeux des chrétiens, ou à nos yeux de Modernes, tient seulement à cela. Il réalise une certaine possibilité, la plus haute, de l'âme humaine ; et le mépris qu'il éprouve pour la multitude, avec l'ironie qui le voile, est une conséquence en somme nécessaire de ce fait naturel. Selon la nature, si du moins l'on ne se raconte pas d'histoires, celui qui est vraiment supérieur méprise nécessairement et légitimement celui qui est vraiment inférieur.

Pour les païens, les Évangiles racontent précisément de telles « histoires ». Pour les chrétiens, ils enseignent que le monde dans lequel la nature présente — admettons-le — ces caractéristiques, n'est précisément que « le monde », ou « ce monde »[46], ce monde dont Satan est le prince, et qu'il y a un autre monde, où les âmes inégales sont également créatures de Dieu qui veut les sauver toutes, également dignes d'être aimées pour l'amour de Dieu. Ils enseignent même que Dieu, par une ironie qui confond celle des magnanimes, a distribué les dons de la grâce sans se soucier de garder la moindre proportion avec les dons de la nature, et qu'il a révélé aux ignorants et aux petits ce qu'il a caché aux sages et aux puissants[47]. Dès lors, l'humilité convient également à tous les hommes, qui sont tous également sujets de Dieu, étant ses créatures[48].

Une fois que l'histoire des interventions salutaires, ou salvifiques, de Dieu s'est répandue et s'est fait croire pour ainsi dire par toute la terre avec une autorité extraordinaire[49], les hommes se

46. Voir Jean, XII, 25 ; XV, 18-19.
47. Luc, X, 21 ; saint Paul, I Corinthiens I, 17-31.
48. *Summa Theologiae*, IIa IIae, Q. 161, art. 1.
49. « [...] *tam excellentem illi scripturae per omnes jam terras auctoritatem* [...] » (saint Augustin, *Confessions*, livre VI, chap. 5). Et aussi : « *Quid hac historia vel inlustrius inveniri potest, quae universum orbem tanto apice auctoritatis obtinuit, vel fidelius* [...] ? » (*De civitate Dei*, X, 32).

trouvent pris dans un conflit d'autorités : entre la nature et la magnanimité, d'un côté, et la grâce et l'humilité, de l'autre. Certains retrouveront, ou s'efforceront de retrouver, la compréhension grecque du monde humain et, se voulant magnanimes, lutteront publiquement ou secrètement contre l'abaissement de l'humanité par le « Galiléen ». Nous les appelons les Grecs ou les païens. D'autres seront « doux et humbles de cœur [50] », humbles jusqu'à se considérer comme les plus vils des hommes, les plus misérables des pécheurs : ce sont, parmi les titulaires du nom chrétien, les saints. Or, entre ces deux partis, ces deux camps, le temps passant, le travail de l'un sur l'autre et l'érosion réciproque dont j'ai parlé s'aggravant et s'approfondissant, le nombre de ceux qui ne veulent, ou ne peuvent plus choisir s'accroît. Ils cherchent un troisième terme, une autre vertu, qui surmonte, enveloppe ou efface l'opposition entre Athènes et l'Évangile, entre la magnanimité et l'humilité. Ils cherchent la combinaison inédite qui permettra à l'homme d'édifier pour l'habiter un « nouveau monde », ni « ce monde », ni « l'autre monde », mais un troisième monde, ou une troisième cité, ni naturelle comme celle des Grecs, ni surnaturelle comme celle des chrétiens, mais simplement et purement humaine : la cité de l'homme. Ce tiers parti, de plus en plus fort et nombreux, et qui a fini par soumettre, ou absorber, presque complètement les deux camps originels, c'est le parti des Modernes.

L'homme moderne, c'est l'homme qui ne sait être ni magnanime ni humble : cette double négation est sa définition. Il ignore et rejette ces deux vertus qui le rebutent, et même l'indignent, également. Or ces deux vertus répondent aux deux directions principales de l'âme humaine. L'égal refus de ces deux vertus, l'effort pour les fuir également donnent à l'esprit moderne son irritabilité et son énergie extraordinaires.

Lorsque donc l'on s'emploie sérieusement à ouvrir cette troisième voie, il faut simultanément, dans la même affirmation, nier la magnanimité — sans rétablir l'humilité, ni lui prêter appui —, et nier l'humilité — sans rétablir la magnanimité, ni lui prêter appui. Or ceci, qui semble un problème de géométrie morale extrêmement complexe, va se révéler au fond étrangement simple ;

50. Matthieu, XI, 29.

ou, du moins, l'effort vers la solution, le calcul du parallélo-
gramme des forces si je puis dire, va s'exprimer dans un vecteur de
direction et d'intensité étrangement constantes. Engagé dans ce
combat sur deux fronts, l'homme moderne, ou plutôt en train de
devenir moderne dans et par ce combat, découvre progressivement, dévoile de mieux en mieux ce qui est commun aux deux
ennemis qui lui apparaissent bientôt avec leur racine commune et
unique.

Dans sa polémique contre la grâce, il se sent et se veut homme
naturel, et il s'égale à sa nature ; mais en même temps, dans sa
polémique contre la nature, il trouve une secrète alliée dans la
grâce qui lui a révélé des possibilités ignorées par la nature et, en
particulier, des possibilités d'égalité. De sorte que, de même que la
grâce est un fardeau pour l'homme naturel qu'il est encore, de
même la nature apparaît comme un obstacle à l'homme nouveau
qu'il est en train de devenir. On comprend que les liens de ce
nœud dialectique se serrent en même temps avec la même force.
Plus la grâce lui apparaît comme un fardeau, plus il se sent homme
naturel, et plus la nature lui est un obstacle qu'il veut écarter ou
une ennemie qu'il veut soumettre. Voulant à la fois retrouver
« l'homme de la nature » et « dénaturer l'homme », c'est Rousseau
qui serre de la plus rigoureuse façon le nœud dialectique ; ou c'est
lui qui révèle avec le plus de clarté à quel point ce nœud est
implacablement serré.

Le travail réciproque entre les deux adversaires finit par réduire,
et même détruire et abolir les aspects de l'un et de l'autre qui sont
incompatibles, ne laissant subsister que les aspects compatibles,
qui deviennent ainsi communs. L'homme en train de devenir
moderne découvre alors que la nature et la grâce ont ceci de
commun qu'elles impliquent pour lui l'obéissance et, étrangement, la nature non moins que la grâce. Si la vie du chrétien est
d'obéir à la grâce de Dieu qui l'a créé, le magnanime aussi ne fait
qu'obéir à la nature qu'il n'a pas faite, lorsqu'il prend conscience
de sa supériorité de nature et lui donne effet par le mépris et
l'ironie. Certes, cela n'était point ignoré des Grecs qui, précisément, voyaient dans l'obéissance à la nature, dans le fait de vivre
« selon la nature » la définition de la « vie bonne ». Mais la nature
se contre-distinguant alors de la « loi » ou de la « convention » —
du *nomos* —, la vie selon la nature apparaissait bien plus comme

libération que comme obéissance. Or la grâce fait un opposé de la nature fort différent de la loi. Alors que la loi apparaissait comme plus étroite, plus particulière que la nature — celle-ci l'enveloppait, la dominait, et devait lui fournir sa règle —, la grâce apparaît maintenant comme plus ample que la nature. Que l'on croie la grâce réelle ou fictive, il est de fait qu'elle prétend surmonter, ou rendre vaines, les différences naturelles les plus fondamentales, celles qui articulent la nature et la définissent comme nature — pour elle, il n'y a ni maître ni esclave, ni homme ni femme, ni fort ni faible[51] — et qu'elle a du moins la force de faire admettre cette prétention par une multitude innombrable. Dès lors, on peut bien tenter d'interpréter la grâce comme seulement une modalité nouvelle de la « loi », ou de la « convention » ancienne, on peut déchaîner contre elle tout le mépris, toute l'ironie dont est capable la nature, il reste qu'elle fait apparaître la nature comme étroite et particulière, comme principe de particularisation, cette nature qui, dans le monde ancien, signifiait, face au *nomos*, l'universel. L'obéissance à la nature, qui était libération et liberté chez les païens, vient ressembler à une obéissance. L'autorité gagnée par la grâce entraînant une certaine obéissance de la nature à la grâce, cette expérience de l'obéissance de la nature à la grâce a rendu l'homme sensible d'une façon nouvelle à son obéissance à la nature.

Quoi qu'il en soit, pris dans le conflit entre la magnanimité et l'humilité, humble ou magnanime, l'homme obéit à quelque chose qui n'est pas lui : il est en proie à ce que Kant appellera l'hétéronomie. Et, d'une certaine manière, l'hétéronomie de la nature est plus radicale, plus substantielle, plus essentielle que l'hétéronomie de la grâce. D'abord, la nature est le pivot de toute hétéronomie qui doit nécessairement s'articuler sur elle pour atteindre l'homme. En particulier, l'homme ne reçoit la grâce que parce que sa nature est capable de la recevoir[52]. Ensuite, et du consentement même des théologiens les plus autorisés, la nature est plus essentielle à l'homme que la grâce, puisque son « mode d'être », la « substance », est plus noble que le mode d'être de la

---

51. Saint Paul, Galates, III, 28.
52. « *Naturaliter anima est capax gratiae* » (saint Thomas, *Summa Theologiae*, Ia IIae, Q. 113, art. 10).

grâce, qui est un « accident »[53]. Dès lors, pour ouvrir la troisième voie, pour trouver une issue à la lutte sans issue entre la magnanimité et l'humilité, entre la nature et la grâce, c'est d'abord et principalement la nature qu'il faut tenir à distance et même soumettre : elle est la clef du dispositif de l'hétéronomie. Il faut élaborer l'artifice définitif, la *furca*, qui garantisse qu'en aucune circonstance et sous aucune forme la nature ne sera autorisée à « revenir »[54].

Kant, comme Rousseau, s'est trouvé placé dans cette situation de l'homme en train de devenir moderne sans l'avoir choisie ; mais, fort différent en cela de Rousseau, il l'a acceptée avec une docilité remarquable ; on peut même dire que sa grandeur propre dans ce contexte réside dans la fidélité d'obéissance avec laquelle il s'est plié au commandement de la situation spéculative que j'ai tenté de décrire.

x

Nous sommes maintenant mieux en mesure de préciser le contenu intellectuel, l'articulation interne de la figure de la conscience qui a fourni le point de départ de cette recherche, et où nous avions vu la première détermination de l'homme moderne.

L'homme moderne vit dans l'Histoire ; il se comprend et se définit lui-même comme un « être historique ». Prise au sérieux ainsi qu'elle doit l'être, cette définition signifie qu'un nouvel élément a été découvert, qui enveloppe et domine les articulations traditionnelles de l'expérience humaine. Reconnaître ce nouvel élément, agir et penser selon lui — agir et penser selon l'Histoire, et non plus selon la Nature ni selon la Loi —, c'est le devoir et le privilège de l'homme moderne en tant que moderne.

Or, si notre enquête n'a pas été une errance sans résultat, elle nous conduit à restreindre rigoureusement la portée de ces affirmations. Défalquant, en effet, la superbe et l'ivresse qui ont accompagné l'intronisation de l'Histoire et de l'Homme Historique, nous constatons que cette découverte est plutôt une inven-

<hr>

53. *Ibid.*, la IIae, Q. 110, art. 2.
54. Horace, *Épîtres*, 1, 10, 24.

tion qui, loin de révéler un troisième élément inouï, une tierce essence, déplace simplement les rapports que l'homme entretient avec la nature et la loi. Ce n'est pas peu de chose, il est vrai !

Nous avons essayé de l'établir : l'homme moderne, en tant que moderne, fuit la loi et la poursuit. Il fuit la loi qui lui est donnée, et il cherche la loi qu'il se donne. Il fuit la loi qui lui est donnée par la nature, par Dieu, ou qu'il s'est donnée à lui-même hier, et qui aujourd'hui lui pèse comme la loi d'un autre. Il cherche la loi qu'il se donne à lui-même, et sans laquelle il serait le jouet précisément de la nature, de Dieu ou de son propre passé. La loi qu'il cherche ne cesse de devenir, elle devient continûment la loi qu'il fuit. En fuite et en recherche, ne cessant de poser devant lui la différence des deux lois, l'homme moderne procède ainsi à la création continuée de ce qu'il appelle l'Histoire.

Dans cette entreprise, la nature de l'homme est son principal ennemi. Mère de toutes les hétéronomies, support toujours disponible de la grâce peut-être toujours possible, elle préserve, par la mémoire et l'habitude, la loi passée, la lettre morte. Elle est la condition et le résumé de tout ce qu'il faut fuir. L'homme moderne pose donc la différence entre la loi qu'il cherche et la loi qu'il fuit en fuyant la nature, en soumettant toujours plus complètement la nature, y compris sa propre nature. À quoi ? À sa « liberté », à son « autonomie », à la loi toujours nouvelle dont il est toujours à nouveau l'auteur, c'est-à-dire à l'affirmation continuée de la différence elle-même.

Assurément, ce n'est pas la nature dans tous ses aspects et expressions qu'il fuit ainsi, qu'il cherche ainsi à soumettre. Par bien des côtés, la vie de l'homme moderne, la vie démocratique, est beaucoup plus « naturelle » que celle des régimes antérieurs. Ou dirons-nous que la perruque et le baise-main sont plus naturels que le *brushing* et le *hand-shake* ? Mais il fuit ou veut soumettre, pour ainsi dire, la naturalité même de la nature. De quelque façon qu'on l'entende précisément, celle-ci se produit dans ce qui est commun aux divers individus humains ; elle est ce que l'homme suscite en l'autre homme ; elle est ce lien entre eux dont aucun ne peut jamais être complètement l'auteur ni le maître. Or, ce lien infrangible et indéterminé qui, pour cela même, pour ces *deux* raisons, doit être institué, que l'exploration grecque avait vu se déployer entre les deux pôles que sont l'égalité de l'ami et l'inégalité du magnanime et de l'esclave, nous avons dit qu'il avait connu une extension, ou une complication, décisive, avec la proposition chrétienne : celui qui, selon la nature, et pour son bien naturel même, devrait servir, et qui ne saurait être un ami selon la nature, voici que son maître lui lave les pieds, et le sert, et lui est désormais plus qu'un ami, un frère. Que suis-je donc maintenant ? Maître, serviteur, ami, ou frère ? Vais-je rester, « Prince amer de l'écueil », « seigneur latent qui ne peut devenir », éternellement pris dans le suspens de cette incertitude insurmontable ? Non, j'ai couru vers l'issue en rejetant dans le passé, comme un poids mort, tous les liens naturels et surnaturels — pour autant, naturels encore — pour être enfin souverain de moi-même : toute incertitude sera surmontée lorsque je serai le seul auteur de tous mes liens. Bien sûr, à aucun moment du temps — aussi « progressiste » que je sois, je le sais bien, et les « réactionnaires » pourraient se dispenser de me l'assener comme une de ces « vérités premières » qu'ils affectionnent —, à aucun moment de l'avenir, je ne serai en toute rigueur souverain de ma nature, mais, en posant la différence des deux lois à l'articulation de la différence des temps, j'exerce bien une sorte de souveraineté continuée, je l'exerce selon l'histoire, ou plutôt selon l'Histoire. M'arrêter une seconde, ce serait retomber dans le puits des siècles, et c'est pourquoi les « réactionnaires », et même les « conservateurs », me font si sincèrement horreur, et c'est en ce sens aussi que je suis vraiment un « être historique ».

Prenant conscience de soi et se définissant comme un « être historique », l'homme moderne s'aveugle résolument sur cela même qu'il est en train de faire. Il prétend recevoir de l'Histoire la différence qu'il ne cesse de produire entre les deux modalités de la Loi. En percevant comme un élément objectif, et même comme l'élément suprême de la réalité, simultanément comme l'élément même de sa souveraineté, ce qui est une perspective volontaire, délibérée et arbitraire sur sa propre action, l'homme moderne se livre à l'illusion la plus emphatique qui ait jamais asservi l'espèce pensante. À l'aune de sa conscience de soi, c'est la sobriété et la modestie qui prévalaient dans l'âme de Xerxès.

Il nous est difficile d'admettre que le point de vue historique, notre point de vue, soit une illusion méthodique. Nous avons peine à croire que nous fassions tant d'efforts pour nous tromper nous-mêmes. Et notre sentiment de l'Histoire est assurément un sentiment sincère, qui vient se confondre irrésistiblement avec notre sentiment du temps. Pourquoi ne pas essayer de concevoir l'entreprise moderne dans les termes traditionnels, et poétiques, de la notion d'empire, comme un nouvel empire dont le temps serait l'élément, et non plus l'espace ? N'est-il pas vrai que par le point de vue historique, par la rétrospection et la prospection du point de vue historique, l'humanité se rassemble sous notre regard, sous son regard, pour une sorte de conquête de soi par soi ? Et cet empire en expansion continuée vers le passé et l'avenir ne rencontre pas les bornes qui arrêtèrent les autres empires : le *limes* progresse selon la vague du temps, avec laquelle il se confond.

Il n'y a pas d'idée plus naturelle, ni plus noble, que celle d'empire, du rassemblement de l'espèce humaine sous un seul gouverneur, instrument et symbole de son unité. Et lorsque l'homme se définit comme être historique, comme vivant essentiellement dans l'élément de l'histoire, n'est-ce pas à cette idée qu'il donne la plus grande extension concevable en intégrant dans l'unité la succession des générations ? L'énergie humaine épousant la succession temporelle, le temps lui-même fournit le principe d'ordre, et l'humanité ainsi rassemblée n'a plus besoin de chef visible : elle est, sans empereur, l'empire vraiment universel.

On peut estimer pourtant que dans ce franchissement des limites de l'espace, dans cette sorte d'invasion du temps même, l'humanité sort absolument de ses limites naturelles, qu'elle sort de sa condition. Il est de la nature de l'homme de se réaliser sous la clarté du soleil visible ; l'espace est le cadre et la condition de ce devenir-réel. Sortir des conditions de l'espace, c'est sortir des conditions de ce monde-ci. Quelle que soit la durée dans le temps d'un empire, ce qui le définit, c'est qu'il fait tenir ensemble, c'est-à-dire au présent, l'espèce humaine tout entière ou, du moins, qu'il tend vers cet effet. L'empire rassemble au présent et dans la présence ; il rend présente et visible l'unité.

Machiavel remarque qu'après la fin de l'Empire romain ce rassemblement au présent de l'énergie humaine n'a plus pu se réaliser[55]. Mille « raisons historiques » expliquent sans doute que ce suprême effort de la magnanimité humaine soit resté sans successeur véritable. Mais, outre ces mille raisons, il y en a une qui suffit. De l'intérieur, ou, du moins, à l'intérieur même de cet empire, un nouvel empire, ou une nouvelle sorte d'empire, s'est levé, plus vaste en extension puisqu'il comprend tous les hommes dans l'espace et dans le temps, plus vaste en compréhension puisque la vertu qui le rassemble n'est pas la magnanimité qui se rend visible et sépare les maîtres, mais l'humilité qui ne fait pas acception des personnes et, invisible, ouvre l'espace invisible des cœurs. À l'empereur de l'empire visible — *sol invictus* — s'oppose et succède le vicaire de l'empire invisible — *servus servorum Dei*.

Mais c'est une autre fois que nous étudierons la cause qui réside dans la séparation des deux Romes. C'est à une seconde, et tout autre traversée, qu'il faut nous préparer. Nous ne comprenons jamais plus que la moitié des choses lorsque nous ignorons la science de Rome.

---

55. « [...] *dopo lo Imperio romano non è seguìto Imperio che sia durato, né dove il mondo abbia ritenuta la sua virtù insieme* [...] » (*Discorsi*, II, *Proemio*).

TABLE DES MATIÈRES

L'ESPRIT DE LA CITÉ

Volumes publiés

PIERRE CHUVIN, *La Mythologie grecque, du premier homme à l'apothéose d'Héraclès.*

PIERRE MANENT, *Tocqueville et la nature de la démocratie.*

MOISEI OSTROGORSKI, *La Démocratie et les partis politiques.*

Imprimé en France
FROC021700280520
24119FR00020B/397